QINGHUA BUSHIMENG

清华不是梦

QINGHUA BUSHIMENG

梁岩涛 / 主编

北京燕山出版社
BEIJING YANSHAN PRESS

图书在版编目(CIP)数据

清华不是梦 / 梁岩涛主编 . -- 北京：北京燕山出版社，2017.5

ISBN 978-7-5402-4535-1

Ⅰ . ①清… Ⅱ . ①梁… Ⅲ . ①高中生－学习方法②高考－经验 Ⅳ . ① G632.46 ② G632.474

中国版本图书馆 CIP 数据核字（2017）第 121338 号

清华不是梦

梁岩涛　主编

责任编辑 / 金贝伦　王　迪

装帧设计 / 余微

北京燕山出版社

北京市西城区陶然亭路 53 号

电　话　010-65240430

邮　编　100054

北京德富泰印务有限公司

开本　880mm × 1230mm　1/32　印张 10　字数 248 千字

2017 年 6 月第 1 版　2017 年 6 月第 1 次印刷

定价：32.00 元

目录

第一章　奋斗篇

心中有梦　促我前行

那一刻，无论你是大笑、流泪，抑或是疯狂地发泄，你的心中都会真切地感到，这三年经历的每一次困难与失败，付出的每滴汗水，都是值得的。你可以毫不愧疚地说，高中这三年，是一段为了梦想而执着奋斗的历程。尽管很苦、很累，但它是我生命中一段弥足珍贵的记忆：那些年，我们一起奋斗的无悔青春！

第二章　青春篇

爱我所爱　无怨无悔

每个人都拥有过一场青春，一段可歌可泣的时光，一份让人回味终生的记忆。而这如诗如画的花季便在每个人的学生时代，更确切地说是高中时代，绽放出繁复而璀璨的光芒，照耀在一生的路上。

第三章　技巧篇

掌握方法　各个击破

兴趣、积累、冲刺、迎战这四个关键词概括了我关于文综学习的心得体会。最后我想强调的一点，是实践是检验真理的唯一途径。任何理论性的指导都只能在实践中展现效能，期待学弟学妹们能在高中的学习中不断领悟并找到适合自己的学习方法，找到属于自己的一条通向清华、北大等名校的道路！

第一章　奋斗篇

心中有梦　促我前行

那一刻，无论你是大笑、流泪，抑或是疯狂地发泄，你的心中都会真切地感受到，这三年中经历的每一次困难与失败，付出的每滴汗水，都是值得的。你可以毫不愧疚地说，高中这三年，是一段为了梦想而执着奋斗的历程。尽管很苦、很累，但它是我生命中一段弥足珍贵的记忆：那些年，我们一起奋斗的无悔青春！

姓　　名：邹心之
毕业学校：辽宁省营口市开发区第一高级中学
高考成绩：总分685　语文117　数学140　英语143
理综285
院　　系：清华大学生命科学学院

让未来的你，感谢今天的自己

风扫落叶，雨打残荷。深秋的北京，一切都是那么寂静，常常一个人裹紧外套，散步在清华的小径上，或是思考着复杂的问题，或是什么都不想，只是静静地享受这种难得的静谧。有时会突然想起，那段不寻常的日子，那些难以忘怀的人，不自觉地在嘴角露出难以察觉的一丝微笑，只因那段青春无悔的岁月。

三年来的点点滴滴，经历时并不觉得，真正走过之后，才觉得弥足珍贵。我们在一次次失败中学会成长，在一次次成功后懂得谦虚，在一次次吵架后珍惜友谊。走进高中之前我们还是懵懂无知的孩子，而当我们终于走出校门各奔东西的时候，才发现三年的时间已经让我们彼此融合成为一个难以分割的整体。尽管分离是必然的，但生活给我们留下的回忆却刻骨铭心。这三年，因为有父母的支持，老师的教导，同学的陪伴，还有自己的努力，成为人生中难以抹去的记忆。今后无论何时何地，我都会感谢曾经在高中拼命学习的自己。如果没有那时的我，便不会有现在的一切。

而今，每次在清华收获到从未有过的感动，每次在不知不觉间成长，我都会感谢那些年拼命努力的自己，感谢自己没有放弃，即使是面对堆积如山的卷子，即使是面对不及格的成绩，即使是面对空虚孤独与寂寞。也许，没有经历过高三的人会有一种恐惧，恐惧这所谓的人间地狱。可是每一个真正走过那三百多个日日夜夜的学生都会发现，当回忆起那段岁月的时候，或许更多的是一种淡然与从容，或许会为自己感到由衷的骄傲。因为不管现实有多艰难，我们都挺了过来；不管希望有多渺茫，我们还是相信努力就会有结果。

勇攀高峰，迎难而上

对于我来说，学文还是学理是一个艰难的选择，我的优势在于数学、英语和记忆，所以适合学文科，但是我的兴趣却在生物和化学。谢谢我的爸爸妈妈，他们尊重了我的决定，最终同意我选择理科。但是，这就意味着此后的两年我将面对最不擅长的物理。不知为何，从开始学物理，我就有一种抵触，也许是缺乏一种分析抽象事物的能力，每每都是因为想当然而错得一塌糊涂。高一、高二我花在物理上的时间甚至比数学还要多，做了很多很多的题，投入大量的精力，但实际上却没有收到想象中的效果，成绩也是忽上忽下。即使是到高三的第一次月考，还差点没有及格。在仅仅剩下不到一百天的时间里，如果不能把物理成绩稳定下来，一切理想都只是幻影。我开始怀疑我的学习方法是否出了问题。渐渐发现，作为一门自然科学，物理更多的是现象，也就是题型。之前，我把大量的时间都花在做题上，但却没有总结归纳，每一道题都只是孤立地存在，而真正提高分数的方法在于总结解题方法。所以，当调整了自己的学习方法之后，我又一次怀着满满的信心和无比的热情投入到物理的攻坚战中。我开始反复地看书，不仅局限在记住书上的公式，更要理解每一本书上列出的现象以及由现象抽象出的例题，然后总结之前整理的错题，把每一个题型总结出恰当的解题方法。就这样，经过艰难的探索和不懈的努力后，最终在高考中以物理满分的成绩，为我三年来的汗水与泪水画上了圆满的句号。在这个漫长而艰辛的过程中，支持我一步步走下去的是老师和同学一遍遍不厌其烦的讲解，是父母信任的目光，还有自己对理想坚持不放弃的信念。如今，回头想想当时顽强得有些固执的自己，真觉得当时的自己很可爱。其实学习的魅力就在于：当你攀登上一座高山，站在巅峰的时候，收获的不仅是山顶的风景，还有一路上遇到难以预料的困难时，激发出的难以想象的潜力。每一次胜利，你都会发现一个不同的自己。只有迎难而上，在一次次的失败中看到下一次成功的可能，才能成为笑到最后的人。

博采众长，共同进步

有这样一群人，他们每天和你在一起的时间甚至比父母还长：他们和你一起吃饭，一起睡觉，一起哭，一起笑；一起上课，一起考试；他们在你需要帮助的时候挺身而出；有时还会成为你的对手，他们就是一直相伴的同窗。其实，他们的身上藏着难以想象的宝藏：有的人做的笔记特别全，有的人思维特别敏捷，有的人总会有解题的新方法，有的人总能写出温柔得好像能滴出眼泪的作文……既然他们就在我们周围，何不互相学习呢？我和班上的另一位考入清华大学工程力学系的同学，一直都是互相学习、共同进步的。她的文科稍弱，我的理科稍差，正好形成优势互补。我们俩虽然在每次考试中都是竞争对手，但其实在生活中是最铁的哥们。我们经常互相借笔记，讨论问题，实在讨论不出结果就一起去请教老师，既查漏补缺，又收获了不可替代的友情。最后，我和她在高考中都没有因为自己曾经的弱科拖后腿，最终也都如愿以偿，走进了清华大学。学习中竞争必不可少，有竞争才会有进步，但我觉得若是因为竞争破坏了正常的同学关系，则大可不必。我们最终要面对的对手不是身边的同学，而是那张高考卷子。我们应该在相互学习中共同进步，不能以超过别人为目的而不择手段。我们其实都是战友，尽管高考只是一场没有硝烟的战争，但战友之间那种情谊真的值得彼此铭记。

心态决定一切

当距离考试只有三十天的时候，看着黑板上每天都在不知不觉减少的数字，不管是谁心中都会有一种异样的变化吧。而此时，每天所要完成的作业和要复习的知识也越来越多，很多人迷失了方向，好像每天都很忙碌，但仔细想想真的没有学到什么。这个时候及时调整学习状态是极其关键的，因为真正对结果起决定性作用的是心态。不管怎样都要做到“宠辱不惊，闲看庭前花开花落”。无论每次的考试结果如何，都要记住，成绩只代表过去。我的一位学长曾经说过，高考就是一锤子买卖。无论过去成绩怎样，只有高考能证明自己。所以，平时考试的真正价值或许在于发现我们存在的问题。就像我妈妈说的：“希望你平时的考试都考差一点，那样就能发现以前没有发现的问题，然后解决掉。越到最后，越要稳住阵脚。”直至高考前夕，我对高考都没有感觉，为此还曾经向我的老师们请教过，他们说只有胸有成竹的人才能看淡高考，才能在高考中发挥出真实的甚至于超常的水平。其实，每一个参加过高考的人都知道，真正的成功不是你做对多少你不会的题，而是你能发挥出多少平时的水平。同样我也有遗憾，我的数学栽在两道很简单的填空题上，白白丢掉了十分，但是对结果影响并不是很大。在这个世界上，没有人能做到完美，也没有人在回忆的时候会毫无遗憾。所以不必苛求自己做到极致，顺其自然往往会收获真正期待的结果，保持一颗平常心。无论面对高考还是人生中其他关键的转折点，既然我们已经做到最好，何必还要苛求结果？结果只不过是为了向别人证明我们曾经努力过。

生活，其实无所谓累或不累，学习也是如此。累的只是我们追逐梦想的心。如果突然感觉自己好累，不如放下手头的作业，看看窗外操场上明媚的阳光和在阳光下坚持的人们；想想自己的理想，想想自己的未来，为了这些坚持下去是否值得；或者当你要放弃的时候，想想如果此时放弃，那之前的一切，是不是都付诸东流，是不是有些可惜。其实高三并没有你想象中那么漫长，走过之后，也许你会发现“不过如此”。

岁月无痕，流年沧桑，青春年华里的笔迹，即使没有意义，即便没有结局，也仍旧长久且永恒地存在着。因为至少我们在青春的日子里爱过，恨过，拼搏过，失败过，成功过，阴雨绵绵过，阳光明媚过，黯淡冷清过，锦瑟韶华过；至少我们还有前进的勇气；至少我们能搏一生青春无悔。高三的时候，我在笔记本扉页上写下了这么一句话：高考不是人生的全部，但努力是。我们努力着，拼搏着，不求结果，甚至不求有人欣赏，只求，至少在最美的年华，我们证明了自己。

因为高考，我们错过了很多美好，三月的生机，四月的新艾，五月的花香，只为在那六月，与新荷一起绽放出属于自己的美丽。

相信下一个六月，这个舞台上会留下你们的芳华绝代。

姓　　名：沃中原
毕业学校：安徽省铜陵市第一中学
高考成绩：总分649　语文96　数学133　英语134　理综286
院　　系：清华大学土木工程系

只要你永不放弃

没有人能够一帆风顺地走过来，最后的成功者都是敢于向命运挑战，直至扼住命运咽喉的勇士！

我的高中三年，可以说与大家印象中清华北大学生应有的高中经历有着很大的出入。我身边的很多同学，他们或是各个地区的佼佼者，一路顺畅地来到清华，在他们之前的学习生涯中，一直都是班级乃至年级的翘楚，习惯了个位数的排名；或是竞赛保送生，取得过大大小小各类的竞赛奖项，全国乃至国际奥赛金牌并不稀见。而这些，都与我无缘。我所拥有的不过是最平凡的履历，一次次的失败，以及从失败中重新站起来的坚持与努力。

平凡中默默前行的高一

还记得三年前，我刚刚踏进铜陵市一中时的场景。一中是我们当地最好的重点中学之一，每年升入清华北大的学生都不在少数，也自然而然地成为我们最为憧憬的高中。当我从一所县城初中考入这里时，心中自信满满。多年来在自己班级中的良好排名，让我有理由相信，我可以在这里做得更好。三年后，我一定会实现录取通知书上的学校寄语——今天，你因一中而自豪；明日，一中以你为骄傲！

这是一份少年人特有的自信与轻狂，而命运，却总是在你志得意满时浇下一盆凉水——开学第一次考试，几乎每门功课都是低空掠过及格线，甚至还迎来了人生中的第一次不及格——英语 87 分。有一句话说道：打击一个人的最好方式就是摧毁他的骄傲。成绩，一直是我最自豪的方面，而这份骄傲，却被冷酷无情的现实“哐啷”一声，击打得粉碎。记得当时的我，拿着惨不忍睹的成绩单和充斥着红叉的各科试卷，心中感到无比的羞愧迷茫。羞愧，是因为我之前目空一切的妄自尊大；迷茫，则是因我在这样一所自己梦寐以求的中学中毫无竞争力的成绩。不过，凡事都具有两面性。这次教训虽然挫伤了我的自信，但也让我变得更加脚踏实地。我开始从最基础的一点一滴做起，默默地为自己许下的宏愿而努力。

不过，高中给我的自信心带来的打击远远没有结束。经历了第一次的惨痛失败后，在之后迥异于初中的学习生活中，更让我感受到自己与他人的巨大差距：老师讲授的概念，“学霸”们总是能够迅速理解，乃至能提出自己独特的见解，而我却在那些让我感到云里雾里的知识中挣扎，用自己最大的努力去啃一个又一个定义；那些他人化之于无形的难题，我却在竭尽所能后，只能报之以无奈的叹息；日常的小测验，我更是只能去仰望他人的成绩……这一切，都是我高中伊始学习生活最真实的写照：没有光彩照人的成绩，只有在痛苦中的挣扎经历。

在那段日子里，我也想到过接受不如人的现状，接受这个残酷冰冷的现实。可是，每当我想到“松懈”二字时，心中的那份不甘心便会骤然涌起——为什么我要承认这样一个不如意的状态，凭什么我会不如人？天赋的差距固然存在，但至少我应该去尝试，试着付出加倍的努力，去赢得哪怕一点点的改变。只要自己不曾倒下，就不会有任何事情能够击垮你！怀着这样的信念，我调整了之前萎靡不振的心理状态，努力去做好当下每一件事。同时，心中牢记自己与他人之间的巨大差距，并暗暗将消除这种差距作为自己努力的目标。

于是，我开始抓紧一切时间学习——对于那些一时难以理解的概念，宁可付出多于他人几倍的时间，也要彻底地弄明白。即使是在校车上，我也没有放弃点滴的学习时间——利用这片刻去记几个单词。甚至在饭桌上，当我想到某题的解法时，也会毫不犹豫地冲向书房……一次次地学习到深夜，看着窗外逐渐熄灭的万家灯火，我会在心中暗暗地对自己说，你在深夜中付出的努力，总有一天，会幻化成阳光下的硕果，而那时，你将独享这份甘甜。虽然有人说，无休止地与他人比较，是人生悲剧的根源。但在你梦想不甚清晰的时候，与他人的比较的确可以为你的努力奋斗增添很大的动力。没有人愿意认输，每个人骨子里都会有不服输、不安于现状的基因。当你能够调动起这股力量的时候，任何困难与坎坷都阻挡不了你前进的脚步。

终于，当我在泥潭中挣扎着前行了一个学期后，迎来了第一次期末考试。在我看来，这次期末考试意义非同寻常。它不仅是对高中第一个学期的学习成果的检验，更是对自己付出努力的价值的检验。最终，我取得了不错的结果。虽然在这之后，我不止一次地取得过更好的成绩，但这一次却给我留下了最为深刻的印象。因为，这个阶段性的成果，让我看到了希望，让我更加坚信：通过自己的不懈努力可以改变令人不满的现状，改变自己的弱势地位。因此，不要拿自己的天赋当逃避付出百分之百的努力的借口——命乃弱者借口，运为强者谦辞。这句话，我与大家共勉！

不曾怯懦——从竞赛与自招的失败中崛起

说到物理竞赛，其实我并没有付出太多的努力。很大一方面原因在于我的性格，天生缺少了一股冒险的勇气，总希望去追求更加稳妥的事物。这种性格使得我在高一文化课基础薄弱的时候，权衡再三，最终没有选择全力冲刺物理竞赛。即便如此，在高二那年，我也曾为物理付出了很多心血。面对那些艰深的理论，我也曾竭尽所能去步步深挖深入理解。尽管，竞赛更加强调先天的悟性，但我依然为之付出了不少的努力。我也曾因一个概念的理解问题，与小组中的强手争论得面红耳赤；也曾因个别难题的困扰而心思郁结；也曾在考前的几个月里玩命般地做题，甚至用国外的赛题做了几分模拟卷。这一切的努力，都让我对结果多了几分期待。但是，这一切希冀都在理论考试结束的那天中午化为了泡影。整整一年后，我写下了一句对于当时状态的描述：在那之前，我从未看过如此绝望的眼神；自那之后，从未见到谁的眼神如此绝望。这次失败，已经深深地刻入了我的骨髓。尽管进入了实验考试，尽管在实验考试中取得了全省第二高的分数，却依然不能改变最终只是二等奖的事实。或许，这正如我的班主任所说，你所取得的一切成就，都是水到渠成，自然而然的。但要真正去面对这个失败，面对自己的努力付诸东流的残酷现实，尽管知道自己可能真的实力不济，心中的失落也是在所难免的。那段时间里的自己，虽然在人前依然强作笑颜，依然斗志昂扬，可是那份打心底涌出的挫败感，却让我整日浑浑噩噩，无法全力投入学习。而这一切，竟然发生在我的高三——一个中国大部分学生都在拼尽全力的时间段。

如果说，物理竞赛的失败，可以归结为我付出的努力不够，让我心中依然可以保留对自己实力的自信，那么，之后自招的失败，则完全出乎我的意料，也让我倍感失落。还记得走出考场的那一刻，我心里的感觉是如此良好：在我能力范围内的题目全都完整地做了出来，那些难题也都至少写出了一部分有效解答步骤。当时，我确信至少可以通过笔试。之后，我完全是以一种验收已知成果的心情去查分的。当那鲜红刺眼的“未通过”三个字出现在眼前的时候，我产生了一种发自内心的无力感。一直以来我对自身能力的充分自信，全都化为乌有，取而代之的是无尽的怀疑与自责，以及对未来的迷茫和彷徨，而这一切的悲观心态，全都产生于距离高考不到三个月之时。我该怎么办？就此放弃吗？毕竟失败带来的打击实在太大，几乎摧毁了我全部的信念，让我绝望地感到：也许付出再多的努力，也可能是一场空。继续奋斗吗？之前我付出了太多的努力，就此放弃，实在是不甘心……

不，我绝不能放弃！放弃，是那些弱者的所为，是那些不敢去面对苦难的胆小者的懦弱退让，我绝不能成为这样一种被我自己所鄙视的人！青莲居士有诗云："仰天大笑出门去，我辈岂是蓬蒿人。"命运一次次地同我开玩笑，想把我归入"蓬蒿人"之列。那么，我所能做的就是让它的这种企图一次次地化为泡影！于是，在高考迫在眉睫之时，在我备受打击之时，我依然怀揣着远大的理想，义无反顾地踏上了与命运掰手腕的道路。我开始疯狂地背单词，一只口袋里时刻装着一本单词本，另一只口袋也没闲着——一支笔和一个小本子，随时记录自己偶然的困惑。同时，我也开始尝试一直以来最让我反感的大量习题训练：在开始变得炎热的五月里，我会把自己关在闷热的甚至连电风扇都没有的书房里一整天，进行严酷的高考适应训练，以适应高考时可能出现的严苛条件。好几次，汗水都流到了眼镜片上。在学校，更是不敢浪费一分一秒，几乎每时每刻都在埋头演算……一天天苦禅般的生活，支撑我的只有那不曾磨灭的追求卓越的信念。更快、更高、更强的奥运精神，在这里不再是一个抽象的概念，它早已化入了一行行的演算式和密密麻麻的英语单词中，伴随着我度过了这一天天紧张、煎熬却又无比充实的日子。

公布高考成绩的那天，当在网上看到了自己的分数与排名时，我恍然发现，一直梦寐以求的清华，此刻变得如此清晰，如此触手可及。那一刻，无论你是大笑、流泪，抑或疯狂地发泄，你的心中都会真切地感受到，这三年经历的每一次困难与失败，付出的每滴汗水，都是值得的。你可以毫不愧疚地说：高中这三年，是一段为了梦想而执着奋斗的历程。尽管很苦、很累，但它是我生命中一段弥足珍贵的记忆：那些年，我们一起奋斗的无悔青春！

姓　　名：马　恪
毕业学校：云南省弥勒市第一中学
高考成绩：总分678　语文128　数学135　英语136
　　　　　理综257　加分22
院　　系：清华大学机械工程系

浅谈高中的心态

一、坚信高考，坚决学习

中国的教育是应试教育，高考是适合中国的。我在初三的时候非常不愿意相信，觉得自己学的东西以后基本都没有用处，完全是在浪费时间。那年我中考失利，来到了县一中，但是凭我的分数进不了最好的班级，还是父母帮我求情，学校才答应让我在最好的班级试读一个学期。那时的心情可想而知，作为一个一直自我感觉良好的人，被藐视的感觉实在不好受。之后我一直在想，我的感觉没错啊，初中学的那些以后能有什么用？难道我买菜还要用函数算？难道我会因为喜欢物理去研究一辈子？咱也没那个天赋，研究了也不会有什么突破性的成果啊。可是，既然我没有错，为什么现在会感觉很难受？想了很久，我终于明白了一个很简单的道理：我们学习也许不是为了以后用，而是为了以后有机会去学习真正有用的；我们刷题、背书，不一定是因为我们非常喜欢这个学科，也许只是因为我们非常喜欢高考那个优异的分数，因为它可以让我们拥有选择一所真正的好大学的权利。

高中学习的作用，最重要的是为了高考，真正学到的实际上是学习能力。众所周知，工作的时候是会有专业培训的，这个培训要求我们在不长的时间（一般 3 个月）内掌握一门技术或者技巧，这个时候就要看我们的学习能力了。试问，如果连那么难的数学题都可以学好，那么复杂的物体运动都可以理解，那么多的古诗词文言文都背得下来，还怕自己不能在培训的时候学好一门技术吗？

高分选大学，低分选专业，高中校长曾经说："如果你去面试，你说你是某某高校的，这时跳出一个人说他是清华或北大的，你觉得你还有多少机会？"也许真的如此，清华、北大不是所有专业都最强，但是有些公司招人的时候就是喜欢优先选择清华、北大的学生，为什么？因为清华、北大代表出色的学习能力，也许这个专业清华、北大的学生不是最强，但工作后，他随时可以用最少的时间学会公司需要的东西，这也许比现在强更重要。"活到老，学到老"，在人的一生里，高中三年不是很长，三年想学会可以使用一辈子的知识，显然不可能，所以我们可以这样看待我们所学的课程——我们同时学习这么多东西，正是对各科学习能力的最好锻炼，高考中这么多人竞争，被选拔出来的正是这些学习能力足够强的人，而这种人正是社会需要的，所以高考是适合中国的。

网上盛传一句话："名牌大学出来的怎么了，还不是给没读过书的打工？"诚然，很多没有上大学的人当上了老板，但我相信他们只是没有文凭，不是没有知识。退一万步来说，假设他们都没有好好学习，我们来进行一个简单的概率计算：假设上名牌高校的人和辍学下海经商的人比例是 1∶10，一个公司老板和员工的比例是 1∶100，再假设所有老板中辍学的和有较高学历的比例是 1∶4，那么我辍学去当老板和别人好好学习去争取高考，成功的概率是别人的四千分之一，所以如果不想去赌那个四千分之一，就坚信高考，不要质疑，坚持学习，为自己争取一个美好的未来。

二、乐观心，平常心，恒心

作为一个本不该在最好班级学习的人，高一开始时我的成绩还很差：别人半小时做完的作业，我得做两个小时，我不得不花更多的时间学习。也许很多人都有这样的感觉，为什么我明明这么努力了，成绩还是几乎没有提高，我再也不相信"失败是成功之母"了！遇到了这样的困扰，有什么方法解决吗？我得到的答案是：如果你已经竭尽全力学习了，那短期的结果已经不重要了。这很明显，我已经这么努力了，成绩应该在提高；只是这次的题目恰好我不会，这次的语法恰好我还没掌握好。考完了，我就继续学，补上这些不会的，付出总会有回报，不要太在意每次考试的分数。记住：高中只有高考是考试，别的都只是测试。得到好的分数，我想这还是蛮不错的；得到不理想的成绩，我也应该庆幸还好在高考前就有了这次测试，让我发现了这些不太会的知识。保持乐观，始终相信自己，用平常心去看待测试，一天天尽力地学，一次次提高自己。

诚然，如果成绩一直没有明显的提高，而我们还在一直努力，就发现很难再坚持下去。我也彷徨过，我这么努力，成绩还是和以前一样，今天这么累，明天还这样，我怎么能坚持下去。我听到过一件真实的事，在国际特种部队训练中心的士兵，当坚持不住的时候，可以去敲钟表示自己放弃，然而每每在魔鬼训练的时候很少有人去敲，相反在休息的时候敲钟的人多。这是为什么？因为他们在预支未来的痛苦，让人恐惧。在高强度的学习中，我们也是一样的，为了坚持下去，首先要有一个明确的梦想，可以是一所大学，一个高考目标（不能是不切实际的目标）。每晚休息的时候，我都在想：今天我又努力了一天，又学了不少，离梦想又近了一步。而不去想，明天我又要努力一天。在坚持了几个月后，我发现不再觉得累了，并且每天都感觉很充实，就这样，我走过了高一、高二，成绩一直名列前茅，当然也没去别的班。但要一直放低姿态，哪怕偶尔有了好成绩，也明白要继续努力，所有的成功都需要努力，哪怕是最聪明的人，哪怕是最简单的成功——何况我不是那么聪明，高考也不是那么简单。

乐观是必要的，但乐观不是无所谓。学习是高中最重要的，但不是说别的事都无所谓。高三我犯过错误，一是寝室打扫得不认真，二是作为学习委员，对班上的事也不是很关心，也曾因此被老师狠狠地教训了一顿。也许不止我有这样的茫然："这些事，有意义吗？"我这样问老师，老师说有，任何事情都有意义，只是有时不明显。我懂了，如果我必须要做一件事，就一定要尽力把它做好，如果我不想好好做一件事，那么干脆就不做。一些其他的事可能会和学习有冲突，我只能尽力去安排，不让这些事影响到学习；如果无法错开，我选择学习，因为高三了，如果你因为学习误了一点点其他事，所有人都会原谅你的。

三、最后三十天，青春无悔

整个高中都在努力地学，所以直到最后三十天才觉得有所不同。这个时候，班上最能闹的人也都安静下来读书了，班上最爱睡觉最爱玩的人也认真听课了，大家都在紧张地学习。这时的学子最容易不自信，发现某个题不会解就怀疑自己。到了最后三十天，我是这样想的：我已经不用担心了，这么多次考试都还好，高考再差也差不到哪去，何况大多数人高考发挥得比平常还好。我已经彻底相信我会成功，只是在努力查找那些还不十分清楚的知识，我现在已有90%的把握实现我的目标，再找到一个不会的题，就又多了一分把握，再多找些不会的题，搞定了它们，我的成功率就会越来越接近100%。所以冲刺阶段看到不会的题，我只会觉得庆幸，不会去怀疑自己。还有一个办法就是，让自己忙一点。这个阶段，一旦看到不会的题可以问老师，可以问同学，可以看答案，不要给自己留怀疑的时间。

高考两天，最重要的是不能失眠，到了临上考场的头天晚上，说不紧张是假的，这时我告诉自己，我已经成功了，我学会了很多东西，就等明后天展现出来了。如果还是难以入睡，不妨别想考试，想想高考结束了，三个月的假期，我们可以去玩些什么（当然不要想令人激动的事），感觉放松下来了，就抓紧时间睡觉，因为一个好的睡眠对高考生尤其重要。走进考场之前，反而大多数人都淡定了，我们会互相调侃“开卷有奖，再来一年”，引众人大笑，笑着进去也笑着出来。我们会发现考试就跟平常没什么区别，反正我把会写的都写上去，不会写的也写上去，这就是我能做的一切了，我已经尽力了。等考完英语出来，大家聚在一起，一起说笑，一起道别，突然觉得，如果再来一次高中，还是会这样过，依然会过得很好。

谨以此文献给身处高中的学弟学妹们，希望能对你们有所帮助。

姓　　名：骆怡男

毕业学校：河南省郑州外国语学校

院　　系：清华大学新闻与传播学院（保送生）

明朝再望前尘事，所有梦想都花开

——我的高中时光

喧嚣与寂静

当我终于提笔，才恍然发现这是几个月以来真正第一次用书写的方式面对自己的内心。此时，我是一个完全的“新人”，一如三年前初入高中的懵懂新奇。

那时的我：幼稚、莽撞，对一切充满好奇和想象，大课间不吃饭在招新的摊位中间窜来窜去，关注想加入的社团，一天跑七八趟宣传栏看海报，各个社团的面试笔试都要凑个热闹，各种小说看得不亦乐乎……尽管每天忙得晕头转向，成绩却也颇为给力。此时，一切都是新的，一切都充满无限可能，一切都在向我展开，生活新鲜而仁慈，容我犯错。

然而这简单轻松的时光是短暂的，数学越来越难，物理也越来越难，一切都越来越难。成绩忽然下降百名，然后停滞不动，宛如反比例函数的曲线。我曾想，我要过一种丰富、刺激、充满＝乐趣和意义的生活，这生活不只有分数。在自习课看全球通史，看得忘乎所以，组长催交数学作业时才迅速把需要计算的题涂上几笔，把剩下需要思考的用红笔把答案抄上去。参加学生百家讲坛，参考资料好几大本，全部利用自习课公然整理，老师问也可振振有词。总之，排除万难，朝着自己勾勒的鲜衣怒马、少年意气的生活高歌前进。

后来，当距高一下学期还有两个月期末考试时，我忽然想要改变。没有什么具体原因，只是有一天，忽然厌倦了没有方向只有乱跑的生活，想沉淀下来，为一件事、一个梦而努力。

在清华的夜晚，下课走向宿舍，昏黄的路灯下，人影交错，来往匆匆，与高中时并无不同，而我已在清华园。我忽然想起高一最后两个月的那些夜晚，在每天最后一节自习课下课，放学铃响时，我会再写几分钟作业，错开人流高峰，锁门后，急急忙忙奔向宿舍。那时，因为切切实实的忙碌，因为必有成果的付出，因为确信有意义的每一分每一秒，因为专注于事情本身，我无暇空虚，无暇多想，无暇忧郁。

我决定提高惨不忍睹的数学和物理成绩。但是由于此前落下的课太多，做简单的习题都吃力。后来我买了两本讲解较多的资料，先做例题，再看解答，再做一遍例题，这三遍让我对各种题型和思路有了很大认识。补好基础后，我开始练习更难的题。期末考试，我的数、理、化都是93分，没有一科拖后腿，在此基础上凭着文科的优势，我成功由班级十几名变成第一名。同时也固定了自己最想有所作为的社团，用心参加，不刷经历。

现在的我，每到假期就去图书馆坐着，一本好书，一个下午。我是宿舍最安静、最清闲的人。可是三年前，我是那个每天晚上都喊饿，半夜还在打电话抱怨，到了周末留校就怕一个人在寝室的女孩。后来，则慢慢地适应，慢慢地习惯，慢慢地享受。或是叫份外卖打打牙祭，或是张牙舞爪趴在宿舍桌子上看书，还有必不可少的，是去阅览室自习，不经约定却自然形成的安静使人不敢打破。如此，过着朴素的、简单的生活，心灵充实，精神温暖。

爱热闹，因为那是人的本性；爱寂静，因为可以听到自己心中发出的声响。为自己演奏这双重的音乐，慢慢前进，是一件多么美好而且幸福的事。

细微与宏大

来到清华后，最享受的，如高中一样，是晨起背书的时光。晨光熹微，清风拂面，放声诵读，就这样感受着天色一点一点放亮，那种微弱但持续的变化让我感到生命的动感和质地。

高二，我毫不犹豫地选择了文科，是因为自己对人类文明的憧憬与好奇。我的语文和历史最为突出，经常考年级第一。但是数学成绩总是徘徊不前，英语每次考试都是小错“遍地开花”，又因为高一没认真学地理，自然地理部分很差。尝试了很多办法后，我的成绩还是不见起色。

在高二下学期，这种焦虑随着高三的日益迫近而更加严重。我变得焦灼、忧虑、恍然若失。月考、期中考试，我总是在交卷前的几分钟觉得自己有错误，匆匆忙忙地涂改，最终成绩下来证明我最后改动的总是把正确改成了错误。

直到有一天，我急急忙忙地冲向公共浴室，那时热水已经快停止供应。但当我冲到了浴室，才发现自己没有带换洗衣服——这是怎么了？我第一次问自己。我不再因为时间紧迫而推迟思考，而是沉下心来用一个晚上的时间给自己写信分析心态。

分析的结果是：我患得患失，畏惧结果，在追求的过程中凭着惯性而非理性前进；我渴望速成，贪图省事，吸取知识时总是有强烈的目的性：我们出发，慢慢加速，十年寒窗漫长的路途让我们失去了最初的新奇。当学习成为功利的工具，当目的地的缥缈遮住了沿途的风景，当我们过于关注最终的结果却忘了“水到渠成”的自然之理，那么一颗绷得越来越紧的心将失去温度，失去弹性，失去最初虽柔却韧的形态。而这样的一颗心，脆弱且经不起打击，它不足以让我们继续前进。

我决定，做一次实验。在高二下学期期中考试之后，我发现我的英语知识体系中全是漏洞，单选、完形、阅读，甚至听力都是小错连篇。我不再以粗心或没看清题说服自己，而是决定以一种笨拙的方法弥补这些漏洞，重构一张知识网络。每个中午，我小睡十五分钟，然后做一张完整的英语卷子，从听力到作文一题不漏。午后的阳光总有一种慵懒的气息，如一只猫在轻巧地踱步。我坐在桌前沉静地做卷子，不紧不慢，细心读写，阳光通透如洗。一个月后，我的英语由120多分变成了139分，我完成一张英语卷子的时间由两小时缩减至50分钟。我大受鼓舞，将这变成一种习惯。又一个月后，期末考试时，我的英语考到年级第一，而且，以后的考试再也没有低于140分。

每节地理自习前，我提前做一部分自然地理练习，然后用整节课的时间请地理老师答疑。每个周日下午，我会带着数学练习题到阅览室，一道题一道题地研究圆锥曲线和导数，即使一个下午只能写一两面，但我确信每道题我都完全理解。我不再着急，不再慌张，每天努力做着微小的改变。日积月累，细微演绎成宏大的效果，量变演化为理想中的质变，弱科全部变成强科。我甚至养成了每天看完新闻去操场跑八百米的习惯，夜幕初降，繁星渐明，让我感到满满的喜悦和充实。我开始懂得，学习本身就是如此美好，一点点的改变最终塑造的是一个令自己都惊喜的自我。

就这样期末考试时，始终保持年级第一，英语和历史单科第一，并且，再无软肋。

专注与舍弃

我所在的外国语学校，每年十一月份就会举行校内保送生考试。之后，过线的20%同学将根据综合成绩的排名被推荐到不同的高校参加外语类保送考试。最终通过者将拥有长达八个月的假期。

在保送生考试之前，最重要的一次考试莫过于十月底的新乡一质检了，但那时，我们各科的复习基本上还处于起步阶段。如何在极短的时间复习大量的内容，成了每个人忧心的问题。我看到有些同学把主要精力放在文综上，每天狂刷文综题。有些同学把重点放在数学上，即使上政治历史课，桌面上都放着数学资料。而我的决定是不放弃任何一门的复习，只会有选择地侧重。

那是一段充实的冲刺时光，是在漫长的十二年奔跑后，最后的，最紧要的那几步。没有即将抵达的浮躁，没有终于解放的激动，只有沉着、静默和奋斗。每个清晨，走出宿舍，心中所想的只是今天早读要背哪篇课文；每个晚上，走出教室，心中所想的只是今天又复习了哪些章节，明天要如何继续。

经过分析，我确定成绩提升的空间主要在语文和数学，而英语和历史已经非常稳定，可以放在次要位置。我深知语文的提高是一个长期的过程，但技巧性的东西却可以通过训练来掌握，因此我每天保证一定的做题量，如五道古诗文赏析，两篇科技说明文阅读等。同时，我坚持每周写一篇作文，请语文老师批改和讲解，然后根据建议再修改，继承亮点，摒弃忌讳，我用实际的练习实践着课堂讲述的理论。最多时，一篇作文改过四五遍，由一篇冗杂、论点不明的中等文改到了精练而有说服力的一类文。我不求数量，但求质量。而数学，经过分析，我认为主要的劣势在于之前一直以大题训练为主，选择题和填空题不能保证满分，而这些小题又每个 5 分，不可小觑。于是我转移重心，由大题导向转变为双管齐下，在每周保证一定大题练习量的基础上，大量练习小题。新乡一质检的成绩证明了我复习方案设计的有效性，我的英语仍然是 140 分，历史仍然是年级第一，而语文异军突起，成为拉开与其他同学差距的主要武器，特别是作文获得了最高分。

11 月 10 日，保送生考试；12 月 23 日，清华保送生考试；12 月 31 日，成绩公布。我在 2012 年的最后一天，得到了清华的保送生资格，提前结束了十年寒窗的苦旅。这一路，有辛酸更有欣慰，有彷徨更有坚定，有沉沦更有奋起。我体验过喧嚣，选择了寂静；实践了细微，创造了宏大；决定了舍弃，保证了专注。我只有平凡的智商和平凡的一切，但是我庆幸的是，我始终保持着对自己的认知和审视。前行不忘回顾，跋涉不忘反思，勇进不忘调整，或许这就是我终于能圆梦于此的原因。

姓　　名：张　维

毕业学校：江西省南昌市第二中学

高考成绩：总分638　语文116　数学132　英语141
理综249

院　　系：清华大学工程物理系

高三经验体会

我们学校从高二暑假就开始补课，这也就宣告了我们提前进入了高三。暑假中每天的课表安排得满满的，我们处在第一次整体学习的收尾和高三总复习开始的衔接阶段，大家都对“高三”这个词有点期待，又有点小恐惧。我在高一、高二的时候，就感受到高三学长学姐们奋斗的艰辛和热血，听说过他们的辉煌成就，也了解到高三的巨大压力。如今，我转眼就成了高三生，开始感觉有些不适，而且高三的学习模式到底是怎样的，我一概不知。于是索性摸着石头过河，从结束新课的学习到开始一轮复习，我就在思考，我的学习模式肯定是要转变的，不可能像高一、高二那样跟着老师的课程和作业一步一步走，这样我会“吃不饱”。同时我也借鉴了一些同学的经验，一轮复习的法宝——刷题。但是一开始我做题总是很盲目，虽说是复习到哪里题目就跟进哪里。因此当我发现自己有空闲时间却无所事事的时候，会再买上一本心仪的参考书。“高三党”逛书店是一件很享受的事情，我们学校门口的书店供应的都是我们最需要、最想买的书籍，所以我常开玩笑说：“这书店老板对我们学校成绩的贡献比某个校长或老师可大多了。”买到书，把它摊在桌面上看、做题，其实是一件很享受的事情。

而带给我快乐和做题动力的源泉是什么？是成绩提高后得到的信心，甚至可以说是由于他人的羡慕夸奖而产生的虚荣心，也是对失败的害怕。因为从小学开始我就是所谓的“尖子生”，学习上总是同学们羡慕的对象，于是成绩就一直好下去。其实到最后才发现，成绩好不好，你对自己的定位非常重要！如果认定自己学不好想随便学学混个普通大学上，平时也不用过得那么累，压力那么大，抱有这样心态的人注定是普通大学及以下的结果。如果一开始就给自己很高的定位——我就是个尖子生，我就要拿第一，就要拿奖学金。这样才会有动力！我很佩服一个同学，他在实验班，但是水平只够考上一般的重点大学，他今年高考没考好。我有一天惊异地发现他的 QQ 名字叫“不上清华不改网名”，原来他去了我们省最适合复读也是学习生活最艰苦的高中，继续他的高四。这样的心态，先不论成败，就足够让人佩服！而我的心态也是如此，我当时已经是身在“风口浪尖”，大家的眼睛都在看着我，家人、同学、老师、校领导，大家都期待着我能一路披荆斩棘，学校也把很多荣誉和希望寄托在我身上。这些压力在我看来就是动力，因为我无法想象如果成绩就此下降，身边的人会怎么看我。每当我幻想超过我的人可能持后来居上的傲慢和鄙视的态度，我就不敢再想。我知道自己不能承受那种后果，于是我会很有动力地继续努力，继续称雄。因为我喜欢被夸奖，害怕那种不可挽回的失败。一旦取得了优异的成绩，荣誉和夸奖紧接着都会有，这样令人很有满足感，就像生物学的正反馈。

我就是这样在迷茫和思索中正式升上了高三。因为暑假的过渡，高三也没那么难以接受，更重要的是，我这样提醒自己：人的天性总是讨厌去做困难枯燥的事情，可是在高三，那些困难枯燥的事情往往就是你生活的主要组成部分。我思考了很多，也失败过很多次，有时候总是想放松，后来我慢慢懂得，把一天的作息安排变成习惯，你就会自然而然地去做，不管多苦多累，你的生物钟都会带领你在不知不觉中把任务完成。每天中午都要有固定的午睡时间，在高三最幸福的就是从开始睡觉到睡着的那一段赖在被窝里的时光。把脑子清空，什么都不想，是养精蓄锐最好的帮助。于是，复习一步一步推进，而我发现不管是考试题还是作业题都考得更深更难，有的甚至超过高考标准的难度。这让我很不适应，因为高一高二重在掌握表面，而高三要把每个知识模块的题目潜力都挖掘出来，并且涉及各模块知识的交叉运用。一次次作业和考试中被各种题目所打击，是高三给我的一个下马威。于是，我试着和同学、老师交流：和同学一起分享做题的心得体验，或者抱怨出题老师来安慰自己；和老师交流我总能把自己所想的和所做的都表达出来，老师就能对症下药，帮助我把问题解决。随着我慢慢进步，不断调整学习方式，也不断鼓励自己前进，我的高三稳稳地起步了。

高三的整个过程，在学习方面总结起来也就这么几件事：听课、自习、考试、思考总结。无论哪一个方面想做到最好都不那么容易。

听课的时候我面临着这种情况：老师讲的都是学过的，在我看来好像有点“陈词滥调”，听起来既没兴趣也感觉没多大用，而且很不耐烦。可是，无论是往届高考成功者还是老师都告诫我们：一轮复习一定要认真把概念听一遍。这让我内心很矛盾，我自己思考过，也问过别人，不听课我会有内疚感，而听了却觉得有些无聊。最后就折中而行吧，一边听课一边自习，这让我学得很舒心，老师也不刁难我，每当上课觉得有不懂、不熟练的地方就抬头认真听课。因为有了基础就不会因为中途加入而跟不上节奏，而我认为已经完全掌握的地方干脆不浪费那个时间，好钢用在刀刃上，把时间用在最需要花的地方。这个上课节奏让我受益匪浅，我在课上的心情也很愉悦，因为想到自己越来越强，每天都在进步，真的是不小的快乐。上课的时候偶尔会有老师和同学之间的欢乐时刻，我们和老师越来越像朋友，因为我们志同道合，都向着同一个目标奋进。这一点在越接近高考的时候越明显，以至于在高考前的最后一节课，老师不讲课，而是有些伤感地说：“今天不上课，你们看看书，我再看看你们。”

自习总是和放松成对立面。高一、高二没有那么多要靠自习去完成的东西，高三一到，我猛然发现自习已经必不可少。上课时间太有限了，剩下的时间都应该好好把握，于是自习成了最佳选择。每一个在自习的人不管效果如何都是很安心的，这是高三青春最美的姿态，无可非议。有时勾划概念，有时看看笔记，有时翻翻试卷，有时练练题目，每个人都有自己的计划，每个人都有一段自习的故事。我一直很享受自习过程中的宁静，完成学习任务时的成就感，还有一抬头就可以看到的那些高考路上的同行者们……那时候虽然苦，但是我深信，有一天我会怀念这种日子。

考试是高三的主旋律，而且考试的密度和强度都随着时间而递增。于是我们从“一周一小考，一月一大考”慢慢变成“一两天一小考，学校大考加联考”的考试模式。记得我连续几次的考试成绩都不理想，同学们有的感觉不理解，有的来安慰我，并且老师找我谈心，父母虽然着急但是他们也只是干着急没有主意，学习上实在是帮不上忙。其实，当我们考试失利时，不可能不难过，但经历过一次次失败的洗礼之后，关键是接下来应该做点什么。我们要做的是，把心态重新摆正，备考时要认真，成绩下来之后，如果不理想，不要太在意一次考试的失败，却也不能就此把它忘掉，而是应洗刷掉这次考试带给你的负面情绪，把正面的东西留下来。正面的东西就是通过考试发现的自己的薄弱之处，比如作文的立意、数学的大题等，从大方向到细节的差错。高考之前的考试，都是用来“查漏补缺”的，还有就是用来培养考试的能力。学习成绩不但和学习能力有关，也和考试能力有关，而且考试能力所占的比重还相当大。这就是为什么有的同学平时很用功考试却总是失败，有的同学看起来没花那么多时间但成绩总是要稍好一些。考试的能力包括面对考试的心态和一些考试的小技巧。在心态上，老师以前告诉过我们一句很有道理的话：“周练像月考，月考像高考，高考像周练。”周练是我们每周的小考试，月考是相对大的考试，这句话的意义就在于说明认真对待每一次考试，保持一种在重压下沉稳有序、不紧不慢的良好状态，这样在高考考场上就可游刃有余。平时的考试其实不是那么可怕可憎的事，考不好也不会对你的高考造成任何影响，造成的影响取决于你自己的心态。考试的小技巧有很多，主要是：考前把身体状态调整到最佳，精神要充足，前一天一定要保证充足的睡眠；合理安排各个题目的时间，适当放弃一些题目，碰到不会的题目不要慌张，可以先跳过，等做完后面的题目再来思考此题，检查时要重新思考或者再仔细算一遍；理科题目的草稿纸中，每个题目的草稿区域要清晰，便于检查时查看，省去了再打一次草稿的时间；考完后马上忘掉这场考试，不要与同学交流答案，专心面对下一场考试。

思考总结总是同学们容易忽略的环节。不仅是学到知识的思考总结，也有生活、经验的思考总结。我这篇文章也是对我整个高中生涯的思考总结。我高三面临过很让我头疼的一件事：疲劳犯困。于是我不断尝试各种作息方式，最终找到让我的大脑高效运转的作息时间，因为如果作息时间还是不适合自己，我觉得会适应不了高三高强度的学习。面对你走过的路，你可能会摔倒，但是一定要在爬起来之前捡起点什么！越是学到后期就越要会总结，因为你会站在一个更高、更广的角度去看你所学的东西。比如，小时候你只知道自己的国家是中国，对其他国家一概不知，然而当有一天你长大了，了解了世界，你会明白中国与其他国家一起是一个整体，它们共同组成了整个世界……像这样把知识连接成网络、组成体系。这也是总结得来的。不总结，思维太乱，概念太模糊；有总结，事半功倍，成功会更近一步。

在学习之外，适度地参加体育锻炼是必不可少的，因为它保证了你的身体状态能够承受高三学习的强度。适当的放松也是可以的，我推荐散步、跑步、唱歌、打盹等方法！还有，有心事记得多和你信任的人分享。

最后到了冲刺阶段，这时候大的知识网络体系已经形成，你将知识织成了一张大网，要去高考中捞取尽量多的分数，这时候你该做什么？正确的做法是：把网上的大洞补好，再把网加固。这样的做法是效率最高、得分最容易的。比如说你数学最后一道题一向解决不了，在冲刺阶段你要提高这一部分是很困难的，而恰巧你第一道大题也很容易出错，这时候不要着急，也不要过度担心，只要把这个漏洞补好，你的知识大网的“捕分”能力还是没有问题的。还有一句学长告诫我的话，今天我想告诉大家：高考前一定要把高考当回事儿，高考的时候千万不要把高考太当回事儿。这个指导思想非常简明有力。其中的道理想必你一看就懂。考前，看着墙上的倒计时你可能会紧张，可能会幻想自己落榜而手心发汗，这都是正常现象，不紧张才可怕呢！这时候你不能让害怕打败你，而是起身用行动去反击——继续学习。到最后，高考好像近在咫尺，而你好像只是去参加一场普通的学校考试而已。这就是考前的最佳心理状态，知道考试很重要，但是要轻装上阵，沉着应战，考出一般水平就已经成功，而不是考第一第二才算得上英雄。最后还有一点，和学习无关，就是好好珍惜你高三这段奋斗的日子以及和你一起奋斗的同学和老师。你的这段青春岁月是人生中最充实、目的最明确、牺牲最大、成果最丰硕的一段岁月，和你一起走过这段岁月的人是人生中最让你欢乐、最志同道合、想起来最让你心头一暖的人。可能你现在不觉得，但是慢慢你会懂得。所以奉劝大家，珍惜高三的时光和人吧！把他们都记在心里，等到你多年后在脑海里回放，那一定是令人热泪盈眶的感动。

高三一年，是泪与汗的洗礼。十年磨一剑，考场亮剑试锋芒！希望我的经验能对大家有帮助。最后祝学弟学妹们高考顺利，考上自己心仪的大学！

姓　　名：周　缘
毕业学校：江苏省苏州实验中学
高考成绩：总分404语文（129+25）　数学139
　　　　　英语106　历史A+　政治A　小高考4A　加分5
院　　系：清华大学新闻系

蝴蝶页

高三刚开始的时候，我在妈妈的备课笔记上看到“蝴蝶页”这个词。当时就觉得，这个让人心醉的名字应该拿来写部爱情小说。没想到今天，会用它来回忆我高中三年的日子。

高一期末考试的成绩单上：物理 39，化学 60。各种排名里最好的是年级 25，最差的到了 328。这样浩荡的悲伤，不是物理习题里那条或最短时间到对岸，或最短路程到对岸的小船，可以载得起的。

我在应试教育里，挣扎了很长时间，况且我是承受能力特别差的那种学生，曾经听课都听哭过。我以前说，不知道前世和高考有怎样的纠葛，今生要用这么多的泪水来还它。像林清玄说的那样“有时静夜想想，也会黯然流下泪来，但那些泪在一个新的春天来临时，往往成为最好的肥料”。今天想想，所有付出都是值得的。

为了撑过这段时光，我只能不断地调整自己的心态。比过程的时候，我知道对手是别人。其实我已无余力，但我知道有一些时间是大家都在浪费的。平时我赶不上大家，但在暑假、在考试后大家习惯性的懈怠时，我只要比别人多认真一点点，就够了。而比结果的时候，我知道对手是自己。我不再去羡慕别人的成绩，而是看到自己的进步。我尽量不让小考试影响到自己的大计划。其实分数、排名都不重要，周考、月考模考都不重要，即使高考，也不是人生的全部，不能决定未来的命运，我常常这样来安慰自己。我告诉自己：毕竟已在一个重点中学的重点班里，即使成绩暂时落后，我也已经足够优秀了。做好该做的事，把过程完美地呈献给自己，不奢求结果。

无论如何，我都挺了过来。一段时光，我不会留恋，也不会全盘否定。经历过这一段黑暗之后，我练就了更加强大的内心。就像受过折损的树，愈合后留下的疤反而更耐得住刀砍斧劈。在后来高三的日子里，只要看见微茫的光亮，我就不会失去希望。

在这样的情况下走入高三的我，没有给自己太高的目标和太多的压力。我看到高三开始时交给老师的决心书，全无豪言壮语，心态实在冷静而平和，难得引用了一句励志口号“将来的你会感谢现在拼命努力的自己”，我竟也默默地把“拼命”两个字去掉了。

我知道我太幸运，因为有了这样平和的心态，努力最终结成累累硕果。

那年年末的时候，高校开始了自主招生，我纠结到三月份竟还是临阵脱逃，放弃了浙大的名额。我很清楚自己不适合自招，华约的数学很难，我一定是考不上的，准备自招反而会浪费精力而且打乱自己的复习计划。当断不断，反受其乱。那个星期六，当我坐在空了大半的教室里听课的时候，开始佩服自己的冷静和决绝，因为比起坚持，放弃需要更大的勇气。这个我曾经做过的最艰难的决定，却成为后来做过的最漂亮的事。

就这样，我的高三，从 2012 年的初秋到 2013 年的夏至，习惯了每天抱着没吃完的早饭，披着来不及扎起的头发跑进学校，因为匆匆的脚步声引来极高的回头率；习惯了傍晚在公交车上听邻座初中的孩子讲一些我经历过的故事，于是会心一笑、头也不抬地继续睡觉；习惯了莫言写的和写莫言的文章频繁地出现在文科卷子上，他从此成为“生命里最不能忘怀的男人”；习惯了印着时事热点的政治卷子看也不看就被塞进文件夹里，但比起直接被打草稿的语文试卷，它们已经幸福多了。

即使在最紧张的时候，我依然早早地睡觉，每天看报纸，周末看电视，偶尔翻翻杂志听听歌。家里的气氛很轻松，没有断网禁电视，妈妈还常常劝我早睡。越是临近考试，越应该保证作息时间规律。在这里说一句老师或许不愿意听的话吧，不要太早进入状态，弦绷得太紧临考会断的！加班加点熬夜苦读，会影响身体，更影响精力集中，到头来得不偿失。能以一份好心情迎接高考，就成功了一半了。

在很早的一次差点不及格的考试之后，数学老师曾找我谈话。我很无辜地说，我反应慢，很慢，非常慢，需要几天几个月甚至几年来消化。不能想象老师当时的反应，“几年”有没有吓到他？到今天我可以非常坦白地承认这一点：这个缺点后来反而成了优点。高考是一场持久战，不用急于求成。我走得很慢，但从不后退，也许很艰难，但每一步都平稳而坚定。

我没有一头扎进题海战术，没有挑战偏题怪题，只是认认真真地研究错题。有同学把错题整理得工整而漂亮，几乎可以做展览，但如果不经常翻看，一样是没有用的。而我的错题本，字迹潦草，有许多标记和批注，但我保证上面的题目不会再错第二次。

在三年的磨合里，我慢慢掌握了数学的应考技巧，而且总能在考场上超常发挥。因为慢热，我总在考前做一些简单的题目帮助自己进入状态找到信心；因为掌握不好时间，我敢于放弃不会的题目，压轴填空题如果来不及算就用特殊值、画图这些方法快速蒙一个答案；因为做不出难题，我只能避免低级错误和不必要的失分。高考以后，班主任问我，数学卷子做完了吗？我当场石化了：初二以后我就没做完过卷子！老师又说，空了几题啊？其实我后面三题都没做完。但是最后的结果，我敢说我都得了比很多叫嚣着“满分无压力”的理科高才生更高的分数。因为我写下的所有东西步骤都很完整，都没有出错。

最初我在数学笔记本扉页上写道“最好的年华，都给了你，请你，不要负我”。后来又有一篇日志里说“数学把我当成了无私的田螺姑娘，回报微薄到没有。罢了，数学虐我千百遍，我待数学如初恋，因为田螺姑娘和那个青年，最终是修成正果的”。今天，突然很想对数学说：“坚持就是胜利。”

在距离高考还有三个星期的时候，我“良心发现”了，心血来潮地到学校上了几节晚自习。我终于亲眼见证晚上9点半，学校门口车水马龙，灯火通明的场景。操场上，散步或者奔跑着的同学们，带起的一阵阵风感染了我。我知道这种向上的精神，再不会重来了。

临考的时候，大家情不自禁地开始规划下一个没有作业的暑假，预支虚幻的美好。但正如舞台上的演员，如果总想着下一幕，往往会紧张到甚至忘词。我尽量把自己从幻想中拉回现实，因为只有专注于眼前，该来的一切才会如愿而至。

得知分数的那个晚上，我在学校门前号啕大哭。其实不管成绩如何，我都能哭成那个样子。当你三年的努力有了一个结果，无论好坏，都是值得庆贺的，不是吗？喜欢安宁写的一段话，允许我借用一下：我所要求的，不是你能考上哪一所大学，我只是希望在你18岁之前，能有那么一段意气风发、勇于拼搏的岁月，而这一段时光，不管结局是美好还是黯淡，在你人生长河里都必然会熠熠生辉。没有人能够否认，这段埋头苦读的青春，回望的时候会绽放出最璀璨的花朵。

小时候大家都被问过想上北大还是上清华，我说清华，因为名字好听。后来发现我想多了。再后来发现它居然成真了，但不能叫梦想成真，因为清华不曾出现在我的梦想里。我一直想到帝都开开眼界，所以到北京的路是早已在心底铺设好的。然而到清华的路，却大有突然从天而降的味道。我以为，可以考上清华北大的同学，要么有可遇不可求的高智商，要么有可望而不可即的勤奋精神。直到今天才知道，它并没有那么遥远。也许有理想但从不抱幻想的人，就会等来所谓的奇迹。

我不是“学霸”，也不是“文青”，我和你们一样。你们，也可以和我一样。

高考以后，我以一种惊人的速度在忘却。我最痛恨的，最后居然也没考的圆锥曲线，我也很快不会记得吧。可是青春正如双曲线，一旦出发，就会无限地延伸下去，而那些遥远的梦想，就像渐近线，虽不能至，心向往之。高考的意义，并不在于我们学到多少知识，而是那种坚忍不拔的意志，会陪伴我们一生。

蝴蝶页，是装帧的术语，指图书封面后与封底前完全相同的两张衬纸。这三年的时光，多像蝴蝶页。无论夹杂着多少曲折的故事，开始和结束都是美好的。我们就这样破茧成蝶，就像化蝶的梁祝，虽已无前生的记忆，但他们都曾如此刻骨铭心地飞入过彼此的生命。

姓　　名：李赞熙（韩国留学生）
毕业学校：北京市海淀区教师进修实验学校
院　　系：清华大学新闻与传播学院

高考最后一搏之平常心

北京的清晨，冷冷的风吹过各条街巷。每个母亲和父亲都亲自送赴考的子女们前往考场。打开电视、收音机，都是高考、交通信息。本来就显得拥挤的北京，那天已然被喧嚣的车声、人声所淹没。车水马龙、人声鼎沸已不足以描绘此情此景。交警们努力地吹着口哨，组织着本就不能组织得再好的街道。

是啊，这是多么隆重的一个晨景。虽然“整齐”得不能再“整齐”，但是人们焦躁不安的情绪，就像一朵巨大的乌云笼罩在北京城上空。在这么多的考生中，我也不过就是沧海一粟。也许那天有许多的考生都是由父母接送，而我却像平常一样迷迷糊糊地起床，胡乱地叠好我不带图案的白色被子，脱下睡衣随便一扔，吃完父母准备的早餐，系好我那双白色帆布鞋的鞋带妈妈总会在我离别时提醒我一句记得带家里的钥匙。那天我便会有错觉，就像只是去上课，是平常的一次小月考，什么想法都没有，因为这早已成为一种习惯。吸着北京曾经被报道为 PM2.5 的空气，紧紧自己的上衣。在等公交车的时候，心里暗暗提醒自己今天要去别的学校“交流考试”（本来是高考）。想着能见到穿着不同学校校服的人在一起交流，又能交个朋友，心情便一下子愉悦了不少。本来还迷迷糊糊的精神顿时恢复了许多，前方隐现的车灯也清晰了不少。

我还记得应考的那天，到达考场时，校门口挤满了车和人。那天的天气我记不太清了，但是人们一张张或紧张或严肃的面孔历历在目。坐到考场的座位上，我想的最多的就是我与朋友们度过的高中那三年又苦又甜的日子。回过神来的时候，就已经要考试了。考卷发下来，也没有马上去看考卷的内容，心中想的更多的是，我的高中生涯就以此要终结了。现在想想，我那天也不过是平常的想法，像普通人一样，做着普通的事情，有着普通的想法。全身心便感觉不到一点紧张，一直以来积累过的都已成为一种习惯，所以肢体便会不由自主地动起来，脑子就按着那个套路转动起来。

所以平常心最为重要。而拥有这种平常心的前提，是在你高中至少高三这最后的期限内，能够尽自己所能去做，将自己的知识变成一种习惯，一种能力。我可以告诉你们，没有一个人是不能做到的。再笨的人（只要不是重度如痴呆什么的）都能做到，关键看自己的本心。在最后的期限，付出足够的时间、足够的努力，将知识变为自己的。

清华很大，我刚来的时候进入校园总会迷路，必须要问路。但是仅仅过了两个月，清华的各个角落我都已经熟悉，在校园里骑电动车，脑子不用绘制图形，就自然地去自己想去的地方，因为习惯了。这都说明养成这样的习惯也是不可或缺的。如果你有一颗努力的心，那么下面的一切，将会为你所用，或是被你采纳。

刚刚谈及的平常心，我就是这么平常地做到并保持的，即使高考前几天甚至高考那一天，也就像平常上学一样，心里不用特意告诉自己什么，也不用让自己紧张起来。跟同学们谈话的时候，总会把高考当成一种“玩笑”，说白了就是以一种玩笑的口吻来谈论着一场考试。我知道有许多的疑问或许会接踵而至，会有人问，做不到怎么办。但是这就是我的方法，或者说，考试那天就像平常一样，那是最好不过的选择。平常总会有大大小小的考试，总会有失利和成功。我只能告诉你们，学习或许有具体方法，但是面对方法的前提，是心态决定一切。举个例子，你在打篮球的时候意外地进了一个球，便会增加你的信心，内心深处便会潜意识地认为球技变强了；当你被人夸奖容貌好，你就会有信心，会变得有魅力，或许就是一种“好容貌”。这都是心理作用引起了一定的变化。还有一个众所周知的例子：一个职员把自己关在一个没有接通电源的冰箱里，结果却被“冻死了”。这些例子都能表现出，人的精神层面能在一定条件下起到决定性作用。为什么高考总会被提及那么多次，总会被大家重视？就是因为，高考是现场发挥。而现场发挥就与你的精神层面有很大的关系。我是这样控制的：我没有考虑过是否考得上清华，没有想过考试题是怎么样的，即使考试那天我脑子里还想着篮球等与学习无关的事情。还有就是，即使考试那天，也不要让父母接送，就像平常一样，就那么平常地上学，考完平常地回家。不需要那么隆重，也不需要那么夸大，想得越简单越好。

现在，虽然我已经成为清华的一名学子，但是回想高考，虽被世人命名为“决定一生的考试”，我却不以为然。若是金子，必定会大放光彩；若有才华，不会被世俗遮盖。人生没有固定好的道路，走在上面若是畏畏缩缩，犹豫不决，总是用没有经验来掩盖你实力差的事实，那人生是多么的悲惨，多么的没有意义。就高考而言，它只是一场考试。也许这一场考试，会阻碍你前行的道路，会成为你的绊脚石；但我绝对相信，就一场高考，不会毁掉你的人生。因为只要你有实力，就绝对不会被淹没。

考前我是这么想的，考试中我也是这么想的。与此同时关于惧怕考试的想法，千万要抛开，而上述的一切，都是能起到一定的心理暗示作用的，能够警醒告诉自己：比起其他什么，高考只是件小事情。既然考试，那就不要惧怕，不管考成什么样，自己的人生才刚刚开始！既然什么都刚开始，为什么会断定，自己的人生会比别人的差？

这样一想，自己的考试，至少在握笔的刹那，不会有犹豫，不会有害怕。放心大胆地去考，即使没考好，也不代表以后就不能成为高富帅，不能过上舒适的生活，不能活得有意义！

大家这么注重考试的心情我也非常理解，虽然一再说明不能紧张，不能害怕，而当那种真正紧张的心情来临时，克制并控制住，才是最重要、最困难、最关键的事情。在这时，不能总想着考试的事情，一旦紧张，大脑就会一片空白，那不是你做不到的借口。你可以使劲掐一下自己，不要把所有的事情都想得很严重，想得越轻松越好。当然不是说无所谓，而是放松自己的心情。看到考卷，就紧张得不行，那只能说明你的造化不够，只能说你太脆弱了，而跟你的实力绝对没有丝毫的关系。所以，相信自己才是最重要、最关键的因素。

考试结束之后，不要后悔。即使你不是男生，也要敢作敢当，自己得到的成绩和结果，理所当然由自己来承担。我相信只要努力付出了，不管怎样，一定会有所回报，这不仅仅是你能力上的提升，更多的是在你的人生蓝图上画上灿烂的一笔。虽然是刚刚开始的人生，但是只要不忘记高考奋进的那股激情，至少你往后的人生会更有趣、更灿烂。

现在看到清华的同学们，每一个人都忙忙碌碌地做着各自的事情，怀揣着自己的理想，那赴考的景象，似乎就很微不足道了。或许考试的时候那么紧张的你，过了那一天，就会在家里躺在沙发上将其抛到九霄云外。

最后提醒各位，虽然高考重要，但是在你身边为你付出努力的家人，是在你最需要温暖的时候给予你温暖的爸爸妈妈们，是一直以来默默地承受你坏脾气的人。请在读完这篇文章后，抱抱他们，跟他们说爱他们。一次高考，不仅要收获成绩，也要收获感情。

姓　　名：李洪臣

毕业学校：黑龙江省大庆铁人中学

高考成绩：总分690　语文120　数学147　英语144

理综279

院　　系：清华大学土木工程系

我命由我不由天

每个人都拥有过一场青春，一段可歌可泣的时光，一份让人回味终生的回忆。而这如诗如画的花季便在每个人的学生时代，更确切地说是高中时代，绽放出繁复而璀璨的光芒，照耀在一生的路上。

收获友情的欢乐，是成长的满足，让我们充溢着自豪感。然而不得不面对的高考，却给我们的花季带来一阵阵暴风雨。

在烦恼与快乐、成长与压力之间，颠沛流离成了我们高中生活的缩影。有人说“这就是命”，但在我看来这是弱者的借口，而我们作为血气方刚的青年人必须要坚信：我命由我不由天！

如今的我已然是一名清华大学的学子，但我却不如那些状元或是保送生那样光鲜亮丽。回想曾经，我的经历充满着戏剧性、无奈与辛酸。而当时的我，就如同现在的你，面对着纠结煎熬的日子，一次又一次发出歇斯底里的呐喊，却无济于事。

迷茫而平凡的伊始

我的家在黑龙江省七台河市，而高中来到了大庆，走进了大庆铁人中学。从未出过远门的我，此时来到了一个陌生的地方，面对一群完全陌生的面孔，心中不时升起阵阵的无力感，难以在全新的环境中游刃有余，各种各样的困惑也接踵而至。

也许你们会觉得初中的我是头顶无数光环的佼佼者，可惜我不是。面对着身旁一个又一个以物理见长或因喜爱物理竞赛而来到铁人中学的“学霸”们，内心总会升起莫名的挫败感。尤其晚上一个人静躺在床上时我就会想：“身边的人，或是全省各地的状元，或是物理极其出色的天才，而我只是一个再普通不过的学生，又拿什么与他们一争高下？依我目前的水平又能考上怎样的大学？”这些问句反复在脑海中回荡。带着对未来的迷茫以及对新事物的畏惧，我逐渐进入了高中的生活。

在物理班的日子是痛苦的。怀着一丝侥幸心理的我，还是难以逃脱命运的捉弄，在忐忑的情绪中，收到了第一份不及格的卷子——52 分。看到成绩的我，想哭却笑了出来：笑自己的无能，笑自己未战先怯的懦弱。虽说不曾头顶桂冠，可也从未有过不及格啊！一切当属青年人的骄傲、轻狂、热血，全在这一刻沉寂了下去，取而代之的是一颗冷静的心，一抹由灰暗逐渐变为明亮且坚毅的目光。“我命由我不由天”，命运就掌握在自己的手里，与其在迷茫混沌中丧失了自我，倒不如破釜沉舟，放手一搏，谁是赢家还未可知。

于是，困惑之后的释然与脚踏实地的奋斗便成为了高一的主旋律。虽然其间名次的不理想、父母的小失望、处于“学霸”之间的自卑感，无数次冲击着我的斗志，考验着我的耐心，但是高一还是这样平凡而踏实地过去了。令人惊喜的是，期末考试的成绩位居年级 15 名。莫大的兴奋笼罩在我的心头，让我再一次体验到久违的成就感，也让我真正明白并且相信“路是人走出来的，通向理想的路也是一样。当你一步一个脚印踏踏实实地咬牙前行时，你便离目标越来越近。也许有人的起点高，可这并不是你畏惧的理由，你能做的就是毫不犹豫地向前走”。

感情与学业的碰撞

命运总会时不时地开些玩笑。十六七岁的年纪，正是情意滋生的季节，然而此时我们却不得不为了高考而浴血奋斗。当感情与学业在此刻发生激烈的碰撞，我们又该何去何从？

想必大多高中生们都有或多或少的心灵的悸动，我也如此。高二之后，我成了老师眼中不争气没正事的学生，经常被找去谈话。他们觉得我早已失去了斗志，在感情中迷失了自己。面对老师的批评、家长的埋怨，学习的心思早就丧失了大半。那时的我心情无比混乱，既有对感情的不舍，也有对父母老师的愧疚，两者冗杂交错，当真是不知道该如何抉择。但日趋下降的成绩更成为我致命的硬伤，终于，我不得不暂且将感情深埋心底，重回到拼搏的路上。今天我把我的经历与你们分享，对于这样一个任何高中生都不能回避的感情问题，希望下面这些话能与你们共勉。

作为一个男生，你能做的是努力努力再努力，让自己变得更强，肩负起作为儿子，将来作为丈夫乃至父亲的责任，足够支撑起你身边的一片天空，为你珍视的人遮风挡雨。不然什么海誓山盟，什么地老天荒都只能作为笑谈。作为一个女生，不要期望着别人能给你多少，首先要做的是丰富自己，有内涵有知识。倘若只是空有其表，是留不住你想要的东西的。总之，感情需要等待。在什么时间做什么事，才有了地球的诞生，人生亦如此。此时的你们满腔青春热血，有的是力量，即使犯过错误也不要怕。从现在开始，无论为了什么，将感情深埋心底，浴血奋斗吧！

“小高考”的挫败

仿佛命运女神从不青睐于我，被戏称为“小高考”的自主招生考试又一次在我的心上敲了致命的一锤。当时我极力争取着清华北大的自主招生校荐名额，可是由于之前的综合排名不够，最终还是无缘，自荐更是笑谈。拿到手上的是浙大的校荐名额，怀着一种自我安慰的心情对自己说："这样也不错，浙大会容易考吧，有个保障也不错。"

可是上天总是不愿遂我的心意。考试过后，抱着一种期待收获的心态查看成绩。"由于名额有限，您未能进入面试！"一行鲜红的字深深刻在我的脑海中，挥之不去。此时的我什么也听不到看不见，就像置身一个黑暗寂静的世界中。只有崩塌的自尊、自信和骄傲落地，以及难以压抑的泪水在眼眶里盘旋。尽管在人前强颜欢笑，可是内心却充斥着无力、绝望和对自己能力的怀疑。可是真的就此放弃么？不甘心，真的不甘心，付出了那么多就真的什么都收获不到吗？这时，脑海中猛然想起曾对一位挚友说过的话："自己选择的路，跪着也要走完。"带着沉痛的心情、越挫越勇的心态，继续前进，始终相信：我命由我不由天！

临战前模拟的败北

挫败似乎在我身上从未间断过，高三的日子里更是如此。东北三省第一次模拟考试，考得一塌糊涂，惨不忍睹，竟然在班级里排到了接近 40 名，在全市排名更是无从谈起了。成绩公布的一刹那，又是一记惊雷。噩梦并不止于此，大庆市第一次模拟考试，排在全市 400 名。这一切仿佛就是为了打击我的信心而出现，老师们觉得我考不上清华北大，爸妈也有些许失望，自己更是感觉什么都不是，高考无望。

可是就要上战场了，真的就赢不了了吗？没有人相信我，身边的同学各自奔忙着，无助感油然而生。迷茫能改变什么？畏惧又能帮助我什么？与其这样，倒不如亮剑，狭路相逢勇者胜！不服输的血液再一次涌动，求人不如求己，就算天下人都不认可我，我也要在战场上战至最后一滴血！

于是，习题的洗礼伴随了我此后的日子。每天从早上六点半起床开始，就在题海中挣扎漂泊，直至深夜甚至凌晨，不完成任务誓不罢休，教室里的人越来越少，可我的心却越来越平静。嘀嗒嘀嗒的钟表声，刷刷的奋笔疾书声，回荡在教室里，充实着我的每一分钟。不曾忘记班主任说过“天道酬勤”，我便将自己的一切愤懑的情绪、不屈的意志融进每一道习题、每一张试卷中，量变产生质变，相信总会有凤凰涅槃，浴火重生的一天。就这样带着最后安静而平和的心情，终于迎来了高考……

考场上冷静沉着、深思熟虑的我，再没有想苛求些什么。带着一颗平常心，在这无声的战场上施展全部的才能，验收这百余天的奋斗成果。尽力而为，不患得患失，懂得适当的割舍：这些让我在高考的战场上显得得心应手。就这样，最后的战争就此落幕……

成绩发布的前一天夜里，我与两个好哥们在宿舍里共同等待着揭晓成绩的那一刻。当名字下方“690 分”赫然映入我的眼帘时，我一瞬间石化，世界再一次地凝固。

无怨无悔的青春

好像梦幻一般，不敢相信此时清华就这样触手可及。此时的我终于忍不住翻涌的泪水，曾经一切的屈辱，一切的辛酸，似乎就在这一刻成了故事，再提起都像是一段段笑谈。尽管命运不停地捉弄你，可是它做它的，你做你的，没什么太大关系，就当作是君子之交淡如水，或是相逢一笑泯恩仇吧。我比大多数人都要平凡，而此时高中生的你们处在最黄金的花雨季节，你们有活力有朝气，凭什么甘屈人下？每一天都是一个全新的开始，每个人的青春都可以做到无怨无悔！

望君铭记：信则有，不信则无；我命由我不由天！

姓　　名：葛紫蘅

毕业学校：上海市曹杨第二中学

高考成绩：总分516　语文117　数学125　英语125

政治139　加分10

院　　系：清华大学经济管理学院

Follow your heart

又是一季开学时，距离我离开上海曹杨二中，已近半个年头了。往事历历，我依然清晰地记得当时怀着忐忑的心情走进新学校的自己，也依然清晰地记得一身释然走出高考考场的自己。高中三年带给我太多的精彩回忆与启迪，再度回首，不觉分外珍惜。此刻，我安静地坐在清华大学的图书馆里敲打这些文字，不仅仅是写给可爱的学弟学妹们，也是写给多年前的自己。若说怎样过好高中的三年，怎样拥有一段理想的人生，我想是：Follow your heart——跟随心灵的脚步。

"你的梦想是什么呢？"这是我进入高中后，一个老师问我的第一句话。当时我并没有立即回答出来。他笑着让我回去好好想一想，不需要答复他，但一定要答复自己。思考自己的梦想是什么，这是我高中的第一课，也是最重要的一课。学习的时候，很多事情在你身后鞭策着你。比如家长的要求、同学的竞争、老师的监督，为了满足这一切，你会逼迫自己往前，也许能学得很好，但你会觉得很疲倦。但是，梦想却在你的前方闪耀着光芒指引着你，就像一个渴极了的人会义无反顾、不知疲倦地冲向一汪清泉。对于未来的期待，会给你无穷的力量。你要知道，现在所做的一切都是有意义的，都是为了最终能够实现自己的梦想而打下的坚实基础。所以，再苦再累也是值得的。因此，请你认认真真地想一想：你的梦想究竟是什么，你要怎样去实现它？你现在所做的一切，究竟是在帮助你一步步走近你的梦想，还是让你离梦想越来越远？若你走错了轨道，请快快纠正；若你走得正确，请继续坚持！

回忆高中三年，忙忙碌碌、点点滴滴，但真正启迪我的却是几个简简单单的词。

首先，是意义。不知道你可曾问过自己，学习的意义究竟是什么？我曾经历过一个模糊的阶段，没有认真审视这个问题，学什么都是碌碌而为，书不但没有读好自己还学得很痛苦。直到有一天，“意义”这个词突然蹦到我的脑海里，我终于开始很认真地梳理我的人生。我做过什么，我在做什么，我要做什么，我做过的事对现在有没有帮助，我正在做的事对以后有没有意义？就像我高三时的班主任讲过的那样，“我们要从一个宏观的角度俯瞰生活”。想清楚之后，你会发现：现在学的每一样东西都是为了最终能够实现你的梦想，都有其本身的意义。认清这一点之后，你就能够找到学习的动力，同时也能让自己少做一些无用功。

其次，是规划和执行。不知道你有没有在网络上看到过清华奖学金一等奖获得者马冬晗的视频，她的一张精确到小时的日程表震惊了无数学子。然而，最重要的不是她怎样规划了时间，而是她在规划之后的执行力。相信你也会有相似的经验：考试前信心满满地为自己制订了一张详细的计划表，但最后，却只做了“思想的巨人，行动的矮子”，将大量的时间浪费掉了。不去执行的规划又有什么意义呢？另外，我觉得规划有宏观的也有微观的。首先，你必须对你整个人生有一个宏观目标；其次，再一步步计划在五年内、一年内、三个月、当天，你分别应该做些什么。所谓执行力，其实也就是你的自我要求，以及你对这个计划的重视程度。当你明白今天你所做的一切都会影响到你最终梦想的实现，那么想来你也就不会轻易浪费时间了。

最后，是心境。不论此时的你正在读高一、高二，还是已经步入高三，心境对于你来说都是十分重要的。在你的内心，要始终有一个最坚毅的目标，不断朝之奋进。当你成功了，要明白这还不是最终的结果，只能说明你前一阶段的学习方法是正确的，你要继续坚持；如果你失败了，也不能气馁，而是要进行深刻反思。在总结问题的同时，也要告诉自己，这就是人生给你的考验，你要经历，要吞咽。不要轻易为得失而欣喜或难过，更不能轻言放弃。“当你想要放弃的时候，想想当初是什么支持你走到今天。”这句话勉励了我三年的高中生涯，希望也能激励正在奋战的你！

题目是永远做不完的。高中如此，对于你们几年后要面对的大学同样如此。不要为了做题而做题，你应该不时地从题海中逃脱出来，“俯视”你的学习。如果实现梦想是一生的事业，那么完成任务则是你每一个阶段都要做到的事。所谓“俯视”，则是你知道你做过什么，你在做什么，你要做什么。知道自己做过什么，即对于前一阶段学习的总结。哪一块学好了，哪一块掌握得不扎实，其实自己心里最清楚。这里便要提到大家对待考试的态度了。考试其实就是自我检验的过程，看一看你之前学得怎么样。我之前对于考试也是看得很重的，一旦失利就会觉得自己很失败，但经历了高三之后，就会知道，只要不是高考，任何考试的成绩都不重要。所谓不重要，是指你不必对那个分数的高低耿耿于怀，但是你必须搞清楚这个分数是怎么得到的。考得好，说明你前一阶段的学习方法是正确的，你可以想一想，到底是哪些方面做对了，之后要继续坚持做下去；考得不好，不仅要看哪些方面扣分了，要把相应知识点搞懂，同时，更要审视自己之前的学习态度，是不是哪里松劲了，及时改正。

所以，大家对待考试，大可不必如临大敌，而是要坦然地面对。知道自己在做什么，其实就是弄清楚自己现在做的事情到底有没有意义。懂得张弛有度，玩并不一定没有意义。学得没有条理，做题并不一定有意义。这些需要你自己去判断。

知道自己要做什么，即对时间有一个规划。这一点可以与“梦想的力量”相关联。你可以试着这样去想：为了实现你的梦想，十年内你必须做到什么，五年、三年、一年、一个月、一星期、一天，你分别应该做到什么。这样一步步推算，你就会非常明确你要做的事情了。另外，我有一个习惯，就是喜欢把时间按块来划分。可能在前一天，就已经基本打算好自己接下来的一天要把哪些事情按照怎样的顺序去做好（在考前复习和假期里，这样的规划极为重要且有效），在你们进入了高中乃至以后大学学习，养成这样的习惯也是很有用的！做过什么，在做什么，要做什么，搞清楚这三点，你基本就能“俯视”你的学习了。在这个基础上，再埋头于题海，才是效率最高的。

最后，还希望你能够珍惜此刻的年华。到现在我都清晰地记得，班主任老师跟我们讲的第一句话：“我现在想想，我的中学生活真的是最美好的。”在经历了高中，步入了大学之后，我也想对学弟学妹们说：“中学生活自有其别样的滋味，请身在其中的你们细细体味，好好珍惜。”

一是身边的同学。现在跟你嬉笑打闹的死党，可能会成为你高三一起奋斗的战友，也可能就是你一生的朋友，也可能很快就天各一方。所以，无论如何都请你好好珍藏这份单纯透明的情谊。

二是讲台上的老师。在他们身上你可以学到很多东西。在你迷茫的时候，请试着跟你的班主任或者任课老师聊一聊，他们的经验之谈都是极其宝贵的，听取之后，日后一定会分外感激。

三是你的父母。现在的你可能还未感觉到，但是等你以后读了大学，离开家之后，你就会知道，能够天天回家和父母聊聊一天发生的事情有多么幸福。

四是此刻的你。在此刻，你的心是最透明澄澈的。相比起小学生，你有更加成熟的价值观；相比起大学生和成年人，你肩上的压力和负担没有那么重，你要解决的问题也是最简单的。学习虽累，高考虽苦，但终究都是你付出就会有回报的事情，是你争取了就可以有收获的事情。所以，也请你好好度过这段悠然的青春，好好守护这个美好的自己，留待日后回忆与微笑。

Follow your heart！跟随心灵的脚步。不要让自己活得太累，但一定要让自己活得值得。你此刻拥有的一切都是日后的你极其羡慕的，所以请你郑重地经历。

第二章　青春篇

爱我所爱　无怨无悔

每个人都拥有过一场青春，一段可歌可泣的时光，一份让人回味终生的记忆。而这如诗如画的花季便在每个人的学生时代，更确切地说是高中时代，绽放出繁复而璀璨的光芒，照耀在一生的路上。

姓　　名：唐　墨
毕业学校：四川省遂宁市安居育才中学
高考成绩：总分674（市状元）　语文120　数学143
　　　　　英语136　理综275
院　　系：清华大学工程物理系

青春无悔之感悟

坐在清华的逸夫楼，伴着秋天老树落叶的沙沙声，偶然想起余冠英先生的《清华不是读书的好地方》，不禁想到，当初就是这篇文章，坚定了我报考清华的信念。余冠英先生也完全没有戏言，因为清华，真的处处是鹅黄细柳与笑靥迎人的碧桃，极平常的马路，也偏偏罩着翠柳的凉荫，更不必提那宿雨初晴与夕阳西下了。也许这正印证了学校通知书上所写的：清华是你一生的骄傲。

于是，思绪回到了三年前。因为初中一直稳稳地保持年级前三名，所以直升到特尖班。刚刚进入高中，没有压力，也没把学习放在心上，但第一次考试就被吓倒，拿到年级 28 名的成绩。但是我更在意的是父母的反应，他们变得很介意我的成绩。后来我才明白，那时候自己的成绩是达不到他们对我从小的要求——进入清华大学的。我所在的城市，每年只有个位数的人能考进清华北大，如果有突发状况，更可能爆出零的成绩。升学的压力，慢慢地来了。

日子就这样过着，期中考试的成绩依然不见起色，我心里也有了忧虑：老师没有像初中那样重视我了；父母看到成绩脸色很沉重。这次，他们决定减少我的游戏时间。年纪尚小的我当然不理解，因为住校，只能每个周末回家，游戏成了我唯一的放松活动，但父母没有理会。在学校里，得不到老师的重视；在家里，没有父母的理解，自己真是迎来高中第一个低落期了。

那时候在学校住校，一个寝室6个人。因为学习方法不同，和同寝室的人有点格格不入：我喜欢轻松式的学习，努力提高学习效率，该玩的时候认真地玩；而同寝室的人却把每时每刻都用在了学习上。由于自己的成绩没有提高，我不禁想到：难道自己也要像他们那样戴上厚厚的眼镜吗？一次午休偶然的，我和室友闲聊，看到他床上放了厚厚几本我从没见过的书。一问才知道，他除了老师教授的内容，自己还看很多辅导资料，并且有自己的改错本，上面密密麻麻写满了错题。我被吓倒了，原来自己做的事情这么少，原来我根本就没有"方法"可言，因为自己根本没有投入到学习中。于是，我主动减少自己的玩乐时间。既然效率得不到提高，我就从时间上下功夫！上课，我尽量不落下老师讲的每一个知识点；下课，我在放学前就完成作业，回到寝室就开始查漏补缺。功夫不负有心人，我的成绩有了起色，父母紧锁的眉头渐渐舒展，自己和老师的交流也多了起来。高一结束的时候，我进入了年级前8名，努力向初中的排名靠拢。现在想起来，当时的自己真是明智，因为不管怎么说，投入学习的时间始终是应该放到第一位的。

进入高二的时候，我的成绩稳定在前5名，偶尔能考到第3名。我读书较早，那个时候才15岁，刚刚进入青春期，个子长得很快，也开始注意异性了。不知从何时起，发现自己上课总不能集中精神，脑子想的全是其他的事情，眼睛也总往女生那里瞟。高二后，对大学的憧憬慢慢加深了，同班同学下晚自习后，回寝室的时间开始拖后，早上来教室的时间渐渐提早了。甚至体育课，女生也是全部回教室学习，和我一起打篮球的男生也变少了。我开始变得莫名烦躁。看小说的时候看到努力学习的同学，心里总是有股厌恶情绪（现在想来，是当时对自己不能努力的失望折射在他人身上的表现），想到："我没你那么努力，成绩还不是比你好！"看到比我成绩好的同学，就想："我只是不努力，努力了肯定比你厉害！"（也许当时自己是没办法努力，抑或是怕自己努力后反而得不到预想的成绩）因为期中考试时发挥得不错，家长会时被多次表扬，妈妈的脸上洋溢着欣慰的微笑（其实，父母要的不多。他们倾其所有，只是为了我们有个美好的未来，唯一的希望是我们成绩好，希望我们能进入理想的大学）。期中考试后重新分了寝室，我和初中的同学住到了一起。寝室里，我们谈论的话题由学习变成了讨论女生和宣泄对老师的不满，我们的宿舍也成了老师最头疼的寝室。这个时候，我和班里的一个女生谈起了恋爱，心思更不能放在学习上。另外一个变化是班主任换成了另一个任课老师，我高一时多次在他的课堂上捣乱，自然不受欢迎。恋爱的分心，老师的打击，与同学的矛盾，我在迷惘中努力寻找解决问题的方法。

对于高中生来说，有迷惘、有问题是难免的。遇到问题，我们都会不知所措，都会迷惘，甚至会放弃，但最重要的是我们能找到解决问题的方式。有人和老师起了矛盾，选择逃避老师，逃避课堂，还逃避这门学科，最后跟不上这门课程；有人早恋了，就沉迷于恋情中，忽略外面的事情，最终自食其果。如果我们能选择更聪明的方式呢？也许老师看你“不顺眼”，那么你就认真听他的课，在他的学科里取得好成绩，这是不是一种“回击”呢？也许你喜欢上了某个同学，你不是总想着和她在一起，而是努力让自己变得优秀，把其他追求者都比下去，这是不是一种恋爱的方式呢？只要选择理性，这些似乎“大逆不道”的事情，也没那么可怕。所以即使遇上这些“棘手”的事情，我的成绩不退反进，在高二期末，也就是第一次全市统考，我考到了年级第一名。也正在这时，发生了可能让我跌入谷底的事，我转学了。

高一的时候，我们看着高三的学长高考，这是几年来学校考得最差的一次：最好的没有进入全市前十名，只去了复旦大学一个并不理想的专业；第二名去了上海交通大学，后面的同学更不理想。这时社会上已经有了“传统名校光辉不再”的传言。高二那年，号称近来最强的一届也算是出了唯一的一个北大生，去了北大医学部。这时家长里面失落的情绪已经愈来愈浓。而一个新建的学校，也是我后来去的学校，却连出佳绩，高二那年更是有 4 个学生考上了清华北大（在我所在的小城市，这是很大的新闻了）。在一番挣扎中，我还是收拾书包去了新学校。

新学校在乡村，同学们都很淳朴。暑假，城里的学校还都处在假期的时候，这里已经开始上课（这相当于我放弃了高二的暑假），学校对我很好，专门给我安排了一个小房子学习，还有房间让父母照顾我。为了缓解我的生疏感，第一天，妈妈带了一大包吃的来给我打气，我们在学校外的小饭馆高喊："为了理想，加油！"

第二天，6 点一过就响起了闹铃，习惯 7 点起来的我根本睁不开眼睛。到了学校，迎来的是陌生的面孔。由于同学们的学习进度要快很多，于是每天晚上，我不得不抽出时间去办公室"开小灶"。我还发现，农村同学的数理基础非常好，并已提前进行理综测验，以至于我的第一次考试考得很不理想。另外，同学们的英语基础差得惊人，对我英语成绩的提高也是个不小的挑战。每到晚上，我就想起以前学校的同学们，开始几周更是周周打电话，表达对他们的思念。新学校的教学方式是模仿衡水中学的，当时转来也是希望能够被约束一下，这与我以往的学习方法简直大相径庭。每周只有星期天上午的时间休息，而这个时间也被新同学利用起来，而我依然每天上完晚自习回去上网看新闻；午休时间学校规定不能回寝室，只能在教室趴桌子上睡，而同学们是不睡的，我却申请回家养足精神；下课也没有像以前一样去阳台聊天，午饭大家更是冲向食堂，害怕浪费一点时间。来到这里本来准备补的理科进度缓慢，自己也是靠英语才能保持在前几位。最无法理解的是，同学们对学习的关注程度尤其高，大家把学习当成最重要的事，其他的一概不管；走路只谈论学习，每次考完试发试卷第一件事是看自己的成绩，第二件事就是看其他人的成绩；要得到其他人的尊重，只能靠学习，这都是我以前所不能想象的。再加上家境上的一点优越感产生的自责，我刚来的日子是很痛苦的。

在学校里待了不久，学校便组织学生去成都进行自主招生培训（高三自主招生培训，飞行员选拔贯穿了我的整个高三，以至于自己的学习时间减少了很多），培训中，我也收获了很多友谊。我在高三才接触到自主招生，相比同学们，水平差了一大截，再加上自己本来就不拔尖，看到他们顺利地写出我毫无头绪的自主招生题，更是惊得瞠目结舌。在培训期间，我的恋爱也结束了，这对我算是不小的打击。不过我也认识到，这时期的恋情算是美好的回忆，自己不应该沉浸在失落中，把美好的事物变成动力才是我应该做的。回到学校，班上挂起了高考倒计时的牌子，预示着地狱般的生活开始了（300 天还觉得正常，200 天稍微紧张，100 天后日子就是在飞了，30 天更是胆战心惊。10 天就麻木了，三四天就笑着迎接高考）。在高三期间，我看了很多励志的文章，如有名的《花开不败》，还有《100 天提高 200 分》，以及上文提到的《清华不是读书的好地方》。同时也学着网上把理想刻在桌上，把清华海报贴在床头。说来好笑，高考前的日子，同学有去拜佛的，甚至有买神药的，真是让人啼笑皆非。现在回忆起来，高三上学期过得不算紧张，记忆却很模糊，大概是因为努力的日子更刻骨铭心吧。总而言之，我的高三始终沉浸在拼命做事还觉得不够，总感觉别人做得更多的心态中。卷子做了一套又一套，辅导书翻烂了一本又一本，同样的东西一错再错，水平却感觉止步不前。高三上学期开始前，我们又去一个旅游景点培训，虽没学到什么，不过心情倒是调节好了。因此出去培训都是我们最期待的日子。期末考试倒是正常发挥，但唯一难过的是寒假假期全用来补课了。

进入高三下学期，学习进入水深火热的阶段，这个时候迷惘达到空前的顶点。教室里弥漫着窒息的气氛，书本成了唯一，在家吃饭的时间也被我一压再压，每次多吃 5 分钟都会自责不已，因为楼上一个女生每次都是在我拿起筷子的时候就出发去学校了；永远有比你睡得更晚的，有比你起得更早的，我们要做的就是相信自己，不被他人扰乱自己的节奏，适合自己的才是最好的。买各种辅导书也成了风尚，成堆的书占满了课桌。稍微一点浪费都会使人陷入自责；老师的办公室总是被同学挤满；每天的时间过得飞快，感觉自己做的太少太少。迷茫，是高三的主旋律。

一模开始后，高考的感觉终于来了。先是每月考，然后每周考，最后每天考；一轮复习，二轮复习，三轮复习（后来在自主招生考试前，我们被关在实验室一个星期，每天都是不停地做题。每当要放弃的时候，只要想起父亲说的，他永远相信他的孩子，我就能继续坚持。虽然结果是失败，这却成了我不可磨灭的回忆）。忙忙忙，忙得没有了方向。两眼一睁，学到熄灯；两眼一闭，还在记忆。这个时候，我的脾气变得空前火暴，对父母也不尊重，偶有小事，都是一阵大吵大闹。但是父母从没有怨言，他们总是默默捡起我发脾气扔掉的书，努力满足我的学习要求，不开电视，睡觉不敢打呼噜，在我回家前准时做好饭菜。现在想起，都是满满的爱意。每次模拟考试后大家都要对比成绩，全市排名成了我们的命根，老师把学生们视如骨肉，和学生在一起的日子比与自己的孩子在一起的时间更多。我经常与各地的同学打电话对比成绩并互相鼓励，聊以慰藉。

最后，课堂已经全部由自己支配。老师让我们根据自己的情况安排复习。我把书看了一遍又一遍，生物书被我用三种彩色笔做满了笔记；试卷做完后装订成册，叠起来可以与课桌同高；两天所用笔芯围起来都可以绕地球一圈了。进入最后 10 天，需要做的就是每天练题保持感觉。10 天的安排被我密密麻麻写满了，但是在高考结束前，自己还是有很多书没看，很多东西没做完。

高考是在本校考的，我们被安排在小学部进行复习。复习的时候，意外地没有急躁，照我自己来说，考前的复习时间是最重要的，我一步一步、有条不紊地进行基础知识的复习。那几天父母特地请了假过来陪我，吃饭的时候他们绝口不提学习的事，而是和我聊聊生活的趣事，我知道他们是为了不给我压力（真正高考的时候，每考完一科，回到家看到他们疲惫却又强打精神的脸，故作轻松的神色，还有他们充满爱意的双眼，即使是过了近 5 个月，现在坐在电脑前的我，想起来也满含泪水）。考试的前一天晚上，我看了一部电影，老师在晚自习的时候走进来和我们聊天，并嘱咐我们不要在意结果。主任更是开玩笑道，考好了送手机。第二天早上，我早早来到教室，和大家一起接受考前动员，拿好笔、准考证，信步走进了考场。

考试的过程波澜不惊，尽管这是我 12 年努力的结果，却意外地没有紧张。在考试结束铃响起的时候，我坐在座位上，长舒一口气，并对自己说："不能做得更好了。"

最后结果出来的时候，得知自己是市状元后，我没有把持住，直接在街道上狂奔了起来，把路灯、夜色都抛到脑后。是的，我没有辜负自己，这就够了。

现在能够在紫荆公寓里写这些文字，是我的幸运。感谢我的父母、老师及同学们的陪伴。"暗透了更能看得见星光"，谨以此文，与君共勉。

姓　　名：王　季
毕业学校：江西省临川一中
高考成绩：总分631　语文129　数学140　英语138
　　　　　文综224
院　　系：清华大学经济管理学院

青春，在路上

该不该搁下重重的壳，寻找到底哪里有蓝天。随着轻轻的风轻轻地飘，历经的伤都不感觉疼。

——《蜗牛》

不知道该用怎样的文字叙述那一年的日子。那一年，我实现了清华梦；那一年，我高四。

一幕幕黑白色彩的画面交织成了我的回忆：那些为了一个纯粹的目标起早贪黑的日子，那些珍惜时间在食堂中狼吞虎咽的日子，那些因为考卷上的红灯偷偷抹眼泪的日子，那些为了实现梦想奔走在路上的日子，那些真正感受到青春在燃烧的日子……在真实的生活面前，语言总是会或多或少地限制情感的表达，就像再精致的画笔也会在大自然的悠然神韵中留下抹不去的雕琢痕迹。老师们都说，所有人毕业后一定会怀念这段高中的时光，当时深深的不解早已沉淀为如今脑中定格不去的画面。每一个经历过高四的人，都品味过它的酸甜苦辣，都流过泪，却也咧开过嘴；都攥过拳，却终有舒开、击掌之时。但每一种滋味正是青春燃烧留下的印记，抹不去的火般热烈。青春伴着我们，青春走在路上！

寂寞空庭春欲晚，梨花满地不开门

高考失利。天塌了，我无处可逃。

一时间，好学生的形象、乖乖女的形象，一直以来骄傲而又自信的形象，被摔得粉碎，无情地散落一地，就像重重落在地上的玻璃碎片，闪耀着好看的银色光泽，美丽得像天上的星星，但扎人的痛却是钻心。紧接着，假期旅游计划忽遭意外，实践预约又长期未果，一系列打击让我已经不清楚我是真的发挥失常，还是能力不行；我无法确定自己之前是真的优秀，还是仅仅是运气好。我害怕怜悯的安慰，但更害怕怀疑的目光。复读？似乎是我唯一的选择，可是我不敢，怕的不是又一次失利，而是没有勇气面对，担心又一次失败却成为证明自己真的不优秀的真相。

我开始把自己关在房里，不愿意见任何人。我不想面对大家的劝说，连最后一丝尊严也没有。

人往往是很奇怪的。摔倒后，宁愿躺在肮脏的泥泞里，也不愿再试着站起来。意外毕竟是完美的借口。

出乎意料，却很体谅的是，没有人问我也没有人逼我。

差不多一个月后，在家人的半哄半劝下，我同意到临川"玩一玩"。下了客车，竟然有几个老师在等着我。抬头看着爸妈歉疚的目光，我明白了，"复读"这两个一直小心翼翼避开了许久的词，终于，还是炸开在脑子里。

晚上，在早就预定好的宾馆里，我只问了一句："你们是想让我复读吗？""不是想，而是我们知道你的实力，我们相信你。"爸爸看着我，做出振奋的样子。

我笑了笑，点点头。

只是发现，太久了，我都只沉浸在自己与别人的悲伤里，没注意到妈妈多出来的白发；没注意到爸爸为了我复读的事总是整天整夜不停地打着电话；没注意到，他们睡得越来越晚；没注意到我从小到大的成绩单都被找了出来。我不知道，他们是咽下了多少疑问，挡住了多少“关心”；更不知道，他们找了多少老师，问了多少学校。一直以来，只顾着自己躲在家里清净，却忘了天天要买菜上班的爸妈。在外面，他们不得不面对无数人的询问和消息；在家中，还要绕着弯地安慰我。甚至，到临川还要绞尽脑汁编一个理由。

一直以来，爸妈总说我是他们的骄傲。最难受的，或许，不是我吧！

第二天，我们回家拿了行李。

手持行李，笑着送爸妈离开，挥手再见，听着一句句叮嘱，只是乖乖地不住点头。“如果又失败了呢？”终究没有问出口，我不能让他们看见我的胆怯。

坚定地转身，开始了一个人在异地的高四生活。

我一直在心中默念着：必须打赢这场战役。因为，我知道我输不起。

因为，我知道，我不是一个人。

既然选择了远方，便只顾风雨兼程

这里陌生的环境，陌生的人群。我换了手机号，切断和过去所有同学朋友的联系，手机里永远只有和爸爸妈妈极短的通话记录。

搬到了一个只有我一人的宿舍里。真正地用心读书，只有孤独。空荡荡的屋子，大大的床，盛着一颗满满的心。

曾经高中的我，是极其不安分的。上课找人聊天，下课围圈谈八卦新闻，考试就开“茶欢会”，抽屉里永远睡着一本漫画书；即使读书，也不会静心，只是把一本书草草看一遍，作业会做就行，草草了事。只是因为成绩好，被人捧着，一直飘飘然不知所以，天真地认为，读书上学，不过玩玩罢了。

可是那段时间我表现得无比耐心沉稳，就像一只永远不知疲倦的老黄牛，推着磨，一圈又一圈，虽然慢，却绝不会停下前行的脚步。

因为，在这样一个高手如云的学校，几次回答问题后便知道了自己与别人的极大差距。

原来，高考失利真的是我自己的原因；原来，我真的还需要努力。

累，磨还得转；停下，就失去了一切。失败的人，没有停下来休息的资格。只是，从来不知道，我可以把自己逼到这个地步。食堂、寝室、教室，我只去过这几个地方。厕所，也要计算好时间。

一年后，走出校门，仍会迷路。校外的世界？我不知道。

4 本高中政治书早已被我翻散，翻来覆去背了十几遍，插画、注脚都烂熟于心，连人物都可以打招呼了。记得考前，老师要求我们理清课本思路，我仅花了 10 分钟就背完了一册书的所有知识重点和结构。在回寝室的 5 分钟路程中，便完成了对整个政治课的三轮复习。地理，盯着看图，只是看图，一直看图。一个个纸上的圆形地球在我脑中飞快地转动，正着、倒着、斜着、歪着，怕是早跳进了我的心里；中国那堆缠在一起的铁路，硬是在我一次次描摹和拆解中被捋顺了，“枝枝相覆盖，叶叶相交通”也终见明月。古文、名言一字都不放过，最后连《人民日报》评论都背了 10 多篇。每天一张试卷，365 天，不知道共做了多少套，只记得，做到眼睛发疼流泪，却还是咬咬牙做完了——坚持住，不就一年吗？直到高考前，一张两个半小时的语文试卷，我只需 1 小时便可轻松完成。

那个夏天，爱臭美的我不知道流行什么裙子与颜色，不知道骄阳下的我会晒得有多黑；那个秋天，不知道又出现了什么明星与绯闻，不知道叶子什么时候离开了大树妈妈的怀抱；那个冬天，不知道为了上自习，湿了多少双鞋；那个春天，不知道一抬头，一抹粉红早染上了嫩绿的枝头。只是静静地看着右手中指，一个老茧竟渐渐凸起；只是慢慢发现，黑眼圈再也遮不住，痘痘因熬夜却纷纷探出头来。

我要一步一步往上爬，在最高点乘着叶片往前飞，任风吹干流过的泪和汗；我要一步一步往上爬，等待阳光静静看着它的脸，小小的天有大大的梦想，总有一天我有属于我的天。

一个月，开始改变作息，调整时间表，夜夜安眠。

高考前一天，我找到了一间闲置的教室，坐在考场对应的位置，坚持把前一年的高考题全做一遍。外界兴奋担忧，我独在奋笔疾书。

越是最后，越是关键。静，方能稳。

晚上，我躺在床上，合上双眼，只想到了一句话："尽吾志也，而不能至者，可以无悔矣。"

一夜，无梦。

宝剑锋从磨砺出，梅花香自苦寒来

走出考场，一切了然于胸。面对所有人急切的目光，我笑了，大家舒了口气。那晚，却止不住地哭了，一整夜，竟停不下来。

就像经历了一场苦苦坚持、长途跋涉的梦。梦醒了，却仿佛有万般委屈囿在心头，一旦安全了，放松了下来，却失去了坚强的外壳，柔软得唯有大哭一场，方能解脱。只记得拿到清华录取通知书时，第一瞬间出现在眼前的却是去年的一幕幕，今昔对比，就像黑白照片与彩色电视的悬殊，恍如隔世。

静静地呆了会儿，随即大笑起来，现在，还有什么不满足的吗？

爸爸拿出了珍藏的好酒，妈妈换了新衣裳，亲戚朋友喜笑颜开，大家都很开心，这就够了，不是吗？

从为自己到为家人，从一味地逃避到勇于面对：高四一年，我走向成熟。

只会在水泥地上走路的人，永远不会留下深深的脚印。倒在泥坑里，哭后再站起来吧！磕磕绊绊，才有滋有味；跌跌撞撞，才是青春！

握紧通知书，大步踏上征程。只有脚踏实地的人，才能够说：路，就在我的脚下。别人笑，是羡慕；我笑，是自信。

自信：青春，在路上！

姓　　名：郜雪菲
毕业学校：河北省石家庄市第二中学
院　　系：清华大学生命科学学院（保送生）

有多少爱可以重来

谨以此文献给我的一段不会再来也不会忘却的青春时光。

有这样一个用滥了的比喻——高考，就好比千军万马过独木桥。每次听到这句话，我眼前就会浮现出马嘶刀挥、水急尘扬的场景；而竞赛却好像走钢丝，少了拥挤，多了艰险，走得好了，满堂喝彩，跌下去了，等待你的便是深渊。

在省一等奖名单公布的时候，在省队结果出来的时候，在我真实地感受到全国竞赛金牌重量的时候，在清华大学保送生预录取协议上印下我名字的时候，我知道，这一程钢丝我终于走过，有惊无险。

动摇过吗？有人问我。说没有一定是假的。高中三年，有太多的选择：有人高考，有人竞赛，有人出国；有人玩命，有人玩闹，有人得过且过。爸爸妈妈起初并不支持我竞赛的决定，因为在他们眼中竞赛太过冒险，何况生物竞赛在学科竞赛里并无优势，而我并不偏科，有不错的综合成绩，高考对我来说是最稳妥的选择。稳稳当当地成长，该是父母永远的心愿吧；班主任也笃定地对我说“我觉得你最后还是回来高考”。一次我指着教室地图上的安徽，说八月的我想站在那里，因为这年的生物国赛在马鞍山举办。我看到了别人看我像看着一个爱幻想的孩子一样的目光，毕竟我们校区还没有学生走进过生物国赛的考场。而高中之前，我并没有接触也没有考虑过学科竞赛，当初选择竞赛的原因，有对生物的热情，有对竞赛的好奇，有一路走来初进高中对自己的信任，还有一点对于大学保送资格的渴望和幻想。而上了“贼船”才明白生物并不等同于生物竞赛，明白了新奇和热情会降温，甚至会消磨殆尽。竞赛的艰险残酷步步显露，将自己定在教室里把书翻得卷边，学业水平测试一样要准备而且要考好，其他科目一样要抓，也要做好接受成绩下滑的准备，“鱼和熊掌不可得兼”是最古老朴实的道理。明白了不是努力就看得见回报，永远有人做得比你更多，拼得比你更狠，你付出的相对价值可能是零甚至是负值……“挺住！”我告诉自己。记得吗，里尔克的那句话：“哪有什么胜利可言，挺住意味着一切。”心里面是一点点的坚持，我不想让自己的努力白费；一点点的不服气，我就是要看看，如果我拼尽全力，毫无保留，赢来的会是什么，如果只能有一个省一等奖，只能有一个省队，只能有一个金牌……那个人为什么不能是我？

从2010年的10月阶梯教室里竞赛教练的第一节生物课开讲，上百名学生听得热闹新奇，到2012年5月13日，当初的竞赛教练和我们15人，15个用青春做了场豪赌的热血战友，举着大大的校旗，在生物联赛考场外合影留念。那一张张青春洋溢的笑脸，是多少个月没有过的灿烂。近两年的时光，我挺住了；在当初的新奇热情渐渐降温，消磨殆尽，竞赛的艰险残酷显露眼前的时候，我挺住了。

“挺住意味着一切。”而时间告诉我，一切都是值得的。值得，不只是一张证书，一块奖牌，一纸保送，我觉得自己就像是故事《谁动了我的奶酪》里的小人唧唧，在迷宫中独自探险寻找奶酪的过程中，他渐渐清楚使他快乐的不仅仅是奶酪，其实他已经找到了他一直在寻找的东西。我的值得，是把《动物》《植物》《生理》《生物化学》《遗传与进化》……十几本我都不曾想过会看完的大学教材读了一遍又一遍，新知的愉悦畅快，生命世界的绝伦精彩，是近两年的竞赛时光带来的拔节般的成长，是一路收获的无价情义，是一场燃烧了的青春。

没有用日记记录下那段日子的点滴是一种遗憾，少了一份青春纪念。只是即便再来，如果每天再赐予我一个小时，我面对的也将是生物，生物……竞赛的日子里，睡眠都是一种奢侈。

只幸好，记忆足够深刻。

我们的考前100天，是真正开始冲刺的日子，没有什么举拳宣誓的庄严仪式。因为不需要，重要的东西不必说出，早以万钧之力扎根心底。

宿舍里，熄灯后和生活老师斗智斗勇，偷偷进行却总难免叽喳的夜谈悄悄消失。竞赛生可以开灯看书，是我们争取又争取，珍惜再珍惜的福利。困了爬上床倒头就睡。你常常会不知道最用功、最晚睡的那个人是几点把灯熄灭。我们学会了静悄悄地做一切事情，最真最深的懂得不是换位思考而是亲身经历，静悄悄地关灯，静悄悄地洗漱，怕惊扰了隔壁宿舍，心疼熟睡了的室友。睡眠，是一件太奢侈、太美好的事。

竞赛的学生，早上可以晚起一些。记着，是“可以”。这一种宽容和默许，也能什么都不是，因为你也“可以”照样早起。习惯有时候是一件可怕而可敬的事情。习惯了早起，习惯了早早地解决早饭来到教室，把大家留在教室的水瓶打满，习惯了晴朗的早晨、安静的教室、清醒的头脑，习惯了桌上摞着的十几本大学生物教材，习惯了装在纸箱里的卷子和每一套100多道的选择题，习惯了讨论问题时没有托词寒暄的直接……习惯了，就没有什么大不了，没有抱怨和牢骚。那是我们燃烧着的青春，为了我们的热爱，还有那个在远处闪着光的未来。

还有，习惯了在每天晚上8点的课间到操场上跑步。其实，那也是每天最轻松的时光，心里名正言顺地把学习踢出脑海。跑步，不光是为锻炼，也不只是为放松，还因为，这个时候是真的困了。跑两圈，吹着风，仰头看看星星，给自己充满了电，投入下一次运转。偶尔会边跑步边发狠地说：“这样的日子，不管怎样，以后不要再过了。”

总有人说，所谓的考前就已定型，应当尽量放松休息。可那时，每一秒的功夫，每一分的差距，都是资本。

考前一周，我们所有人在河北师大参加考前培训。没有怨言，没有懈怠。

每人拉着一个大行李箱，很沉。不是衣装，是满满当当的竞赛书卷。一次次的外出培训，总有人的行李箱因为承受书箱而半路罢工。

我们住在师大的研究生宿舍，原因只有一个，研究生楼晚上不限电。那是我格外亢奋的一周，半夜12点，1点，2点，本该是睡觉的时间，常常会因看书看到毫无困意，看着表告诉自己不能再熬了，才熄灯睡觉。宿舍里有一个小露台，站上去吹吹风，看看星星和亮着的灯光，给家人打个电话，报一声“爸爸妈妈，我很好”。时间不会太久。

早晨上课时间是8点，过了7点走进教室，前排的位子就已经有人稳坐读书。全省有实力的学生都在这里，暗自较劲，“杀气”十足。起床的时间越来越早，校园很美，活动很多，太极、跑步，与我们无关；食堂很大，早饭很多，我们却常常拿杯豆浆带个饼子进了教室。去得早了，大家就都有好位子听课，看得清板书和讲义，来得及提问。课间休息，学生层层围拢上去，拿着教材中勾勾画画的疑问，模拟题、练习册、下载打印的习题……这样的阵势大概老师都不常见。一些尚未解决的问题，偶尔会把大学老师问得语塞，那真的是一双双闪着光的眼睛。

近两年的努力，真的与身等高，但熟稔于心的资料考试只有两个小时。然后默答案，估分数。标准答案一改再改，老师时时刻刻刷新着网页。对于结果已无力改变却还要苦苦等待的感觉很痛，很难。省队也好，名次也罢，有人说，“如果告诉我，我是省的最后一名，我睡觉都会笑着醒来。”我们祈祷着自己的精彩，期盼着每个人的精彩，而心里都做好了接受一切的准备。成功或失败，输赢与否，三毛讲过：“一场付出了努力的失败就是另一种成功。”其实我们都已收获成长。

在我写下这些文字的时候，又是一年春末夏初，新一年的高中生物联赛将至未至，2013年的高考步步紧逼。许多人，对于我们这些大学的保送生，羡慕嫉妒而不恨。

我常常想起，去年此时在操场上跑步的时光，边跑步边发狠地对自己说："这样的日子，不管怎样，以后不要再过了。"其实怎可说是"不要"呢，而是不会，也不能了。想要大声地吼一句已经老到很少被人提起的歌词，"有多少爱可以重来"。因为爱、恨、人、蜡烛以及燃烧过了的青春时光，不可以再来，只能怀念。

感激与我并肩走过的爸爸，妈妈，老师，朋友。

最感激的，还是那时，那个头破血流也在拼命向前冲的自己。

姓　　名：郝　鸣
毕业学校：河北省唐山一中
院　　系：清华大学机械工程系（保送生）

遇见你们，是一种幸福

那些日子里，我们在最美好的岁月中相遇；那些日子里，我们一起哭着笑着前行；那些日子里，我们"晨兴理荒秽，带月荷锄归"。那些日子是我一生难以磨灭的回忆，是我今生的幸福。

那些日子里，我们共同享受教室里的欢声笑语。虽然我是以保送生的身份进入清华园，高考前很长时间就远离教室扎入竞赛自习室学习，但是在教室的那些屈指可数的日子，仍然是我今生最美好的回忆。犹记得在数学课上我们的激烈"斗争"，因为一道题，我们可以争论上半节课；因为一个数据，我们可以分毫不让；因为一道难题，我们可以从不同角度各抒己见；因为一道好题，我们可以各种改编拓展……难忘那些在教室里与你们相伴的日子！还记得，数学课上，数学"大牛"们对一道压轴题提出了各种令人叹为观止的解法。明明是一道代数题，却可以有着丰富的几何背景；明明是各种复杂的形式，却可以通过换元转化成简洁的表达形式；明明是一道新颖题目，却可以在已经做过的题目中找到它的影子……原本枯燥的课程，也可以在你们的陪伴下变得丰富多彩；原本困难的试题，也可以在你们的陪伴下变得新奇有趣！是你们，让我知道了更多的知识；是你们，让我学会了更多不同的学习方法；是你们，让我的生活充满欢声笑语；是你们，让我的生活从此焕发光彩！在清华园的每一节课，我都经常会有一种错觉，想起那年的高三，想起那年的你们。

那些日子里，我们共同奋战在竞赛教室。从不后悔走上竞赛这条路，因为它将我引入清华园，也因为它让我拥有那些美好的回忆。那些值得纪念一生的共同奋战的朋友，因为它给我留下了一生难以磨灭的回忆。相比其他教室，竞赛教室更多了几分自由自在。这一偌大的教室，只有我们十几个人，每个人都可以占用好大空间，虽然厚厚的竞赛参考书被随意堆在一个个角落，各种生活用品充斥在我们周围，但是这样的生活满是充实与快乐。静下来时，大家一起刷题，空气仿佛凝固，只剩下思想拔节的声音；动起来时，教室成为笑声的海洋，一件小事也可以为我们带来持久的快乐。临近复赛的日子里，虽然压力一天天在加大，但是因为有了这些朋友，生活并不痛苦。犹记得外出培训的时候，虽然人已经离家很远，但是家的感觉却从不曾远离，只是因为有无微不至照顾我们的教练，有互相扶持的你们。有人觉得，所谓同学不过是同时学习一场，聚了，再散了，不留一丝痕迹，没有一丝波澜。但是，在我看来，同学是一种命中注定的生命轨迹的交错，是一种温馨的生命的相依相伴，是一种在回忆里最有声有色的环节。在清华园已经一年多，我却依旧能在梦中找到那年竞赛教室的影子，隐约看到一些伏案的背影，听到一些干净得没有一丝尘埃的笑声。

那些日子里，我们共同在操场上挥洒汗水。操场上新铺的草坪，最适合惬意地躺在上面了。虽然是高三，每周依旧有雷打不动的体育课和活动课。青春激扬的我们肆无忌惮地在这里欢笑奔跑，无所顾忌地挥洒汗水，自由自在地放飞梦想。绿茵场上奔跑着的不是一个个被压迫的学生，而是一个个青春的少年；篮球场上跳起的不是一个个挣扎在题海中的学生，而是一个个心中充满梦想的少年；体育馆中挥舞着球拍的不是一个个痛苦的学生，而是一个个“书生意气，挥斥方遒”的少年……总之，在这里，没有了高考笼罩的乌云，没有了竞争的浓烈硝烟，只有快乐，只有放松。最后一段时间，学校开始要求跑操，围着教学楼、科技馆、体育场、停车场、阶梯教室、礼堂、行政楼跑整整一圈。本来枯燥无味的活动，却在大家的“共同努力”下变得趣味盎然：跑步就像旅游时欣赏风景，研究着平时没有留意过的一个个角落；又像每天闲暇时的散步，享受着温和的阳光与新鲜的空气。我们现在的口号是“为祖国健康工作六十年”，每次喊这个口号，我就会不由自主地想起当年的那个操场，那些茵茵绿草，那些明媚阳光，那些自在笑声，那些熟悉的面庞……

那些日子里，我们共同播种爱心。社会实践永远是我们生活的一部分，不管是在高中还是在清华园。还记得那年的我们，会在拥挤的路边协助交警疏导交通，会在清明节去烈士陵园扫墓，会在植树节种上我们自己的小树苗……现在的时间比当年高三时空闲了很多，有很多时间可以搞社会实践，但是高三时的一次次实践却依旧扎根在我的心间。现在的实践虽然多了，但给我带来的快乐没有成倍增加。那时的我，确实活得简单、率性，做什么事都不知疲倦，做什么都不会考虑成本与收益。也正是因为这样，那时的社会实践虽次数不多却是真心为之。也许真正的快乐就是和许多相似的人一起做很多想做的事。我很幸运，因为无论做什么，我的身边都会有好多陪伴我的朋友，他们永远与我比肩，一同追逐我们的梦想。也许是真的在清华园长大了吧，现在回过头来想想，其实所谓“爱心”也很简单，无非是你在做自己想做的事的时候，也为别人谋得了福利，无关利益，无关目的。最简单的生活方式就能创造最原始的幸福，最原始的不掺杂质的爱心。

那些日子里，我们共同参加劳动。犹记得那些周一的下午，例行的大扫除也是我们的快乐时光。看那些仔细擦着玻璃的女生们，神情像极了创作艺术品的大师；看那些拎着扫帚、拖把的男生们，酷似征战的将军走上沙场。没有劳动任务的可以三三两两去泡泡图书馆、打打球。虽然是短短的一节课，但等大家回到干干净净的教室时，心里还是多了几分新鲜。犹记得那些雪后的日子，大家一起“清扫”积雪，是把雪“清扫”到其他同学身上吧！雪后的阳光分外明媚，折射在雪上将整个世界映衬成了空灵的世界。大家穿的并不多，所以一张张还写着稚嫩的脸都变得红彤彤的，在一片白茫茫的世界里分外耀眼。雪球有时候被砸到脖子里，冰凉感激发起更高的“斗志”。一直到清扫得差不多了，依依不舍地回到教室，还不忘留下一个并不漂亮的雪人——不过，这毕竟是大家七手八脚一起堆的，有极其深远的意义！我的生命里还会有许多场雪，但是高三那年的雪地与笑声，将是我今生的唯一，永远不会被替代的唯一！

恍然间，离开唐山一中已经一年多了。还记得毕业的那几天——高考华丽地结束了，最后的钟声响起标志着我们高中生涯的结束，大学生活的即将开始。虽然对大学的向往是那么强烈，但是兴奋之余，还是夹杂着失落。因为我们的生命即将延伸到不同方向。毕业典礼上，回想起昔日的点点滴滴，回想起这些融化在生命里的美丽碎片，有些人哭了，笑着哭；有些人笑了，哭着笑。我们的青春旅程最重要的一段，就这样落幕，落幕在炙热的盛夏。穿着博士服，我们争抢着互相拍照，只希望在彼此的生命中留下一抹绚烂的痕迹，然后，消失不见。拍毕业照的时候，我们笑得都很灿烂，没有一丝别离的伤感，没有一丝落寞的忧郁。那张照片，大家都隐藏起失落，展现出快乐。可是，拍完毕业照，当各自走向不同的方向，步履却又是那般沉重！走出校门的一刹那，鼻子陡然涌来一阵酸酸的感觉：就这样结束了？一切都结束了？神情有了一丝恍惚，昔日的画面像过电影似的出现在脑海中，一幅幅都那样清晰，像发生在昨日，却又缥缈得遥不可及。

毕业了，当天晚上我们举行了聚餐。笑着当年的自己，笑着当年的别人，笑着当年的事。笑过之后，心底里又泛起了一丝惆怅。大快朵颐之后，又在 KTV 肆意大吼，宣泄着得意与失意。那是最无拘无束的夜晚，那样的夜晚，一生中不会有几次吧。

不得不说，遇见你们是一种幸福。上天让我们相遇、相交，再相离。因为你们——我的同学，我的朋友，我的生命在那些年绽放光彩。

姓　　名：刘晨迪

毕业学校：新疆生产建设兵团第二中学

高考成绩：总分651　语文115　数学141　英语125

　　　　　理综260　竞赛加分10

院　　系：清华大学工程物理系

一起走过的日子

记得在高考前的日子里，虽然每个人都在忙着自己的学习，但是每个人也在和同学、老师、父母有着不时的交流，在交流中得到迅速的成长。有几件事，我会永远记在心里。有几点建议，也想借此告诉学弟学妹们。

同学篇

当时我们班里有一个物理学习小组，是由班里的两个物理较好的同学组成，每周负责给班里物理相对较弱的同学出一份试卷，并在平时督促那几个同学自己做一些题，有不会的来问。试卷可以讲某一个容易混淆的概念，也可以针对某种题型专门出几道题。我虽然是其中的一位负责人，但是我觉得我付出的努力其实远远没有另一位同学多，他有时为了讲清楚某一个概念，往往要写好几面纸。要知道在高三大家都抓紧时间复习时能有这样无私奉献的精神是十分难能可贵的。事实证明付出总会有回报，那几个同学的物理成绩最后都有较大的提升。同时，我在每次出试卷时，由于要查阅大量资料，也使自己的物理功底又加强了一些。

还有就是关于同学之间互相讨论问题，对于学得比较好的学科，比如数学，我经常拿一道自己已经做出来的但又觉得方法不太好的题去问三四位同学，听一听他们的方法。在问每一个人时，我都会将已经得到的全部方法和那位同学交流一遍（这其中也包括我自己的方法）。在讨论时我们的思想互相交流，往往能产生新的更好的方法。高中数学看起来每一块比较独立，但是最后综合性题目往往用的是一种整体的观念，我在交流中发现一道题往往能得到很多种方法，最后再整理下来，又发现竟然在某种程度上这些方法都是等价的。在这个过程中，我体会到了一种体系观念慢慢建成的美妙感，就像当发现万物间的一些联系时，你会为人类思想的结晶而感叹。对于比较薄弱的学科，比如英语，我常问一位学得较好的同学，由于我经常给她讲物理题，所以她每次也都认真给我讲她是怎么学英语的。在这个过程中，我感受到了同学之间互相帮助的美好。学习上的好方法一定要大家共享，独孤求败只会闭门造车，最后与同学脱离。尖子生抱团永远是最好的策略。还有一位同学每次总是来问我问题，但是当我要问他时，他却总是退在一边。不过这没关系，我依旧给他讲题，最终，他慢慢地开始了解我、接受我，也给我推荐一些好的学习方法。这样看来，最强大的竞争对手，只要你相信，一定也可以是最真挚的朋友。人与人之间是相互的，你想让他人怎样对你，取决于你先怎样对待他人。高中不是利益社会，要懂得付出，没有不可感化的对手，只有自私建立起的高墙。但是也要注意，如果你自认为某一科学得足够好，也千万不要掉以轻心。当时我觉得自己物理较好，但是当别人来问我题时，有时会忽然发现自己的知识体系竟然已经在最基础的地方出现了缺失。在给同学讲题的过程中，我也在思考，将自己的知识漏洞慢慢补全了。后来我总结发现，如果你自认为某一科学得足够好，长时间的练题反而会让你忽视一些本质的问题，而这样的问题学得不太好的同学往往能问到，在思考这些问题时，你又会重新审视到自己知识体系中不完善的地方。想到这，我不禁感叹道：如果不是你为同学的付出，怎么会有如此意想不到的收获？

记得当时在冲刺阶段，我们给数学老师建议，一道题如果讲完，某个同学有更好的方法，可以直接在班里提出来跟大家一起探讨。有一次我的方法提出来后，一节课上先后经过了三位同学的改进，最后老师都说最终合成的方法是现有方法中最好的。那堂课让我受益匪浅，不仅感受到思想交流带来的智慧火花，更加感受到同学们一起思考、一起探讨带来的收获。

除此之外，更重要的就是同学间心灵上的交流。在看似漫长的奋斗过程中，不要在忙碌中迷失了自己，朋友就是在并肩战斗时互相给予温暖的伙伴。在疲劳时，同学的一句“加油”，往往能使自己再次充满斗志；在交流心灵感受时，往往能重新审视自己的不足，从而提出更好的改进方案。我经常和几位同学在每天吃饭时聊聊最近的学习、生活、心理，我们一起分析，一起努力，时刻保持了一股持久战斗的冲劲。但是如果是和异性同学交流，也一定要把握好度，要知道，如果交流影响到他人，没有让双方得到提高，还是不交流为好。当时我也经常和同桌的那位女生交流，针对我们心理上和学习上遇到的问题表达自己的看法，在奋斗中相互鼓励，现在大家都成了很好的朋友。有时在交流中同学的一句话也许就会成为你的精神动力，一位同学曾对我说“在绝望中寻找希望”，直到今天我还记得。同学奋斗的身影本身对你也是一种激励，因为你们都在同一条路上，有最相似的感受。

老师篇

老师们很无私，他们永远把学生放在第一位，我们的班主任多少次中午只能靠在办公椅上小憩，多少次给我们补课时她那才上小学的孩子只能在我们教室的窗户外张望。看着所有老师辛勤付出的汗水，我们也渐渐被他们感动，其实他们和我们一样，都在为着一个共同的目标奋斗，我们要走近他们。在某次考试失败后不妨去找老师分析，让他们帮你重拾信心。我不会忘记自己在最后一次模拟考试中只考了 610 分左右（满分 750 分），当时我心里十分难受，甚至有些怀疑自己的能力。但是通过和各科老师的交流，包括告诉老师自己是怎样复习、做题的，让老师帮我分析我的方法有没有错误，只有让他们更好地了解了你，才能帮你提出更好的解决方案。我十分感谢我的班主任，那时候她对我说，我的方法没有问题，让我坚持，她相信只要我坚持下去，最后一定能看到自己想要的结果。现在看来的确如此，同学们一定要相信，只要你足够认真，把该做的事做好，真正高考前的任何一次成绩，都无法代表你最后的水平，高考时一定能考出你应有的成绩。

还有那次模拟考试，平时我最拿手的物理居然连连丢分，110 分的卷子以 60 多分的成绩排在了班里物理单科最后一名。那次考试之后，物理老师找我谈了话，仔细分析了我的问题，我也将当时自己考试时的情形，做题的思路、步骤甚至心态告诉了老师。老师听完，说我其实是太急于求成了，让我追随着自己的内心走，相信自己的实力。在那之后，我不断地找感觉，找一种自信的感觉。最终高考，我还是以物理满分的成绩为自己的高中物理生涯画上了圆满的句号。

父母篇

那时候我和同学在学校附近合租一套房子，妈妈每个周末都坐公交车来看我，单趟就要坐 40 个站才能到学校这边，为的只是能看看我，帮我整理整理宿舍。我们为了高考，其实很多本来应该自己做的事情都由父母代劳了，他们这么做，只是为了我们能更好地投入学习，有更多的时间来复习。我们一定不要忘记他们的付出，一定要尽量减少和父母的冲突。我们压力大，父母都能理解，他们想让我们的压力小一点，想和我们谈谈心，可是我们总是以忙为借口来回避他们的关心。其实，我们能做的就是让他们知道我们在干什么，我们在这里都很好，每天很充实，请他们放心。他们是最无私的，想帮助我们减少压力，却一次次被我们忽视；默默地支持着我们，却无法和我们一起并肩战斗；在心里祝福着我们，却无法得到哪怕我们对陌生人说的那一句感谢。同学们，你们都不是小孩子了，不要让关心你的人为你担心，这是成长的最基本标志之一，你们要学会自己面对一些东西。不要忘记，在自己最痛苦的时候还有你的心在陪伴着你，一定要将自己从深渊中拉出来。只有经历过最痛苦的磨炼后，才能坦然面对生活中的一切，这本身也是对自己提升的过程。清华校训中的“自强不息”也正说明了这一点：“一刻自强易，一生不息难。”同学们，如果你能够一生都保持一种不息的自强状态，我相信，你的人生，一定是最辉煌的！

没有一个人的成功只属于他自己。同学们，在你们每个人的身后，一定站着一批人。他们中有的人不论你在什么状态下，或悲伤，或喜悦，都会永远站在支持你的这一边，与你在一起奋斗，创造着属于你们的奇迹！加油！

姓　　名：王子涵
毕业学校：广东省珠海市第一中学
高考成绩：总分706（广东省第二名）　语文131　数学144
外语139　理综292
院　　系：清华大学土木工程系

在星空之下的我们

——高考完后，在清华的随想

此刻，我正坐在电脑前静静地打字，宿舍的窗帘拉得很紧，但我总觉得夜空上有星星在盯梢；想写点东西却写不出来，总觉得高三还烙印在我的身体上。

高考已经过去很久。高考结束后，我的生活转换得十分顺畅，顺畅得让我有点恐慌——原来高考就是这样结束的，原来我们期盼的自由就是这样到来的。

说到期盼的自由，我不知道我该从哪里开始讲我们高中的故事了。

自由、梦想、青春、成长

高中时的第一节语文课留在我脑中的只有梦一样的色调，却没有任何内容，只觉得从那以后我彻底地接触到了自由、梦想、公正这些青春热血的概念。我记得有一段时间，班里充满了自由与梦想的氛围，同学们会为应试教育愤愤不平，会为机械式的教学方法抱怨不停，会因为周末补课而冲动不已，而现在的我再看这些，总有一种悲哀的感觉，因为我成长了，但我又怀念过去。

现在的学弟学妹们也在重复着同样的轨迹：因为下午加了一节自习课缩短了洗澡吃饭的时间，因为学生会面临封杀就抱怨校长……但我觉得对学弟学妹们的“可笑行为”没有指责的必要，因为在所有人的成长轨迹中总存在一段时间，在这段时间里世界是属于年轻人的，年轻人也认为他们拥有世界。他们认为吉他、舞鞋、电脑、社团、球队就是自己的一切——其实这就是梦想。如果我们对这种躁动偏执的激情加以包容和谅解，并创造出能让这种激情保温发芽的土壤，我想我们的国家就会有我们自己的披头士、MJ或乔布斯。

或许我离题了，只记得那一段如梦幻般的日子最后是在不甘中结束的。我记得老师告诉我先去适应这个体制，然后再“用良币驱逐劣币”。于是，我按捺住热血，开始用心学习成人的世界，理解成人的价值观，我想总有一天——可能就是高考之后的那一天，只要我想去找回原来的赤子之心，就一定可以再次上路，就一定能“用良币驱逐劣币”。但现在我发现不是这样，尽管我依旧坚持自由、公正，但我开始为了利益和安全，以学长的姿态嘲笑学弟学妹们的梦想。或许有些东西只有在特定的时期去坚守才会完整，而像我这样丢掉了再捡回来，到那时才发现当初的梦已经残缺不全。

现在的青少年比大多数成人想得更远，顾虑更多，但可惜成人比青少年更懂现实，更有经验。而且可怕的是成人不想让后人受同样的伤，于是告诫他们哪些路不要走，他们的开拓精神就这样一点点消失殆尽。虽然他们成长了，但哪个更有价值呢？是背负起现实责任走平坦大道，还是沉醉于乌托邦挑战那悬空的阶梯？

期盼的自由没有我想象的那么美妙，因为我没有完整地去忍受不自由的苦难。我适应了这种体制，并在苦难中唱歌跳舞，真正地唱歌跳舞。这不是对不自由的蔑视，而是对不自由的顺从。苦难就应该用眼泪去浇灌，否则等到解脱之时我们也不会再懂得何为喜悦的哭泣。

说这些话不是想要我们的后辈们哭泣，但我想总应该有人坚守一个信念——现在的教育体制有问题。就算我们是体制内的强者和既得利益者，也应该坚持这种看法，那就是我们需要改变。很庆幸我没有丢弃这种价值观，也没有完全顺从于这种体制。如果有人在走我们走过的路时遇到了同样的迷茫，我不主张完全地梦想化，而应该去经历梦想破碎的痛苦，学会在这个社会上立足的技巧，然后再捡起碎片。因为就算不完整了，你我也依旧能“用良币驱逐劣币”，哪怕只坚信一点点新的东西，我们也在推动这个社会的进步。

而我们真正的梦想会是什么呢？或许就是有一天我们的孩子们不用再丢弃自己单纯又错误的梦想了吧，他们的父母会告诉他或她去追求乌托邦吧，因为你们不用害怕受伤——这个社会很宽容，你可以既背起现实的责任，又追逐那只属于自我的梦想。

但其实自由追梦是很累的，也是孤独的。

孤独感、无力感、绝望感、幻灭感

高中有很多机会让人体会到深深的绝望，尽管这种绝望的对象比较狭隘或者可笑，比如一段破灭的恋情，一次失败的考试或者是一个错过的机会，甚至一点点被人看低的自卑感，这些都会给身处敏感期的我们造成莫名的伤痛。每个读过高中的人都会有一段自我放逐的经历。记得那时，我会半夜一个人坐在天台看月亮看星星，或者单独走夜路细嗅校道旁的花香。这种文艺范的行为，完全就是为了保护自己不深陷于挫折的泥潭。而当我们把这种痛苦讲给别人听时，就不要强求别人的理解了，因为不是每个人都有同样的心情，所以我们如此眷恋那种自我对话、品味孤独的感觉。

高中时的夜晚，我有一半时间是近凌晨一点才睡着的，其中又有一半完全是早早躺下了却忍不住和自己对话，或突然大笑或突然掉眼泪。作为一个理科男，老是在窗边听雨声是很让人匪夷所思的，但那无处不在的孤独感总是会蔓延到一切存在上。同学聚会最热闹的时候我往往最孤独，翻开手机的通讯录却发现此时此刻的想法没一个人能懂，指着天上的星星告诉身边的人今晚夜空多美却只被草草应答一声。其实这些经历在现在看起来很正常，但那时候没长大，便十分天真地哀怨一个夜晚，也算是浪漫。

至于幻灭感，就无法描述了，我觉得不要抑制自己的白日梦或看似无意义的随想，那是大脑给我们的最好的宝藏。我以为成长的实质就在于价值观的不断变化，而孤独、绝望和幻灭都是一种破而后立的价值观的升华，对我们的思想方式有极大的帮助。

但我体会最深的是无力感——

有一些事，很艰难，但我知道我可以用我的努力去做到，我知道我可以把这件事分解为一个个小目标慢慢达成，我知道这种事是符合“有付出必有回报”原则的，这种事情完全不是真正的难事，有心人自然可以战胜它，高考也是如此。

但又有一些事，无法判断它到底是简单还是困难，而你投入再多，等到最后也完全得不到回报：这才是真正腐蚀我们、腐蚀社会的无力感。比如先天的样貌身材，比如先天的家庭背景，又比如运气，再比如爱情。

为什么如此多的平民对富二代、官二代心怀怨恨？因为确实有一部分人一出生就拥有别人一辈子也无法拥有的东西。现在有的贵族子弟标榜自己独立创业或者有高级学位，却不知这本身就是无力感造成的一部分。至少我无法十多岁就留洋，最后拿到各种艺术鉴赏和经济管理的海外文凭归国后直接当高管，至少这个国家中城乡教育机会的差距还在不断扩大：这都是无力感蔓延的诱因，身处青年时期的我们暂时没有能力去改变社会，还有一大批在工作生活高压下的前辈们：这就是网络上最活跃的两个群体。因为被无力感腐蚀掉了信心，不敢再活跃在现实中。

我还记得我被拒绝后的无力感。因为有永远无法用努力得到的东西，而怨天尤人，愤世嫉俗，这种危险的冲动往往是“大多数暴力”发生的前兆，或者是激情伤人的预演。但是正如我们以积极的姿态去面对孤独与绝望，我想无力感的宣泄也是相似的：幼稚一点，文艺一点，自我一点，找个朋友夜聊到深夜两三点，或者坐火车的时候单独拿一罐啤酒走到吸烟区喝半个小时。类似地放纵一下吧，这种看似愚蠢的行为，要远远好过在无力感支配下自以为看透了这个世界。

最后要记得回头。因为不管是怎样难克服的情绪，多么复杂的心理，时间是站在我们这一边的，所以不要因自己一时激动就切断了自己前方的道路。而时间又不是站在我们这一边的，所以要记得回头，不要遗忘了这些我们黑暗的一面，并要学会感激它们的存在。

书、球队、电影、漫画

看书是成长最普遍的方式。正如我坚信成长就是价值观的不断变化，书就是价值观交换的媒介，所以我觉得看书不在多，而在看得进去。每看一本书要试着去相信作者，去理解作者的价值观。我们说的批判性思维，不是在于批判文字，批判文意，而是在于对一本书中作者传达出来的意图进行客观思考。换句话说，看书绝对不能固执，不然就会把书读成和自己一个模样，那么这种阅读是很少有收获的。警惕惯性思维，这是读书、看报及运用一切传播媒介时必须警醒的一点。任何作者的价值观相比于任何读者一定会有超越的一点，所以我们对书恭敬，并通过书来一步步超出“命定的局限”。

读书强悍的“学霸”总是被群嘲为 nerd，但我从小看球，所以偶尔被人说“学霸”还是很意外的。球赛与球队总给我一种雄性特有的荣誉感，因为那是在残酷的争斗中得到的胜利，有赢者有输家，用学科思维讲就是符合了男人好斗的本性吧。但我更喜欢追忆一个过去的伟大球员，或者伟大比赛，然后在激动的回忆中感到那一阵阵的伤感——时光不再，也喜欢看现役的球员为了荣耀奋战的那种执着不悔，然后感到热血与向上的动力。我记得高中三年看到了科比的坚守，看到了梅西的王道，看到了纳达尔和德约的创纪录鏖战，看到了热火和马刺的时代更替，看到了老爵爷的伤别，看到了整个球场的爱尔兰球迷一起放声高唱：原野上空始终有小鸟飞过。这句话伴随我看完了多少悲喜交加的比赛。

记得班里的足球、篮球、排球班队，都是以伤感结尾的，但我喜欢这种经历。体育，是取舍的艺术，是坚守的体现。人类所能想到的所有美德，我们都能从体育中以无形的方式深切体会到，体育能给我们的也是无价之宝。

有时候一部电影的影响会胜过一本书。其实电影的价值观输入十分有效并集中，而高中学会看电影是让我十分庆幸的事。当时艺术老师朱老师带着我们看了《勇敢的心》，从纯电影艺术的角度，到剧情的理解，到各种灯光手法的解析，最后一幕看哭了多少亲爱的同学，而我也在那时起真正理解电影是如何成为一种艺术的。此后又重新看了以前草草看过的许多经典影片，《泰坦尼克号》3D重制以后我们组了十多个人一起去影院看，出来一片红红的眼圈。在高中我成了班里组织看电影的专门人员，最后还客串了御用摄影师的职位。电影中的绝望削弱我们自己的痛苦，电影中的快乐加强我们现有的欢乐。

电影是被普遍认同的艺术，我却还想说一个在高中很有争议的话题——日本漫画。我高中时才开始看漫画，追了三年《海贼王》。看了海贼对梦想的理解会改变很多，我们这些祖国的花朵以身犯禁，结果看到了一个为希望而奉献一生的傻医生，结果看到了一个为国家拿着炸弹直冲九霄的傻武士，结果看到了一个为后辈而永不后退战斗到死的老人，结果看到了一个用自己的一条胳膊换来“新世界”的男人，结果看到了一个为守卫真理而牺牲的学者，结果看到了一个立志环游世界完成对伙伴约定而寂寞苦等数十年的亡魂，结果真的看到了一种超越式的梦想。

现在官方对电影、动漫都有着十分严格的管制。我觉得如果我们真的需要出口我们的价值观，就不应该筛选外来的价值观。我始终觉得权威的经验只能相信一半，因为世界在变化，不要总是担心我们的孩子如何娇嫩，这样只会让前辈的担忧成真。

最近的《进击的巨人》很好看，绝对的现实主义。如果我们觉得现在的高中生还不适合接触这些东西，那就不用谈坚强和光明了，没有见过黑暗的人怎么可能理解光明的真意呢？就像没有勇气承认自己错误的人或组织或更大的存在，那他们自称的美好也是不会被相信的。

友情、爱情、亲情

电影中的反派总是说“情感束缚你变强”，然后正义的主角总是在最后用行动颠覆这个论断，在友情、爱情、亲情的鼓励下使小宇宙爆发。亲情是无所不至的，是关乎传承的，但亲情也是直接而粗暴的。不知何种原因，我无法理解“谁言寸草心，报得三春晖”的感恩之情。我们欠父母的，最终会补偿给我们的孩子，所以亲情不完全是双向的，更多是单向的流动。我们对父母的爱，对前辈的感激，最后会让我们去学着像父母前辈一样对待我们自己的孩子与后辈。这种理解比较西式，也可能跟年龄有关吧，现在的我追求自由与独立。我认为亲情不高于一切，亲情也不适合露骨的表达，学会感恩更不是学为父母洗脚、学给父母写信。我父亲常说等你自己有了孩子就会理解我们的辛苦，但到底什么时候我们才能理解亲情，是因人而异的，也不必强求。在真正理解之前我们依旧可以让家庭充满快乐，这本身就是所谓的最好的回报。

在高中，我们接触得更多的是友情与爱情。我的班级是给我带来改变的地方，有些事情父母无法理解，以前的朋友对我们的认识也已经定型，所以会需要一个新的环境从头再来。我的同桌，也是我的好友，在高中三年里让我深深感动，不是说友谊的关怀多么无微不至，但作为一个人，被他人需要和相信的感觉是十分重要的。

很庆幸我的班级能让我们互相交换这种信任感，此刻我的朋友们正在 QQ 上谈论大学的分布，有人说北京的大学很近，骑一辆单车 10 分钟就能互相找到彼此；有人说大学联系要写信，要学会等待；有人说我们的专业要百花齐放，这样以后在更大的世界上将会有相互照应：是啊，我们都厌倦了离别，就让这个班级的梦想一直延续下去吧。正如我们的班级口号"世界没有奇迹，我们因此而生"；正如每一个同学的生日我们都会全班传着写"班级特制贺卡"；正如我们男生在高考前几天还像个小孩一样折飞机扔纸团；正如我们暑假一起卖书，一起旅游，一起在酒店里面三国杀、打牌、大冒险。青春的记忆就是这些，与亲情不同，这种高中纯真的友谊在以后怕是难寻，所以显得格外珍贵。

父亲也曾经跟我说不必太在意同学之间的友谊，因为总是要到站的。但我觉得正因为总会要到站才会更加重视友情，这是人生中一段特殊的时光才孕育出的情感。作为一个站在离别的门槛前的人，自然会有更多的爱与珍惜。

而爱情总是被我们自己或其他人嘲笑，因为没有人敢说自己真正懂，只有自以为真正懂的人。老师与前辈当然是坚决反对在高中谈恋爱，谈恋爱也确实会对青少年造成十分大的情绪波动，但我觉得爱情会让每一个青年人更加完整。高中的爱情比大学要单纯很多，大部分男生选择了暗恋的方式，这样挺好，我也一样。因为一个特别的人，而拥有了更大的动力，有了她会自认为无所不能，直到高考后才被无力感吞没，这是用痛苦来换取经验与成长的经历。高中的压力是很大的，没有适当的情感寄托，我们的心理极易走向极端，产生一些永久性的扭曲。抓紧时间浪漫一把，也让我们学会适应落差，适应孤独绝望，适应梦想破灭以后的事，让我们足够坚强而自认为不会再被打倒。

这确实是很青春的想法，用放大镜把几种情感放大，来支撑我们 12 年的最后一搏，来为我们的人生立起后盾，我们还是要有一些自信的。而这几种情感都让我们可以对着蓝天张开手臂，人与人之间的羁绊是力量之源，因为他人，我们存在的意义才被回答，而不至于迷茫。

仰望星空

我的习惯是走在夜路上抬头问候月亮与星星。其实完全是没有意义的举动，但是夜空是唯一让我们有梦想的即视感的景观。不论是我们人眼所及的地平线，还是蓝天白云，都比不上夜空那黑暗的无穷无尽。在高中待久了，内心深处的压迫感和怨气是我们无从察觉的，只要看一看月亮与星星，就无从察觉地被它震撼，而更专注于眼前。

“记得我们 70 岁一起去看哈雷彗星。”这句话是我说的，现在送给我在清华的未来。

姓　　名：薄子豪
毕业学校：河北省石家庄市第二中学
高考成绩：总分701（河北省第二名）　语文115
　　　　　数学150　英语138　理综288　加分10
院　　系：清华大学电子工程系

高中，那个神圣的字眼

依稀记得，那是个飞雨的季节，我踏上了通向高中的道路。天，是灰色的，或许是因为时间尚在清晨，毕竟，我即将要背井离乡，独自一人拼搏在300公里外那个遥远的地方；又或许，离别时的辛酸压抑在心里，连乌云都不忍消散。我向车窗外望去，家乡从来没向我展示过它的美丽，但今天却也变得慷慨，只可惜它渐行渐远了。雨，落了下来，在车窗上划过一道道织帘，我静静地闭上了眼睛，任雨声肆意在我的耳畔回响。我明白，无论是否情愿，我的高中生活就要开始了。

之所以选择在外地上学，是因为可以接受更好的教育。我的初中是县城里的一个地方中学，不过，凭借我过人的毅力和头脑，中考时取得了全市第一的优异成绩。但我从未出过远门，并不太容易接受即将独立生活的事实。更重要的是，在那个高手如云的神话高中，我对自己是否能做到不因失败而堕落甚至缺乏自信。长辈的殷切期待依旧，我对自己说："硬着头皮上吧……"很难想象的是那雨下了一整天。

不出我所料，开学考试给了我当头一棒，年级91！我依旧像往常那样在哪里都保持微笑，可内心却如海啸翻滚。"冷静下来，你要适应！”那时候我才明白什么叫“站着说话不腰疼”，尽管做好了充分的心理准备，我仍旧差点没爬起来。

军训是一个缓冲。在日复一日的汗水中我逐渐让自己平静，结交更多的朋友，尽量改变自己的性格。那段日子的确成为我高中三年里最值得回忆的一段时光，不仅仅是它带给我意志的磨炼，更是我性格上的一次修补。我们军训结束后有一次队列表演，我很幸运地当上了班里的队长，想必是教官见我正步踢得还可以吧，总之那是次不错的经历。或许我现在都该庆幸争取到了那次机会，否则如今大学里的国旗仪仗队中还没有我的身影呢！当然这也是后话了，暂且不提罢。

第一个月很难熬。我不仅要适应独立生活带来的孤独，更要平衡我那颗好胜的心。还好我认识了许多新朋友，虽然他们不会每天对我嘘寒问暖，但在与他们的交谈中我总能变得开朗活泼。我第一次感受到同住屋檐下的室友之情，因为这群可爱的人，我的心时常能感受到温暖。可即便如此，我依然摆脱不了回家的迫切心情。我们每个月放一次假，一次只放两三天。为了这仅有的回家机会，我几乎提前半个月做准备，包括物质上的和精神上的，把要带的东西写在纸上，每天看着日历计算着还有多少天放假……如此种种，一次假期过后又陷入下一轮的循环，留下深刻印象的是假期和上学期间似乎不同的时间流逝速度。熬过了那段“断乳期”，我才回到了生活、学习的正轨上。

终于要面对高中的学习了。我一向对课本知识感到得心应手，之前9年的学习中，我感觉自己是一条鱼，而游泳是与生俱来的能力。但在第一节数学课上，我有一种从来都没见过数学的强烈感受，即使我不断暗示自己我可是听了9年课的。我希望身边的人跟我都是同样的体会，可又不禁嘲笑自己心理的畸形。还是有厉害的狠角色，能够以我想象不到的速度赶完作业，然后抬起头告诉旁边的人他要预习了。我埋下头，装作听不见他们在说什么，努力地写作业，祈祷可以有朝一日赶上他们，却又对此不太有信心。这时候，老师告诉我们，有兴趣的人可以选择竞赛，大家一开始都可以去听听竞赛课。我心里突然升起了一股莫名的敬畏——奥林匹克竞赛，在我们那个县城连这种辅导书都能数出有几本的领域，却毫无征兆地跳到我面前。听听吧，这也是一个机会。那天晚上是化学竞赛课，大家都到一个大的阶梯教室上课，足有200人的规模。我选择在教室的左侧位置，不太靠前，心里想着前面的位子就留给那些“大神”们吧，他们会把老师的提问回答得如行云流水一般。事实上也确实如此，不过令我胆寒的不是“大神”们优异的表现，而是老师讲课的进度。一共只学过初中一本化学教材的我，惊讶地发现这一节课讲完了大学课本第一章的内容。我又陷入了一个自卑的境地，幸好老师说最终坚持学下去的不会超过20人。于是，我暂且把竞赛抛在了脑后。

这就是高中，它在我心中似乎有那么一股神圣的气息，就像登山者拼尽全力，抬头时远望的山顶那样朦胧。

第一次考试的成绩，我记得清清楚楚，地理考了年级第一——尽管总成绩仍然没进前50，但那却给了我莫大的鼓舞。的确，我对自然地理有着浓厚的兴趣，它来源于我从小对天文学的热爱，因为自然地理也很接近近地太空的领域。那次年级表彰会上我领到了高中以来的第一张奖状，兴奋的同时，我在心里对自己说：“不抛弃，不放弃，我不想认输！”不过，那段时间最令我惊讶的是，每次考试我的政史地都是帮我提分的，但由于我早就给自己一个理科男的定义了，所以心里总有种不自在的想法，好像有一只蚂蚁在我后背上爬，我却总也够不到它。即使有一次小考，我的物理出其不意地拿了61分（满分100分），但这都没有动摇我选择理科的决心。如今我为我的选择庆幸。人的一生总有那么几次抉择伴随着各种干扰，有时是显而易见的误导，有时却让人很难判断，只有真正了解自己的人，才能拨开眼前的阴霾，找到那条正确的道路。

适应了高中的节奏，我也渐渐找回了久违的状态。高一时的我可以说诠释了什么叫作“逆袭”——第一次考试全班39，第二次

27，第三次20，第四次12，第五次就进入了全班前五名。兴奋的同时我也看到了成功的希望。记得班主任在开学初曾给我放下狠话：你必须进入班里前五名！那时认为这是个不可能完成的任务，但一个学期就成功了，令我自己都有些不知所措，当然可以说是飘飘然。于是，在第二学期奇迹般地拿到全班第一之后，我放松下来。这种放松不是像一个优秀的白领偶尔坐在电视机前惬意地喝着咖啡，而是对自己从内心上降低了标准，尽管表面上依旧认认真真地听讲，保质保量完成作业。于是，我第一次感受到，在高中一个人的态度决定他的高度，真正的高手不在于比拼学习多卖力，不在于要在表面上给人认真的感觉。心理上松劲了，无论肢体做出多大的贡献，他也一定不会进步，或者说，不会比别人进步更多。之所以深刻体会到如此，是因为由高一下学期到高二全年我一直在班里十几名徘徊。我的班主任也看出了我的问题，经常质疑我是不是只用了80%的精力，"或许吧"我口头上这么回答，心理上却没有任何的异议。同时我也深刻体会到，比起身体上的疲惫，精神上的疲惫更加难以调整，后果也更加严重。

事实上，我并不想否认我的叛逆性格。比如说，我认为对的事情，无论别人怎么说，都不会改变我的行为。在物理上出现过几次这样的情况，老师讲的同我想的例子截然不同，要么老师做出让步，要么我们各持己见，总之我很少有低头的时候，除非我犯了严重的低级错误。再比如，我一直支持课间睡觉，虽然几乎所有老师都劝我们课间多出去活动活动，驱走困意。因为我坚信，困意是永远驱散不了的，即使获得了短暂的清醒，也只是暂时的。缺觉就是缺觉，强迫的清醒过后会袭来更强烈的困意——课下睡总比课上睡好。于是，经常见到老师下课把大家"轰"出教室，而我却舒舒服服地趴在桌上睡觉的情形。不过至今我不曾为做这些事后悔过，因为一个希望做出一点事情的人从来不会甘于做一棵墙头草。敢于坚持己见的人不一定能成功，但没有自己坚持的想法的人一定不会成功。其实，高中也是个塑造人一生性格的关键时期，我经常这样想。

可以说我的高二是在浑浑噩噩中度过的，因此在即将迈入高三的时候，除了学校给我们做了次效果似乎不错但却很形式主义的升高三动员大会（我一直不太喜欢形式的东西），我也给自己放下狠话：一定要拼一年，这是最后的一年了！我发觉我越来越喜欢这样一句话："高三是人这一生中最幸福的一年。"再没有哪一年能让人为了一个单纯的梦想奉献出全部的精力，彻彻底底的充实是一个高三学子对于每一天的真实感受。从这个意义上讲，高三完全符合幸福的定义，即便我一直反对应试教育培育出一个又一个"聪明的傻子"。高二的最后一次期末考试，我考了年级第五，也算是为最后一年开了个好头吧。人们都说悬崖勒马，我终于在最后一年里找回了让自己紧张起来的精神状态。这不是一件容易的事，所以说我一直劝别人尽量不要让自己松懈，一旦松下来就很难紧张了。在高三的一次又一次的考试中，我总结出一点，就是"状态"这个词确实占据了举足轻重的地位，它可以让人飞速计算每一道题，并且一个失误也不发生，却也能够让人即使检查两遍依旧漏洞百出。拼到最后，直到高考，在高手们都快将书啃了三遍的时候，谁摸透了迅速找到状态的方法，谁就能笑到最后。这方法对每个人来说都有所不同，我有一个同学喜欢通过刷卷子找回手感，而我倾向于翻出曾经的错题难题，仔仔细细地演算一遍，大概这样能让我充满信心。

高考那天，依旧是细雨连绵。考场上的我，细数这三年走过的路，心头不禁划过一丝不易察觉的悲伤。是留恋，是珍惜，还是两者都有，我不愿分辨。高考带给我的，不仅仅是科学之峰上最重要的一段攀登，更是对我心灵的一次塑造。我从此变得坚忍，自信，更加成熟，更加幸福！我不是个喜欢沉默的人，但当河北省第二名的成绩被我知晓，清华向我抛出橄榄枝的时候，我却突然默不作声了。因为，我想到了我的高中三年，它的确没有白过。

高中，这个神圣的字眼！

姓　　名：莫兴武
毕业学校：甘肃省陇西县文峰中学
高考成绩：总分648　语文117　数学134　英语128
　　　　　理综269
院　　系：清华大学机械工程系

梦·清华

其实，到最后，反倒是自己都没想到能上清华……

梦·梦的宣言

记得自己从小就有一个清华梦。

小时候就常听长辈们谈起清华。每当他们谈论清华的时候，我总在他们身边，聆听他们讲述清华园的故事，从庚子赔款到清华学堂，从五四热血到艰难联大。那时候还懵懂无知的我，便暗暗立下了要上清华的志愿。每当长辈们问起我想上哪所大学的时候，我都会响亮地告诉他们两个字——清华！清华梦的种子，从此在我心中埋下。

时光荏苒，转眼间我已经经历了小学和初中。在小学和初中我一直是出类拔萃的，这不禁让我信心满满，我自信一定能够实现自己的梦想。因而，在高一军训前的自我介绍时，我骄傲地向我的同学宣称：我的梦想，是考上清华！

这是梦想的宣言，更是逐梦的开始。

梦·扬帆起航

然而，刚上高中的不适应是我始料未及的。曾以为，高中可以像初中一样，上课略微听一下，下课做一点题就可以了。然而，现实却给了我无情的打击。有一段时间，我真正开始怀疑自己能否轻松度过高中的学习生活，步入理想的殿堂，怀疑自己是否还能够支撑逐梦的脚步继续前行。

但是这种情绪并未持续太久。我开始重新审视自己，重新审视高中的学习生活。

我暗自忖度，高中的学习与初中学习的不同之处在于：初中的知识重在运用，重在从现实中抽象出问题来考查；而高中的知识则是抽象的，重在理论的计算，以研究科学的规律。因而我开始逐步改变我的学习习惯。我不是一个天赋异禀的人，所以我开始刻意加强自己在逻辑思维方面的能力培养。我在课余时间，不再像从前那样在休闲娱乐中度过，而是整天泡在书堆里，阅读自己喜欢的自然科学类书籍，边读边思考，遨游在知识的海洋中，感受知识的乐趣。

就这样，我的学习生活逐渐步入了正轨，我的自信心也得以逐步恢复。我告诉自己，梦想就在前方，只有努力的人才能收获最后的胜利。我向自己宣称：追风少年，扬帆起航的时候到了！

梦·尝试与失败

高中前两年的生活无疑是轻松的。在掌握正确的学习方法之后，我的成绩开始稳定下来，虽然不再像初中那样出类拔萃，但对自己的状态是满意的。我内心充满着自信，我暗下决心，在最关键的一年里发挥自己的最大能量，实现自己的梦想。

我所面临的第一个挑战就是自主招生考试。虽然我所在的高中只是一所普通中学，但信心满满的我自然不愿意放过这个可以更接近梦想的机会。在得知自主招生的消息之后，我立即着手准备材料。我自知作为一个落后地区的学子，和发达地区的学子有着不小的差距，但我相信凭借我自己的努力，可以实现对自我的超越。我开始搜集报名的相关材料，准备考试题目。在炎炎烈日下，在萧瑟秋风中，在寒冷冬夜里，我疯狂地做着准备，一切只为了心中的那个梦想——清华！

然而，最终我还是败了，彻彻底底地失败了。尽管在其他人面前我表现出一副满不在乎的样子，但在我内心深处却总有一个过不去的坎。我不断告诉自己，这只是一次尝试，一次简简单单的尝试，你还有高考，那里才是展现你风采的舞台。但是我不甘心自己那么多天的努力付诸东流，不甘心自己错过一次接近梦想的机会。我是灰心的，但是我并没有绝望，因为我知道，明天又是新的一天！

梦·友情中的坚持

坦诚地讲，在高中能交到一个知心朋友是很难得的，但是我很庆幸，我居然交到了五个知心朋友。每天放学之后，陪我一起回家，陪我一起谈天说地，畅聊人生。最让我难以忘怀的是朋友们给予我的鼓励。

在自招失败之后，有一段时间我一直很不开心，每天都愁眉苦脸的。这并不是我内心脆弱，而是我从小争强好胜，不甘心自己的努力白费。我担忧高考也会像自招一样让努力付诸东流，毕竟，清华是我从小的梦想！这一切，我的朋友们心知肚明，他们用各种方式默默支持我，鼓励我继续逐梦。

还记得那是个早春的夜晚，我的一个朋友陪我上完自习，在回家的路上突然问我："你知道什么是梦想吗？"我顿感语塞："梦想，不就是实现自己的目标么。"他抬起头看着我："我觉得梦想其实不仅仅是实现自己的目标。"他还告诉我，他希望能够成为一名化学老师，尽管这条路很艰苦，尽管他的家人都反对，尽管几乎所有的人都对他的梦想嗤之以鼻，但他从未放弃过，因为那毕竟是他的梦想啊。梦想怎么可以随随便便动摇呢！我顿时感到自己的软弱，遇到挫折就想退缩。是啊，梦想就在那里，坚持了那么多年，我为什么不继续坚持下去呢！

梦·风雨飘摇

全身心地投入到高考备战中确实是不容易的。在刚刚进入高考复习的那几周我还觉得没什么，到后来才发现自己身体有一些吃不消了。我从小身体比较单薄，缺乏体育锻炼，加上我们当地气候寒冷，我患上了严重的感冒，一连一个多月都不能痊愈。虽然我坚持去上课，但每天总是在昏昏沉沉中度过，身体和心理都疲惫到了极点。我的学习状态开始一路下滑，成绩越来越差，开始在课堂上走神，放学后也懒得写作业，当时心情糟糕透顶，和父母老师总是闹别扭，觉得一切都在和自己作对。其实自己内心也是很焦急，压力也越来越大。结果，一连几次模拟考试，成绩一次比一次差。当时总在想，就这样的成绩，清华还有什么希望！

梦想，在风雨中，开始飘摇不定。

梦·亲情中的奋起

当我陷入越考越差，越差心理压力越大，压力越大考得越差的怪圈之后，拯救了我和我的梦想的是母亲。从小我的母亲就不怎么管教我，她总是让我独立寻求解决事情的办法，然而这一次，她用母亲的温暖，融化了我心中的寒冰。

母亲找我进行了彻夜长谈，告诉我说她知道我从小的梦想，也知道我为此付出的努力，但是每一个人都应该清楚，努力不一定可以成功。但是，不能成功又有何妨呢？只要努力了，就不必太在乎最后的结果，太在意最后是否有回报，只会让自己背上沉重的包袱。这时候，不如放下包袱，向前看前方的路，有多少别样的美丽在等待我啊！

于是我开始调整自己的心态，不再在乎考试成绩，而是学着放松自己，不去想将来还会怎样，而是享受自己当下的奋斗。我的母亲每天晚上都在陪伴我，鼓励我。母爱，激励着我，向着自己的梦想，勇敢前进。

梦 · 决战高考

时间终于流转到了2013年的6月7日，高考的第一天。早上刚起来，心情是有一点点紧张的，但一踏入考场我就松弛下来了。这里，是我展现自己的舞台，是我实现自己梦想的舞台，我这样告诉自己。虽然高考题目是陌生的，但我心里却把它们当成熟识已久的老朋友，用心和他们交流，尽自己的最大努力去享受高考，享受这人生中不可或缺的经历。

高考结束之后，我没有去估分，因为我觉得已经没有必要了，我知道自己已经尽力了，所以最后的结果如何已不再重要。我也没有想过是否考得上清华，但这并不是说我觉得梦想已与我越来越遥远，只是，我不再那么刻意去追寻。只要努力了，梦想，自然有花开的时候。

梦 · 梦里花开

高考成绩出来的那一天我反倒是平静的。当父母开始欢呼的时候，我并没有太多的激动。我知道，我的梦想，一个在心里发芽滋长了十多年的梦想，终于开出了最美丽的花朵。我在心中暗暗告诉自己，你可以上清华了，从小的梦想实现了，但这仅仅只是一个开始，在你的面前，还有更多的未知等待你去发现。

填报志愿的时候，我没有犹豫，毅然选择了机械工程专业，这也是我的志向之所在我希望能够尽自己所能，振兴我国的制造业。我希望自己能够在大学四年的时光里，汲取更多的知识，为祖国建设贡献出一份自己的力量。

梦想，已然花开，风中摇曳的美丽，召唤着一个新的未来。新的梦想，再次起航！

尾　声

我写这篇文章的时候，已然是深夜了。深夜的清华园，是如此安宁静谧！也许，在这耐人寻味的安宁背后，诉说的是一个个清华学子追逐梦想的故事吧。

姓　　名：田　肖

毕业学校：新疆乌鲁木齐市第一中学

高考成绩：总分611　语文123　数学138　英语141
文综209

院　　系：清华大学经济管理学院

无　悔

又一次高考结束了。

我坐在空旷的教室里，翻开了答案册，忐忑到双手微微颤抖。这一幕已经发生过一次，不同的是，这一次我微笑着合起了答案册。

犹如千军万马过独木桥的高考过后，总是几家欢喜几家愁。在7月如愿以偿地拿到清华的录取通知书之后，有很多学弟学妹向我咨询学习方法，也有很多人问我他们要不要复读。对于复读，我给他们的回答总是以一句话开头，也以这句话结束。这句话就是：人生只有一次，复读与否，都不要让未来的你后悔。

在2012年6月7日之前，我从没想过我会复读。三次月考排名都在年级前七，二模更是冲到了全市第一，我很自信地认为清华、北大已是囊中之物。甚至在三模失利总分只有六百整的时候，我都安慰自己这只是黎明前的黑暗。然而正如前辈们所说，高考是真正检验你的时候，你有没有踏踏实实地积累点点滴滴，有没有把知识点烂熟于心，有没有做足够的练习来强化自己的心理素质，只需要两天四场的考试，你就很清晰地明白了。

高考结束后的整整一个月我都在悔恨中度过，度日如年，分分秒秒都是煎熬。后悔为什么当时自己不能坚持练习文综选择；后悔为什么空白了那么多张试卷和练习册；后悔为什么当时那么早就去睡觉；后悔为什么在考场上不能再从容一点；甚至后悔自己当初为什么放弃复旦的保送名额执着去清华……

高中的生活虽然结束了，已经不再需要每天早早起床拿着政治线索表一张一张地背，也不再需要周末把自己关在屋子里解决一堆堆的作业，然而我的心里总是空空的。在那个沉闷的夏天里，沉浸在失败痛苦中的我，根本没有心思像其他同学那样狂欢玩乐。我窝在家里疯狂地看书，一天我翻出很久以前从杂志上截取下来的一篇文章《高四，只不过是从头再来》。作者在第一年以考不上北京任何一所好大学的分数惨败在高考的考场，于是回到高四从头再来，终于进入魂牵梦绕的北京大学。我和作者第一年的考分一模一样，我告诉自己：我也可以。每个人总要有一个被原谅的机会，只一年，可以让我的人生改变很多，可以让我在不同的校园遇到不同的人，为什么不再试一次呢？人生只有一次，我绝不能让自己后悔。看着房间里没有整理的一摞摞书和练习册，我决定昂首再次走入这个战场。

联系好复读的学校之后，我并没有立刻开始暑假的补课。那一个月，家人带着我去各地散心、放松，为未来的战役积蓄能量。当我站在清华东门大门口时，我多么希望我的书包里装着那份淡紫色的通知书，可以自信地从美丽的银杏树、优雅的法桐、肃穆的古柏下穿过，清华的一草一木、一瓦一石都那样深深地吸引着我。从那时起，美轮美奂的伟伦舜德楼、古朴精致的红色西区、整洁诗意的紫荆生活区刻在了我的脑海。从此我只有一个信念：我要考上清华。

回家之后我整理了高三留下来的学习资料，把各科试卷、习题册、讲义、笔记分类，并制订了9月到第二年5月的复习大纲。清华之旅重建了我的信心，让我斗志昂扬。我在心里告诉自己：过去的事情就让它过去，我要原谅自己，但是绝对不会再让自己后悔，所以这一年我要绝对地专注。开学之前，我去营业厅注销了手机号码，把人人网账号停用，把QQ空间关闭，保证自己安静地学习，不会被外界打扰。

9月1号，我又回到了校园，高考后我曾做梦都想的时光倒流真的发生了。来到陌生的学校，面对学弟学妹和陌生的老师，多多少少还是会有一些对未知的担忧。好在同学和老师都很理解我，给了我很多鼓励，很多支持，让我少了很多焦虑情绪。

每一个周末我都会制订出下一周的详细学习计划，每一天按照计划的内容学习。高四的学习可以说是无孔不入，忙碌到“丧心病狂”。早上从家里步行去学校，路上一边快走一边跟着新概念的听力背原文。回家路上拽着同路的同学一起背诵诗词文言文。早读时和前桌的同学一起大声地背政治历史线索表。四级辅导书、课本、报纸、阅读文章……只要见到不认识的单词我也会把它记在一个小本子上，在去水房、食堂的路上、在排队等待的时候我都会拿出来看几眼。甚至在吃饭的时候我都会拿出随身记的小本子看地理，而午休的那半个小时我也会利用起来自测一套文综选择题。零碎的时间基本上都是在做作业和整理错题，这一年结束时，我的数学好题、错题记了厚厚一本，将近两百页；英语零碎知识点记满了三个小本子；文综笔记、线索表、错题好题知识点记了整整五个活页笔记本。学校对高三抓得很严，每周都有三次全年级统一考试，各科老师安排的考试更是数不胜数。我还记得最夸张的一次是周五只上了一节课，其余的时间都在考试，加上自习总共考了五场。周六日我还会按照高考时间的高考模式给自己一次完整的自测考试。我体验了从未有过的充实生活，这种感觉很好。每天看到待办事项的表格中打了满满的对勾会非常开心，我再也不觉得生活有多苦，当你把学习融入生活之中，把学习当作一种习惯，你会觉得快乐非凡。

在大课间时，我会听着歌跑八百米，锻炼身体，放松大脑，毕竟健康的身体才能在强压下支撑你走得更远。跑完步回到教室，有时会收到好朋友们从远方寄来的信和明信片。五道口的生活永远是那么多姿多彩，东门外有精致的小店，嘈杂的地铁站边有好吃的鸡排，麻雀瓦舍在好远好远的地方，阿甘告诉我她会等我，明年我们一起去各种好玩的地方。他们用这些载着爱意与鼓励的小卡片给了我坚持下去的理由。

我是压力一大就容易过敏的体质，然而在高四，就连秋冬春换季时我也没有过敏。我想这除了和锻炼身体提高免疫力有关，心态平稳、及时释放压力也是必要的因素。复读的学生往往会面临很多心理问题，比如害怕会受到歧视，比如会更加害怕考试出问题，他们的压力比应届生更大。压力能给一个人动力，也能把一个人压垮。一模之前我的数学遇到瓶颈，做题做到想掉眼泪，于是我扔下笔，戴着耳机出门，在冬日的阳光里没有目的地沿着马路一直走下去，一直走到微微发汗，回到家倒头就睡。第二天开始只做错题集上的题，一个星期之后就找回了数学的感觉。有人羡慕我说我心态真的特别好，如果换作他肯定笑不出来。其实之前的我心态很不平稳，患得患失。选择复读之后，我决定改变这种心态，大不了脸皮厚一点。同学们问我复读的原因，我从不避讳，甚至会用调侃的语气自嘲一下。有时考试分数会比同学的低，有时排名甚至到了三十几，我看到了也许会难过一下，但仅仅是一下，之后我就会无视那个数字，开始整理错题。渐渐地，我不再在意那些表面上的东西，不再浮躁，并学会了时常反省自己。学会静下心来，变得更加成熟更加沉稳，这是我复读最大的收获。我想，所谓心态好，就表现在知道自己要什么，却又不怕过程的失败吧。当你一步一个脚印地走过，是不会惧怕路上的磕磕绊绊。

平淡充实的时光总是过得飞快，对上一次高考的记忆还没淡化，我又走入了熟悉的考场。只不过这一次我成竹在胸。虽然最后的分数没有月考模考的高，但我觉得能够进入自己梦想的大学，能够读自己喜爱的专业，这已经足够圆满了。

当时很多人劝我不要复读。他们说复读失败的例子太多，很多人复读后的成绩比之前的还低；他们说复读还不如以后去考研；他们说大学都是一样的，重要的是你自己的能力……而我选择听从自己内心的声音，它让我放手一搏，它说你不会后悔。我们每个人都能拥有一个强大的内心，它会不辞辛苦地支持着你。

此刻，我被清华的浓浓秋意包裹着，落叶纷飞，路边一丛丛的月季还未凋谢，四处都是绝妙的景色，冷风都无法压抑我满腔充溢着的幸福。

愿你的青春无悔。

姓　　名：刘书田
毕业学校：山东省济宁市第一中学
高考成绩：总分686　语文132　数学124　英语132
　　　　　文综201　基本能力52　自主招生加分45
院　　系：清华大学新闻与传播学院

你若盛开，清风自来

机遇从来都是留给有准备的人，正如清晨的第一缕微光总是投射在早起的人的面庞。回顾我的高中生活，它开始于我人生节点的第一个辉煌之峰，随之跌入深深的低谷。但我始终向上攀爬着，伸展着，直到登上一个又一个小小的成功之脊，绽放出瞬息的荣光。在途中，虽有迷茫、失落、彷徨，但我始终坚信着，你若盛开，清风自来，我不能选择最好的，我用努力等待最好的选择。

一、破土而出，摸索高中的学习方法

以状元的身份进入市重点高中，自然是一腔凌云壮志，信誓旦旦地在日记本里写下“何人不起燕园情”的豪言壮语，结果在第一次的期中考试中就被狠狠地打击了一番。我想我永远都不能忘记那个时刻，当广播里表扬全校前十名的优秀学生时，没有我的名字。面子上的虚荣让我难堪，而更重要的是，如果连前十都保不住，梦会是多么遥远甚至难以企及。

内心对梦想的渴望给了我方向，而周边亲友的帮助给了我力量。拿着惨不忍睹的卷子，我开始找各科老师去分析，或讲评试卷的问题，或交流学习生活的困惑，或聆听老师的建议与教诲。有时，打满红叉的试卷比一张满分的试卷更有价值。高中阶段，每个人都会遇到自己的低谷期，或长或短，不过请一定要记得汪国真那句“既然选择了远方，便只顾风雨兼程”。无论是刚入学时的彷徨，还是冲刺高考时的辛苦，没有什么值不值得，只有愿不愿意。只要你的答案是肯定的，便会等到属于你的机遇。

开始学着不去在意别人的看法，实际上，我们所谓的虚荣与面子，都只是心理学上的焦点效应。你的好与坏，成与败，终究是你自己看得最重，终究和你最息息相关。当抛弃这些杂念的时候，物理中的受力分析也没那么复杂了，化学方程式也没那么难记了，就连最头痛的数学也不是全然的手足无措。每天都会给自己定个小目标，不去看自己哪些还没有做好，只需要看自己已经做了哪些。这样日积月累，收获满满。

然而期末时的成绩却并不是预想的那样，甚至比期中还要糟糕。那一个假期，我没有像以往一样出去high，而是宅在家里。我想不明白付出努力为什么没有回报，想不明白症结出现在哪儿。人闷久了需要去外面透透气，生理上是这样，心理上亦是如此。打开了关闭多日的手机，看到了好朋友们发来的短信。“努力之后会有回报的，可能它反射弧太长有些延迟啦。但是，总是会有的。相信自己，加油！”这条略带有学术意味的短信打动了我，我又想到了楚庄王“三年不飞，一飞冲天；三年不鸣，一鸣惊人”的典故，“哪怕只有最后一次的辉煌，三年的默默无闻，我认了。”我对自己这样许诺。

但这个诺言很快被打破了。高一下学期的期中考试，全校第二名。老师们激动地找我谈话，鼓励我继续努力，让我冲击第一名；同学们也说我终于找到状态了，鼓励我祝我早日回归第一名的宝座；亲人朋友们也长舒了一口气，他们知道这段时日我是如何熬过来的。不过，我心头只是稍稍涌起小小的波澜，便回归了平静。

虽然仅仅是第二，但名次于我而言不再是外在的荣誉，而是对我付出努力的肯定。后来我才意识到，名次很多时候都是有偶然性的，但只要肯努力，方法正确，就是在为高考夯实最牢固的基础。

二、生根发芽，在人生的第一道岔口选对了方向

文理科从来都不是一种简单的兴趣选择，更是一种艰难的人生抉择，尤其是对于不太偏科的学生来说。高二分文理科时，我才意识到这句话的分量。

重理轻文早就成为一种风气，学文风气差、就业面窄、考试不易拿高分、竞争压力更大……理科老师们的苦苦相劝，身边亲友的好心忠告，使本来对理科不太感冒的我真的犹豫了。虽然我不得不说自己并不聪明，在数理化课堂上从来都不是活跃分子，难题常常靠步骤准确得分，只是按部就班地好好学习和做题而已。总之，学理我真的没有太多兴趣，更无优势可言。但考虑到学校每年都会出理科的清华北大生，而文科生考上清华北大的希望渺茫的大环境，我还是在填报分科志愿的表上写下了小小的两个字——理科。

可当我交完表格准备离开学校的时候，命运巧合，我碰到了最喜欢的地理老师。那是一次长谈，他没有评判学理究竟是不是最明智的选择，只是问我，你的梦想是什么？你希望未来的你是什么模样？你觉得究竟高中打下什么样的基础，才能对你的梦想实现更有帮助？

沉浸在学海里太久，反而忘了学习的初衷了。难道只是为了高分和名次吗？也许这是浅层次的。只是为了理想的名牌大学？这也不是终点。高考只是一个跳板，较满意的成绩只能说可以给我们一个更高的平台，去展示自我、充实自我，更加靠近人生的梦想。对当时的我而言，北大中文系，是外公的遗愿，也是我的向往。我希望未来的自己更多地和人打交道，和文字打交道；不喜欢理工科高端却枯燥的程序化生活，我渴望每天都是新的，诗意地栖居在这片热土上。何必去过分强调环境呢？人的成功更多地取决于主观

能动性吧。

想通后，飞速跑回去，划去原来的字迹，写下了大大的“文科”二字，如释重负。

对于自己喜欢的科目，学起来是很轻松的，我又如鱼得水般地重回到了第一名的宝座。文科的学习较灵活，给了我涉猎更多书籍的机会，也让我得以参加各种写作和英文演讲的比赛并屡获佳绩，还忙里偷闲学习了扬琴，生活从容不迫，有滋有味。而与此同时，当初许多学理的同学因无法适应理科的节奏，在干瘪的一摞摞习题卷里挣扎，名次一落千丈后纷纷“理转文”。如果当时我也执拗着背离自己的所长所爱，也许是一样的痛苦。所以，对文理的取舍，遵从内心的选择吧。不管外界的学习环境如何，只要你心中有明确的目标，只要你有源源不断的热爱，你就能走出自己的路，靠近成功的彼岸。

三、开花结果，痛并快乐着的满满收获

回首高三踏过的路，不是一马平川，而是曲径通幽。高三第一天，我对自己说，哪怕这是最煎熬的一段时光，我也要把它过得诗意盎然，充实精彩。

有人说，高三的日子要学会坐一年的冷板凳，埋头苦读。而我的高三恰恰是在各处奔波，艺术特长生和自招的考试贯穿了忙碌的准高考生活。

艺术特长生的考试是由一时的肾上腺激素分泌过多冒出的想法。虽然我的成绩还算理想，但距离清华北大也有一定的距离。面对山东极高的录取分数线和极低的录取率、庞大的50万考生大军和零星的招生名额，我不得不去想更宽的道路，为煌煌上庠做好双保险。之前有学姐参加过北大的艺术特长生考试，加分条件很是优厚。心想既然我有些乐器的基础，那为何不去尝试呢?

我是说干就干的性格，热血劲儿一上来就停不住。父母、老师

都支持我去尝试，但前提是不能过多地耽误学习。虽然最后还是受到了一些影响，但这些经历丰富了我的人生，让我的高三那么与众不同。

投寄各种报名表，准备各种获奖证书与视频资料，这些无不是烦琐的心细活儿。在这个过程里，爸妈也花费了大量心血。由于我只想去北京上学，便把特长考试的学校锁定在了北京。北大、清华、人大、北师大、北科大、外经贸，凡是招扬琴与主持的心仪学校纷纷投寄了资料等候初审。

功夫不负有心人，翔实的报名资料让我如愿通过了每个学校的初审。最后一关就是1月份赴京赶考。为了准备考试，每周末我都不能参加学校里的测验，而是要去北京找更专业的老师去学习；每天不能上晚自习，而是要在家里练琴。高强度的训练使得水平确实提高许多，然而自信满满地去考试时才发现竞争如此激烈，并且高手如林。

当时也正值艺考，看到美术生们背着画架画笔，又看到爸妈帮我拖着巨沉的扬琴，我们一起走在大雪纷飞的时节里，穿越拥挤的地铁、热闹的校园、嘈杂的人群，真正感受到：世上是没有捷径的，每条路都有独特的风景，每道风景背后，都有难言的苦衷与付出。

有自知之明的我没对结果报太多奢望，只有北科大一所学校抛来了橄榄枝。尽管这和我最初的想法有些落差，但它却抚慰了我的内心。高考是命运的大洗牌，学校里那些有实力冲击清华北大的学长学姐并不全能如愿，反而会因为压力过大，最终去了所平庸的大学。而有了这所“211”学校的保障，我不再惧怕每次模拟考成绩的起起落落，但我知道自己不能停滞不前，因为更远大的目标时刻警醒着我做最后的冲刺。

高三的打击也是一串数不完的念珠，艺特失利，自招也不那么遂人意。精心准备的自荐材料，将它编排整理、设计封面、装订成册，我一向是不熬夜的，但那段时间，每天都是深夜一两点还在忙碌着。但希望和失望有时是成正比的，没有通过北大自招的初审，看到“未通过”三字时，泪水迸涌而出，被自己心仪已久的大学拒绝，像是梦的花瓶被推倒摔得粉碎，扎进心头着实疼痛。并且，这意味着我连去尝试的机会都没有了，考上北大的希望又涂上了渺茫的阴影。可就当我万念俱灰之际，清华给了我惊喜——我通过了清华大学新百年计划之拔尖计划。至今我仍感谢这个惊喜，它给了我全新的机遇与挑战，改变了我的人生选择与人生轨迹。

作为一个文科生，我从来没有想过自己会和这所中国的顶尖学府有什么交集。刻板印象里，总以为清华是强大的工科学校。但在之后的接触里，我了解了它文科的辉煌曾经和如今的蓬勃兴起，我渐渐爱上了这个园子。水木清华，是值得托付大学四年的理想学习圣地。

自招的笔试和高考风格大不相同，加之今年自招改革，一批及早做准备的同学都偏离了方向。作为过来人，我觉得自招尽管难于高考，但也不是完全脱离高考，应在高考的基础上拓宽知识面，自招才能游刃有余。面试更是靠平时的积累与锻炼，关乎个人追求、时事热点分析、专业基本素养等多方面的考核，这些都是难以突击的。展现最真实的你，才是面试老师们想看到的结果。

贯穿我高三的一个关键词，是等待。每一个环节都要经历半个月的等待，这段时间极大地考验了我的心理承受力。心里的石头放不下，又有许多的学习任务等待着自己。这时，淡化宏远目标，着眼于做好每件学习上的小事，才会有种踏实的心安。

历经各种考验后，最终我获得了清华45分的加分。这在学校引起了不小的轰动，很多人甚至提前祝我考入清华。但在微笑表示感谢之后，我冷静地告诉自己：一切都还未结束；行百里者半九十，大胆去闯，实现完美的落幕吧。

再度回想高三最后的日子，一模全市第一，二三模险些滑出班里前十，大起大落的考试成绩，却不再如此惊扰我的心智。因为之前已经经历了大喜大悲，所以才能达观地看待每次的结果。每个人都是如此，纵然高中生涯起起伏伏，坎坎坷坷，但只要你坚定地向前看，不懈地进行调整与努力，等待你的会是你想要的，煌煌上庠。

如今，我已成为清华园里的一份子，如盛开的花终被清华园里清新的风轻抚。清华人行胜于言的学风深深地感染了我，“自强不息，厚德载物”的校训激励着我不停息逐梦的脚步。尽管没有进入北大中文系延续外公的梦想，但我找到了自己的方向，我更愿意从书本里慢慢走出，投身现实，做“铁肩担道义，妙手著文章”的新闻人，做这个社会的瞭望者，发出中国好声音。

尽管，在清华园里随处可见各路“学霸”牛人，但我不盲目攀比，依旧坚守自己的梦想，坚持做独特的自己。不必忧虑太多竞争压力，不必在意周遭的顺心或不如意。因为，只要你努力了，机会会垂青于你；只要你一天天变得优秀，量变会引起质的飞跃，这是颠扑不破的真理。

又是一年风起时，我想起了那句陪伴我三年的话语——你若盛开，清风自来。

第三章　技巧篇

掌握方法　各个击破

兴趣、积累、冲刺、迎战这四个关键词概括了我关于文综学习的点滴心得体会。最后我想强调的一点是，实践是检验真理的唯一途径。任何理论性的指导都只能在实践中展现效能，期待学弟学妹们能在高中的学习中不断领悟并找到适合自己的学习方法，找到属于自己的一条通向清华、北大等名校的道路！

姓　　名：苏　玥
毕业学校：江苏省苏州中学
高考成绩：总分401　语文132　数学162　英语102
　　　　　物理A+　化学A+　加分5
院　　系：清华大学建筑学院

善文之论

我不是一个从小就写作很好的才女，可以说高中以前的写作都如同挤牙膏般困难；语文成绩也很一般。最差的一次是高二期末的全市统考——92分，作文40分，班级倒数第三。由此我深刻地意识到不能再放任语文不管了，尤其是作文。在我后来的努力下，最终在高三的一模、二模都保持作文在60分以上，高考总分132分，在全苏州市名列前茅，估计作文在65分以上。如何完成这个逆袭？我愿意把我的经验倾囊相告。

鉴于目前高考作文大多是议论文，我先谈一谈写议论文的方法。

一、厚积而薄发

对于写作，没有什么比积累更重要。相信不止一个老师督促过学生看书。说实话我高中三年一本"正经书"都没读完，但是积累何必非要靠书呢？记得我的高一第一节语文课，老师就告诉我们学语文的秘诀：爱美、多情、好奇、热爱生活。其实生活中的素材无处不在，哪里都能积累素材。我回忆了一下我在高考作文中用到的部分议论文素材及其来源：

贝克汉姆退役——时事新闻。

钱钟书的一句名言——我考前在复习资料上看到的。

陆羽的诗《六羡歌》——我在一首古风歌曲《风华录》里听到的。

《史记·屈原列传》的部分段落——老师要求我们背诵的课本内容。

愿得一心人，白首不相离——因《甄嬛传》而走红的一句诗。

梭罗、沈从文等被我在排比举例段中一笔带过的例子——各种道听途说，或从别人的优秀作文中看到的。

这些材料来自各种地方，无论你是刷微博、听歌、看电视、看报纸、读杂志，都可以有意无意地找到可用的素材。发现素材后，可以把它记录下来，日后再用。

但是我还想说下面几个素材密集地。

1. 语文试卷：做题的过程本身也是积累的过程

做古文翻译时可以遇到可用的事例、句子。比如我很喜欢的一个句子："然而松柏后凋于岁寒，鸡鸣不已于风雨，彼众昏之日，固未尝无独醒之人也？"出自顾炎武《廉耻》，是我在做模拟卷时看到的。若用在自己的文章中，不仅显示出你满腹才气，而且文势大增，激情澎湃。

阅读中的很多散文都有可取之处，要学它的语言和内容。比如陈蔚文的《溯水而上——夜读〈诗经〉》（读者可自行查阅），文章语言优美，有诗意，内容有深度有广度，可用于很多话题，如：对文化的理解、对经典的传承、细微之美、平凡中的大道等。有时候我会在看完一篇佳作后仿照它的风格自己写一篇考场作文，当作练笔。

许多作文题本身就是素材，这些素材不但新颖别致，而且往往可适用于多角度、多方面。如 2007 年北京考题：刘长卿的诗句"细雨湿衣看不见，闲花落地听无声"；2011 年上海考题：一切都会过去、一切都不会过去。

2. 他人的高分作文

看他人的文章时，要看他和你的文章有何不同。除了积累名句、例子。也要学习语言、构思、层次。每一篇高分作文都有你可学的地方。

如我读2005年江苏高分作文《善始之论》（当年主题是凤头猪肚豹尾，文章读者可自行查阅）。此文以古文写作，比较小众，又说理颇多，语言难以学习，但仍有可取之处。我的高考作文采用了和它类似的结尾。它的结尾是："愿斯志之永固兮，乐终古而未央！"我查了这句话的出处，是曹植《铜雀台赋》，原句为："愿斯台之永固兮，乐终古而未央！"（后半句是说快乐将延续千年不绝）而我写的结尾是："愿斯志之永固兮，静终古而未央！"这个句式只需稍改两个字就可以适用于许多不同主题，不仅有诗意而且豪迈有气魄，可谓万能金句。但万能金句如何拾得？其实考前我和一些同学都欣赏了这篇文章，也许他们只是感叹了一下作者扎实的古文功底，就弃之不顾，而我耐心地看完了这篇作文，并查阅了其中典故、诗句的出处，因此我得以把这个句子收为己用。

由此看来，积累的过程要有耐心，要关注细节，不放过任何可以学习、借鉴的地方。同样的，我也正是本着锱铢必较的心态，才会想要查歌词、电视剧中诗句的出处。

二、苗言

白居易言著文：根情、苗言、华（花）声、实义。优美的语言可以弥补、粉饰许多硬伤，如立意较偏、举例不当、结构混乱。

1.华

我的老师说作文有三境界：朴1、华、朴2；或者说：简1、繁、简2。在这个螺旋式前进的世界里，朴2是一种清丽脱俗的表达方式，简洁流畅，多见于乡土题材，优于华丽的措辞，更优于朴1那种小学生作文的单纯无知的尘土气。有的同学可以做到朴2，但我还是推荐写"华"。也许不是每个老师都能立刻识别朴1和朴2的区别，但华美的语言如烈酒、似强光，总不会被老师忽视。

举一例，2007 年山东卷《永远令人陶醉的王朝》是我见过最华丽的高考作文，没有之一，第二段甚至押韵，做到了“华声”(受篇幅所限，读者可自行查阅原文)。全文立意毫不出众，思想较浅，过于华丽，有堆砌之嫌，像用珠宝淹没了一个瘦小的人，但它的缺点都被语言掩盖了。此处有珠宝，你不妨拾取些，多读多背，以留作己用。

这里的华丽指多用诗句、比喻、排比，化抽象为具体，或化具体为抽象。记叙文比较容易做到，但议论文一样可以华丽，比如以下两种表述：

面对多难的生活，我们要持有乐观的态度，积极抗争，无论有多坎坷，也要坚定信念，勇往直前。

若我们能把生活这颗酸涩的柠檬切片榨汁，以微笑为蜂蜜，以乐观为砂糖，以阳光做点缀，那么这一杯柠檬水，哪怕原本再酸涩，我们也可欣然饮下。

同样的意思，前者干瘪无聊，后者生动丰满。如果我们能把说理都用诗化或俏皮的语言表述，议论文也能意趣横生。

2. 善问

用疑问句或反问句会引发读者思索，也可引出下文，或留下余韵，重要的是能为平实的议论语言增色，好像走在康庄大道上突然有坑洼或小丘，使原本单调的旅途变得有趣。(可参见《拒绝平庸》，2011 年江苏高考满分作文)

还有一种使用问句的方法，是我自己常用的，即在写最后一个论点时用两三个长问句结束。这几个问句类似排比，一层进一层，内容常常是批评时下的奇怪现象，简要提出改善的做法。这种问法如果写得好，不仅能收到振聋发聩、发人深省，使读者热血沸腾的效果，而且使文章达到全文高潮。

三、标题

我一模和高考时都是以诗为题，或改写诗的一两个字，这种方法最好。用老师的话来说，以诗为题直接加 5 分。

有一些适用性比较广的诗：

水穷之处待云起。

细雨湿衣看不见，闲花落地听无声。

何妨吟啸且徐行。（可把"吟啸"改换成"击掌"等，视作文要求而定）

当然大部分诗的适用性窄，如能用一些很恰当准确的诗为题，那最好不过。如我们当时二模作文给出的材料是：耶鲁毕业生秦玥飞当村官，被人质疑、嘲笑。我们班一个同学的题目是"猜意鹓雏竟未休"。这个题目既贴切又俏皮，七个字揭示了文章主旨，可谓最佳标题，但这是建立在大量积累之上的，如没有背李商隐的《安定城楼》，没有理解诗意，怎么可能写出这样的标题？

四、凤头

由头式的开头最讨巧。一般我的标题就是从由头提炼出来的。所谓由头，就是用和主题相关的素材开头，我觉得以热点新闻最佳，再者如人、事、物、诗句、名言。举个例子，2011 年江苏高考满分作文：拒绝平庸——风沙渡，以店名引出下文。

对于材料作文，不用再概括材料了，只需点几个材料中的意象，简要说明由头和材料之间的相似之处。这种开头引人入胜，生动丰富。但开头不可太长。

举几个适用面很广的标题或由头：

纪伯伦《朝露里的光明》：千百年来我仅仅做一颗朝露 / 你知否，千百年的光明不都在你的圆周里闪耀吗？

纪伯伦的《沙与沫》中也有不少富有哲理的诗句，意义深刻，又适用于很多话题。

有两个相对的意向的标题或由头一般都很好用：

心有猛虎，细嗅蔷薇。——萨松

蒲苇与磐石。（出自《孔雀东南飞》，适用于变通和坚守、柔与刚等）

五、豹尾

简洁为好，不可太长。点题，或慷慨激昂，或余韵无穷。我常用的一种形式是以改编名言结尾。举几个万能金句：

愿斯志之永固兮，× 终古而未央！

司汤达曾说：活过、爱过、写过。而我要说：× × 过。（如：变通过、反省过，据主题而变）

但更多的佳句要靠自己积累，大部分句子只可适用于有限的主题。

还有一种方法适用于想不出佳句的情况，那就是创设一个情景，像拍电影一样。如：前文讲述苦难对于磨炼人生的意义，结尾这样写："罢了，这一杯苦丁茶，我且饮下。"再如改写自陈蔚文《溯水而上——夜读〈诗经〉》的结尾：前文讲中国古典文化始终影响世人，结尾这样写："四书五经，是铺陈的香火，是清静的素食。沿着《蒹葭》中的水路溯流而上，如同被沿岸庙宇中缭绕的香烟之气深深地抚摸。"

最后，再次使用标题或由头。如我的一模作文，题为《水穷之处待云起》，结尾是"……行到水穷处，坐看云起时，好一派绝妙的风光"。

六、排比举例

即连举三个例子，构成排比。这要求学生对关于这个主题的例子储备较多。这个结构最好自成一段，放在文章中后部分，增强语势，显示出深厚的积累，可有效增分。

七、进击的第三论点

通常我写三个论点，一个论点一段。第一论点是为什么，如：为什么苦难可使人进步；第二论点是怎么样，满足什么条件，如：唯有乐观的人可以化坎坷为动力；第三论点是作愤青状，抨击当代社会或当代青年，如：当代人缺乏挫折教育。

文似看山不喜平。尤其是议论文，易沦落为平庸之流。前文是一马平川，顺流而下，平坦如常，如何使文势陡增，进入高潮，点燃读者的热血呢？这第三论点尤为重要。谁的内心深处没有点愤世嫉俗的想法呢？如能剖析社会现象，指出毒瘤所在，开出一剂良药，那就会使文章更上一层楼。不仅使立意更深刻，展示你的忧国之思，而且这种热血的沸腾会延续到老师给你打分的时刻，能有效提高分数。

但是单纯地在内容上联系现实还不足以带来激情，语言表达也至关重要。前文是诗意的、典雅的、平淡的，第三论点一段应该是有时代感的、激进的、呐喊的。人评苏轼之文“爽如哀梨，快如并剪”，本段也最好要达到那个程度。要做到句意连贯流畅，多说现象少说理，多用排比、比喻、反问、疑问句。我常用多个问句结束本段。

如何从第二论点过渡到第三论点？老师曾给我们一个万能金句：既罢牢骚须自省，此间风气然来无？即从对前人的分析过渡到对现今的反思。用闵老师的话来说：写到这个句子就加 5 分。

我也积累过一个类似的句子：然而，承平日久，何苦之有？用时可以把“何苦之有”改换。

后来又有老师给出一个相关但不类似的句子：牢骚太盛防肠断，风物长宜放眼量（毛泽东）。但这个句子用于从牢骚到展望未来过渡，也许可用于从第三论点到结尾，不如上面那些有深度。

因此我给出一种我常用的议论文结构：

段 1 由头式开头

段 2 简要叙述主旨

段 3 为什么（长）

段 4 怎么样（长）

段 5 排比举例

段 6 联系现实（长）

段 7 结尾

八、字是硬伤

如果说佳作是“白富美”，那么“富”的是素材，“美”的是语言，“白”的就是卷面了。卷面的清爽离不开清晰的字。字不求有美感，但要横平竖直，少连笔，写大一点；用 0.5mm 的中性笔，别用 0.38mm 的细笔；少涂改。

以上是我对议论文的看法。对于其他文体，我有以下看法：

1. 记叙文

虽然老师都说能写记叙文就尽量写记叙文，记叙文能得高分，但我依据实践经验不同意这种看法。高分段作文以议论文为多。有因为写议论文自成一体而常年拿高分的同学，没见过写记叙文常年拿高分的人，反而有因为写记叙文偏题而在高考中发挥失常的同学。如今材料作文盛行，议论文的优势更加明显。

在是否扣题上，如果说作文是块布，命题作文只是一个点，而材料作文是几个点，布覆盖到大多数点才算扣题。记叙文情节、人物是既定的，布的形状大小在起笔时已定，而议论文可在框架内自由调配论点的内容，布的形状可以更改，如写到一半觉得偏题，可以往回拉，挽狂澜于既倒。

记叙文的主旨是朦胧的，隐晦的。同样的立意，如果有点偏，议论文不算偏题，而记叙文就是偏题，毕竟翻译这个主题还要拐个弯，给老师的感觉就是偏了。

在表达上，记叙文没文采没细节就像小学作文，而议论文没文采可以用精准的选例、深刻的思考来弥补，不需要细节。

我以前也积累优秀的故事，为写记叙文准备，但不如收集的议论文素材多。素材适用性也低，涵盖不到所有的点。有时可以写出高分，但要靠运气，要碰到能有感而发的题目，记叙文不如议论文考实力。

2. 小说

小说和记叙文一样对灵感的依赖性大，但灵感一旦来了，挡也挡不住。成者为王，败者如同小学生作文。举一个成功的例子：主题“真与假”，我班有一个同学写的是明星和替身演员之间的对话，各有心酸。扣题之准令人叹服。

有的人背了很多素材，但抱怨说考试时想不起来用。学以致用，掌握素材的最好方法就是自己写一篇作文。可以把相关素材都准备好，找一个恰当的题目，按考场作文的要求写。自己练习的时候也要写慢一点，把字写好。一周练一篇差不多。

以上只是个人见解，总结出属于自己的好方法才是取得高分的必由之路。君姑妄看之，姑妄信之，如不赞同，一笑了之。

姓　　名：刘　畅

毕业学校：黑龙江省大庆市实验中学

高考成绩：总分642　语文130　数学126　英语136

文综250

院　　系：清华大学人文学院外文系

我的文综学习心得

清华在我心中一直那么神圣，神圣得让我觉得自己太过平庸，平庸得无法踏入这样的学术圣地。而现在，作为清华大学的一名学生，我想说，只要付出努力，用心去学习，我们就会变得优秀，清华就不再是可望而不可即的梦想。

我并不是个聪明的学生，在学习方面总是比别人慢半拍，但最后的高考成绩还是比较理想的。现在想来，我能考上清华大学靠的就是坚持不懈的努力和正确的学习方法。

文综对于文科生来讲是至关重要的一科，很多同学的分数就是因为文综一科拉开的。根据我个人经验，文综不仅是凭上课认真听讲、课后背书就能拿高分的，文综的学习也需要技巧，而且现在的文综题出得很灵活，没有开阔的思维是答不好的。

在文综训练题的选题方面，首选当然是各省历年的高考真题，其次是近几年的模拟题，因为这些题无论是在选题还是在答案的制作上质量都很高，问题和答案的风格都很符合高考的导向，大部分答案也经得起推敲。其他的练习册我个人认为里面可能会有一些好题，但有很多题都没有高考题那么新颖，参考价值没有真题大。

现在的文综选择题出得很灵活，有很多题都是给出材料考查我们对材料的分析学习能力。此时不可先入为主，生搬硬套书上知识作答，而是要顺着材料的思路，有时甚至会出现和教材不太相符的结论，这并不能代表我们的思路是错误的。

答题时对于答文综的非选择题，有个很有效的方法就是看分答题，比如 10 分的题基本上会有 5 个采分点，少于 5 个说明自己答得一定不全，但也不是答得越多越好，答得太多会减少答其他题的时间，所以如果是 5 个采分点可以先写 6 个最重要的（多写一个备用），其余不太重要的可以等到答完卷之后写。答题时要条理分明，层次清晰，重要的观点写在前面，次要的观点写在后面，答案要序号化，这样看起来比较一目了然。同时，答题语言要用专业术语，答案是否规范，是否接近标准答案，能否用科学的术语、书面语言进行知识迁移、无缝对接，关系到我们能否得高分。所以就要认真理解、记忆课本规范语言。

我学习文综的时候每科都会准备一个改错本，将自己做错的并觉得很有价值的题剪下来贴到本上，写出错误原因、正确的分析方法和正确答案，还会把一些相似却答案不同的题进行对比，这样对知识的理解就会更深入。下面我分别说说政治、历史、地理三科的学习方法。

首先说政治这门科目。在平时的学习中，做问答题时要将一些经常出现但老师又没归纳过的问题记在本上或书上，然后背下来，以后遇到类似的问题才有语言可组织。另外要养成看报纸的好习惯，要保持对时事的敏感性，了解国家的大政方针和时事热点，这些往往都是试题的来源。

在高三复习政治时我们先复习的是教材。开始的时候，每个单元我都做一个知识结构图，以各个考点之间的联系为线索，将整个单元都串起来。等复习完整本书之后，我又做了整本书的知识网络图，这样就能很好地掌握知识点之间的关联，而且可以从宏观上把握教材。我还针对自己薄弱的非客观题，按照热点归纳了几个专题，有“物价”“消费”“企业的经营”“合理有序的分配秩序”“食品安全”“贸易保护”“农业”“社会主义民主政治”“民族”“教育”“十七届六中全会”等专题。每个专题都先把教材上相关的知识点整理下来，然后再总结一下这个专题都容易从哪些角度出题，之后每当做到有关这些专题的比较好的题时我都会把题和答案剪下来贴到这个专题的位置，分析相同专题的不同问题组织答案的角度，经过对比就更容易把握这些问题的答法。

在做政治非选择题时，读题时要仔细读材料，材料会提示我们答题的角度，答案一定要在材料中找到依据，切记不可抛开材料空谈。在回答问题时也要结合材料。此外，还要知道一些政治问题的答题模板，比如说明类问题、依据类问题、措施类问题、原因类问题、意义类问题、启示类问题、评价类问题等，这些问题的答题步骤都需要明晰。

在高考之前我还把“两会”文件及中央一号文件打印出来，仔细阅读，用课本所学的知识进行分析，找出其中的重点，在做题的时候也会格外留心关于这些文件的题，重点分析。

其次是历史学习方法。在高三复习的时候，如学习政治一样，每学习一个单元我都会列一个本单元的知识结构图，总结本单元的重点知识之间的关联。在学完一本书之后也会列一个整本书的知识网络图，这样就能更好地掌握书中知识而不是简单地机械记忆。因为黑龙江省学的历史教材是专题史，所以我对通史的掌握就不是很好，之后我借来了按通史讲的旧教材，自己看完之后也会将每个时代总结一个知识结构图，并分别从政治、经济、文化角度用一句话概括当时的时代背景。这样系统地总结过后，头脑中就会形成完整的知识网络。总结完知识点之后就是整理相似的练习题，我将一些常出现的相似的题都贴在一起，总结成一个个专题，分析相似题目的不同答案的由来，虽然这样做需要花费一些时间，但绝对比盲目做题效果要好。

历史非选择题的答题也是有一定规则的，所以要总结一些常用的答题模板，比如措施类、背景类、原因类、比较类、意义类、评价类、启示类等问题，明晰答题步骤，答题才不会混乱，即使不会答，按照步骤写也会得一些分。

第三是地理学习方法。地理的学习我觉得跟政治和历史有很多相似之处。首先课本中讲的概念和原理要牢记并熟练应用。非选择题的回答和政治、历史一样，首先要总结答题模板，比如特征的描述、判断类、原因类、措施类、评价类、意义类等问题，明晰答题步骤才能规范地答题。有些问题的答案在课本中不可以直接找到但又很有价值，答案有普遍性，就可以简洁地将答题点抄到课本中相关知识点附近，复习的时候当作知识点一样记忆，这对拓宽思路很有帮助。

学习地理时仍要保持对时事热点的关注，涉及地理知识的热点更要关注，这些热点很可能就变成高考试题的材料了。

在临近高考的时候我并没有做太多的练习题，而是反复研究近几年我们省的高考题，不断丰富我总结的专题，并认真总结老师上课讲过的知识点。心态方面，我想就是放宽心，不要计较每次考试的成绩，而要多关注一下每次考试之后暴露出来的知识漏洞。而且我一直认为好成绩不是熬夜学出来的，所以我一直保持规律的作息，提高平时的学习效率。

对于文综卷面来说字的工整是很重要的。有些同学因为平时急于做题不注意自己的书写，以至于形成一种写字乱的坏习惯，这样是不对的。平时写作业或做题的时候注意规范自己的书写，最后考试的时候也会自然而然地写出整洁的字。答案条理化也会使卷面看起来更整洁，工整干净的卷面会为考试增分不少。

因为有着充分的准备，所以在踏入考场的时候我是有信心的。答卷的时候也没有感觉太艰难，特别是非选择题，好多题型都是我总结过的，甚至有的题和我总结的题的答题点基本一致。这说明我的复习思路是正确的，所以答卷时很有信心。对于考试的时间安排，我在模拟考的时候就计算好每道题用多长时间，高考的时候也是按照自己事先计算好的时间答。我的时间分配是这样的：选择题

40分钟，然后地理非选择题和地理选修题30分钟。虽然地理后面就是政治题，但我一般是答完地理就答历史和历史选修，因为政治的答案一般很多，不太容易控制答题时间，所以我先答历史，时间是35分钟。之后答政治，基本上要40分钟，最后留出5分钟检查。考试时如果到了预定时间有的题还没答完，我就选择不再纠结于这道题而是接着做下面的题，等后面的题写完之后再回来写剩下没答的题，这样就不会出现因为在某些题上耽误时间而答不完卷的情况，答题的时候也比较从容，不至于乱了阵脚。

曾经那份憧憬如今已经实现，再回首，发现梦想并不是那么遥远。只要有一颗追求的心并且有一股不懈的勇气，就没有什么做不了的梦，没有什么实现不了的愿望。

姓　　名：张　楚
毕业学校：中央民族大学附属中学
高考成绩：总分646　语文108　数学145　英语118
　　　　　理综255　加分20
院　　系：清华大学新闻与传播学院

汗水成就数学，坚持成就梦想

我不是神童，也没参加过奥赛，甚至在高中之前都一直不被重视，但是我却凭借着自己的努力考取了清华大学这所名校，实现了自己的清华梦，成了一名清华人。在高中这三年艰辛的学习之路上，不仅洒满了我的眼泪和汗水，也在高考的最后时刻开出了胜利的花朵！

我的数学成绩虽不能算是特别拔尖，但却也从未跌出过班级前十名，这主要是因为我有适合自己的学习、复习方法。我的考试发挥也很少失水准，这是因为我有好的数学应试技巧。我只是一名普通学生，却因高考而不普通。在此，我想跟学弟学妹们分享我的一些学习经验及应试技巧，希望能对你们有所帮助，使更多的人实现自己的清华梦！

数学学习方法是数学学习时采用的手段、方式和途径。方法是在学习过程中产生和运用的。掌握良好的方法是很重要的，但又不是一件容易的事。这需要付出艰苦的努力，需要持之以恒的精神。只有每天坚持不懈，日久天长，数学学习才可能成为自觉的行为，你才得以掌握数学学习的主动权。关于学习方法，我想强调四点，那就是培养学习兴趣，吃透课本知识，多做练习深化以及形成数学思维。

首先，我觉得兴趣是最好的老师。当你对数学感兴趣，你才会主动去接触它，而非被动地接受。我觉得这是学好数学的前提，而且也同样适用于其他学科。因为如果你一心要做成某件事，你总会找到办法；如果你非常不愿做某事，你总会找到借口！那么怎样才能培养学习数学的兴趣呢？我觉得需要做到以下三点：第一，多做些符合自己能力的练习题来增强自己学习数学的自信心。在我看来，如果你认为自己有能力学好数学，这说明你至少已经成功了一半。第二，多和同学讨论数学问题，这是一个把自己的观点分享给别人和吸收别人观点的好方法。这样你不仅能学到别人的经验，同时也能加深自己的印象，一举两得，何乐而不为呢！第三，多和老师交流。老师的经验肯定比学生丰富，老师不仅可以给你纠正这道题的错误，甚至还可以指导你做这一类题的方法。如果你对某些题有自己的观点不妨多跟老师交流。

其次，要把书本吃透。书上的基本知识点，如概念、定义、定理、公式等是基础，这些点理解不透，一切免谈。高中数学本来就概念多并且较抽象，而解题方法通常就来自概念本身，所以要重视数学概念的理解。学习概念时，仅仅知道概念字面上的含义是不够的，还须理解其隐含着的深层次的含义并掌握各种等价的表达方式。例如，你必须知道每一个数学公式是如何得来的，拿来有什么用，怎样用。现在有很多同学（包括一些成绩很好的）在并未真正掌握这些基础知识之前，就拿公式、定理等去套题。这样也许能做出不少简单的题，但只要遇到一些综合性稍微强一点的题便不会做了。有些同学高一、高二数学成绩还较好，而到了高三总复习时成绩就不行了，这与他们没吃透书本有着莫大的关系。题是永远都做不完的，随便从网上下载一些就能做上很长时间，更何况还有各种各样的参考书。数学是变化多端的，也许这个题你会做，但是稍微变换一下形式你又不会了。其中的根本原因便是你没有吃透课本，没能掌握最基础、最根本的知识。

在你吃透课本之后，做练习题也是必不可少的，否则你在考试时遇到的都是一些陌生题，看起来简单却做不出来。我做题有个原则，那就是做一道题就要会十道题甚至几十道题。因为每一道数学题（母题）都会涵盖几方面的数学问题（子题），做出母题，由它繁衍出来的每一道子题也就会了。那么，凡是属于这一类型的题就不必一一去做而浪费有限的宝贵时间了。定量的习题训练能让你保持对数字的敏感度。数学与其他科目不一样，如果平时没怎么动手练习，即使明白思路也不一定能正确计算，所以需要做一定量的题来提高做题的熟练度、速度和正确率。另外，做题能使你更熟悉考点，更易明白出题者想考你什么，便于你更快地找到答题的方向。

最后就是要在做题的过程中形成数学思维，这和培养数学兴趣同等重要。数学思维包括数学思想与数学技能。数学思想如方程函数思想、数形结合思想、对称思想、分类讨论思想、化归思想；数学技能如配方、待定系数法等。对于这些思想以及技能，你必须要做到烂熟于心。另外，你还可以记住一些常用的数学模型与中间结论。数学模型就是具体题目的解题套路，中间结论可使学生减少解题步骤，加快解题速度，减少出错率。有了这些数学思想与数学技能，就能在答题的时候事半功倍。

数学思维不是一朝一夕就能形成的，只有通过大量的练习、看书、总结，才能慢慢地积累起来。要想快速形成数学思维，一定要勤于思考。每做一道题，你都要快速思考一下这道题究竟要考我什么，这里面用到了哪些知识，还有没有其他解答方法等。这样你才能跳出这道题，把握出题者的思路，更快地提升自己的成绩。平时要多总结方法，特别是一些常规题型。刚开始总结时，最好将一些你认为好的方法、好的题型写在笔记本上，抽时间拿出来看看（最好是考试前）。而当你达到一定水平时，就只需在心里总结一下就行了，不必再在总结上浪费过多的时间。“山不在高，有仙则名”，题不再多，进步就行。如果你只知道练题而不去思考总结，那么，即使你练再多也不会有大的进步，数学思想也很难形成。特别是在高三总复习阶段，多思考一定能帮你更快地进步。

还有就是一定要做一本个人错题集，因为少错就等于多对。如果做错了题目，不管是什么错误，都应一并收录进来。我想如果真的用心去做，你就会吃惊地发现，你的错误并不是更正一次就可以改掉的。相反，有很多错误都会犯第二次、第三次，甚至更多次！越往后复习，在知识上取得突破的可能性就越小，而若能纠正自己的错误，这实在是一个不小的增长空间。

高考要想取得好成绩，仅有扎实的基础知识、熟练的基本技能和长年累月的刻苦钻研中培养起来的数学能力还不够。同时，还取决于临场的发挥。正确运用数学高考临场解题策略，不仅可以预防因各种心理障碍造成的不合理丢分和计算失误及笔误，而且能运用科学的检索方法，建立神经联系，挖掘思维和知识的潜能，考出最佳成绩。那么高考数学的应试技巧又有哪些呢？

首先，考前要提前进入“角色”，高考前一个晚上要睡足八个小时，吃清淡早餐，按清单带齐一切用具。最好能提前半小时到达考区，一方面可以消除新异刺激，稳定情绪，从容进场。另一方面也留有时间提前进入“角色”——让大脑开始简单的数学活动，进入单一的数学情境，如把一些基本数据、常用公式、重要定理“过过电影”。最后看一眼难记易忘的结论；互问互答一些不太复杂的问题等。这样不仅能够转移考前的恐惧，还有利于把最佳竞技状态带进考场。

其次，开始考试后，精神要放松，情绪要自控，多给自己些正面暗示。刚拿到试卷，一般心情比较紧张，这时不要着急作答，可先从头到尾、正面反面通览全卷，尽量从卷面上获取最多的信息，为实施正确的解题策略做全面调查，摸透题情后稳操一两个易题熟题以振奋精神，鼓舞信心，让自己产生“旗开得胜”的快意，从而有一个良好的开端，很快进入最佳思维状态。有了良好的开端，就能做一题得一题，不断产生正激励，稳拿中低，见机攀高。

第三，答卷时，见到简单的题要细心，莫忘乎所以，谨防“大意失荆州”；面对偏难的题要有耐心，不能急。要求做到：坚定信心、步步为营、力克难题。考试全程都要坚定“人易我易，我不大意；人难我难，我不畏难”的必胜信念，使自己始终处于最佳竞技状态。

最后，不要与小题纠缠不休。每道选择题的平均时间控制在一分半内，这样可以保证在有限的时间里多拿分。坚持“522原则”，即把眼睛盯在选择题的前五个、填空题的前两到三个，解答题的前两个上，因为这些题都是送分的，不会很难。对于难题，可使用缺步解答、跳步答题、退步解答、逆向解答等方法来分段拿分。心算与笔算相结合。心算在特殊环境下容易出差错，一定要心算与笔算相结合，确保运算正确，争取一次性成功。最后要留出检查时间，对于实在不会做的题，应果断舍弃，保证前面简单的题拿到分数。

以上就是我复习数学的经验及在高考时的应试技巧，希望能对学弟学妹们有所帮助，祝你们高考顺利。

姓　　名：陈博贤
毕业学校：甘肃省靖远二中
高考成绩：总分655　语文105　数学131　英语136
　　　　　理综283
院　　系：清华大学环境学院

理综学习中的“懂、会、对”

理综是高考中占分数比例最大、所考内容最多的一门学科，因此学好理综是至关重要的。学好理综，做大量的题是必不可少的，但也应结合适当的学习方法。

学习理综，要先懂，懂了之后通过练习达到会，之后在考试中再做到对。这三个词说起来简单，做起来却十分不容易。

先说“懂”。理综的知识点比较多，所以上课一定要做到专注。我认为记住知识点轻松的方法就是上课做好笔记，将笔记所记知识点整理为系统的知识网络，在看的时候能大大提高效率，更加容易“懂”。认真将每一章每一节的笔记做好，最后整理为系统的学习框架，消化起来就较快。我在高二的时候迷恋上玩手机，在物理课学电磁的时候没有认真做笔记，导致做题时常常思维混乱。因为没有完全弄懂，所以复杂的题目就不会，更谈不上对了。高三时我专门花时间重新整理了这一部分的笔记，打牢了基础，才真正理解了这几章的内容。

简单的知识点要懂得完全。“懂得完全”可以理解为记得牢固。理综考试常常会在简单的题上失分，一个原因是知识点没有记牢，将知识点记偏、记错，甚至记反。比如物理中的 e、h、G 等常数分别等于多少、化学中周期表的规律及元素性质、生物中动物培养基、植物培养基的区别。这些都很简单，但需要记得牢固。

难的知识点要懂得透彻。对于难以理解的知识点，需要多翻书、多看笔记，必要时一定求助于老师。可能第一遍看完不能全部理解，多看、反复看总会有效果，然后找一些题目多做一做。一定要把知识点理解透彻，不然考试的时候依然不懂。

同时要懂得联想记忆、重点记忆。联想记忆分三点：

(1)站在系统的高度学习知识，注重知识的整体结构，经常进行知识总结。

(2)寻找新旧知识的联系与区别，挖掘共性，分离个性，在比较中学习新知识。

(3)注重知识的纵横联系，在融会贯通中提炼知识，领悟其关键、核心和本质。重点记忆的内容不要放在与考试联系不大的知识点上，大脑容量毕竟有限，如果你不是"学霸"，建议将精力放在重要的知识点上。

再说"会"。要做到会，就离不开做题。我在物化生三科上，除学校的资料外，都只用一本《五三》。在学校第一轮复习的时候就基本上把《五三》做完了。第二轮复习的时候就做理综套卷。《五三》讲得比较全面，而且题目由易到难，非常适合在第一轮复习时与复习内容同步做。同时《五三》上有各种专题，如选择专练、实验题专练等，用于逐个突击攻破也是十分有效的。看完《五三》就要开始刷题了，如果想让理综上280分，疯狂的刷题是必不可少的，"学霸"们可以刷到凌晨三四点，但我个人认为身体要紧，不至于熬到这么晚。我做理综最勤的时候每天夜里十一点半开始做，做完后简单批改，然后赶紧睡，第二天再好好分析卷子。我见识过最勤奋的人，除学校的题外，他在一个月内还做了30多套题。虽然他成绩不算太好，但能够从200分左右提高到250分，其学习效果还是惊人的。所以勤奋是必不可少的。

最后说"对"。当练习了大量的题，已经具备了不错的理综能力，却总得不到高分，即“不对”。我认为原因主要有两点，一是时间分配问题，二是失误问题。关于时间分配没有固定的方法，适合自己的才是最好的，觉着怎么分配效率高就怎么来。我在高考前一个月还改变了做题顺序，因为感觉以前的方法节奏不太对，做起来不是特别顺利。但不建议经常改顺序，定下固定的做题顺序就坚持这样做。经常改顺序会找不到做题的节奏。

再说说失误的问题。失误的原因一是不够仔细，题目看错、看漏会经常发生。只能说失误是不可避免的，要尽量减到最少。失误跟平时没有养成仔细、认真的习惯有很大关系，你可以尝试一下把自己曾经做错的题整理成集，时刻提醒自己。做题的时候总是漏审某个题干，你可以试试每次做练习多读几遍题目。做题时经常回过头看看，如果集中不了精力，可以用笔多画几次，或是尝试深呼吸。在做完一道大题时，可以试着望望窗外的事物 3～5 秒，换一下思维，对做下一道题，会好很多。还有一个原因就是不善总结，总在同一个地方失误。下面整理一些总结的方法。

平时考试不要太在意分数。其实分数只不过是对你这一阶段努力的一个评价，考完后不是要盯着它，而是要弄清失分的原因，及时弥补这一阶段的不足。学习的过程，也就是不断发现问题并解决问题的过程。成绩不理想的背后，就是问题的暴露，我们必须立即总结反思，采取措施并加以补救，才能在高考中创造辉煌。

至于考试反思，首先反思的就是平时的学习态度。如果在考试中，记忆性的题目失分过多，那显然就是投入不足，是学习态度的问题。如果许多简单的知识应用中，出错较多，运算能力欠缺，即反映平时训练不够，这也是学习态度有问题。反思自己平时是否自觉地进行学习、复习，是否心存侥幸心理，认为平时拖拉点没事，只要考试前几天认真一点就可以应付；反思自己是否盲目地学习；反思自己的学习是否扎实，对于新知识是否只是停留在了解、识记的层次，有没有掌握和灵活运用。大多数同学对知识的理解处于一知半解状态，在解题时不知从何下笔。其实，学习态度是决定成绩好差的前提条件，要想取得好的成绩，必须要有一个良好的学习习惯，端正的学习态度。

其次同学们应反思一下对考试技巧的把握。每次考试总能发现一部分同学缺乏一定的考试技巧，如：觉得考试时间不够；字迹潦草，连自己都看不清；答案由于写在密封线内而被装订上以至于阅卷老师看不到；甚至有学生独辟蹊径，先从最后一道题开始做，等等。作为考试的基本常识：先易后难、规范书写、合理分配时间，这些习惯，都应该在平时的测试中养成。

第三，同学们还应反思一下自己的考试心态。每次考试结束，总有同学说，自己太紧张了，没有发挥好，这就是考试心态的问题。这中间有急于展示自己以致眼高手低的；有没按老师要求做好充分复习，害怕考试的。没有一个良好的心态，就无法发挥出正常的水平。考试时，过分地看重分数、名次，无疑会增加紧张情绪，影响考试效果。如果把考试作为找出自己存在的问题、便于今后学习的一种途径，那你就不会紧张，反而会喜欢考试，会把考试作为检验自己学习效果的一种手段。其实过程是最重要的，只要过程当中尽心尽力就不怕没有好的结果。

成功一定有方法，失败肯定有原因。吃一堑，长一智。考完后总结反思固然重要，但是更重要的是找到新的起点，以一个好心情，用一种平常心投入到下一轮的学习当中。学会总结，做到细心，失误是可以大量减少的。减少失误，合理安排时间，那么离“会”就不远了。

理综多做题永远是硬道理。不要总听老师说“题不在于多，而在于精”。这些话有时对，有时也不对。“精”的意思是你每做一道题就能提炼出其中通用的规律，一些悟性高的学生做一道题就能归纳出其中的规律，但是理解能力一般的学生还是要多做题。所以你要做的就是多做题，同时还要总结规律，再按你总结的规律去做题，做完后再补漏洞，补完漏洞后你就可以只看不做了。只要一看到相同类型的题你马上知道思路在哪里，陷阱在哪里，这时你就成功了。

有的同学现在偏科不一定意味着以后理综就都考不好，理综是需要大量练习的。基本上化学失分在于漏洞，生物在于背书，物理在于建模，这几个是考卷中的难点，高三时每周最少做两套理综卷，一套是连着做完，一套是每天做一点，还是很有效的。

其实高考没要求你有太多能力，“懂、会、对”就是最基本的理解能力、应用能力与总结能力。只要勤奋好学，成功并不遥远。

希望大家好好理解以上方法，能够做到“懂在课堂，会在练习，对在高考”。

姓　　名：刘嘉倩

毕业学校：江西省新余市第四中学

高考成绩：总分650　语文128　数学120　英语139

　　　　　理综263

院　　系：清华大学环境学院

高三一年的英语学习

一转眼，进入大学已经两年，但高三似乎从来不曾远去，恍若昨天。最记忆犹新的，是对梦想坚持不懈的追求。最终我能如愿进入清华大学，除了我的刻苦，还得益于好的学习方法。

这里我主要谈谈英语的学习方法。就我个人来说，我高一、高二的英语成绩并不好，语法学得比较混乱，全靠高三一年将英语补上来。不过我高一、高二的英语成绩虽然不好，但单词没少背，这也为高三英语的突飞猛进打下了基础。

我背单词主要有两个途径：一是遇见生词赶紧记在自己的单词积累本上，二是按计划背四级单词。背单词要抓住零碎时间，下课、吃饭或睡觉前都可以好好利用。背单词也是有很多技巧的，我的那本四级单词书就讲了词根记忆法，相信很多人都知道这个方法，但很少有人能好好掌握并熟练应用。再给大家介绍下我高中老师总结的背单词三大原则：

循环模糊记忆原则

循环模糊记忆原则，是指对要记的单词采用先记大概意思，日后再反复记忆的原则。部分同学有一种似乎很可贵的精神，即希望一遍就把大纲词汇全部记牢记死，口号是：一遍过后，生词熟透。事实上，这种希望一遍就完成任务，一劳永逸的思想是极其错误的。这好比我们记几个朋友的电话号码，如果你连续记忆几个小时，但以后就不拨打这些电话了（即不复习了），那么也许一个星期之后你就把这些电话号码给忘了，但是如果能在以后不时拨打这些电话（即日后复习），就很可能在很长的时间里都不会忘记这些电话号码。这样一来，第一遍记大纲词汇会很难记得精确，这没有关系，只要先让自己的大脑有一个模糊的大概的意思就可以了。因为在日后必须做的练习（如阅读、翻译等）中，单词的意思就会逐渐精确明朗起来。

对比记忆原则

对比记忆原则，是因为单词量的增加而迫不得已的办法，也是自然而然会想到去用的原则。比如记过 contribute，又记了 distribute，我们或许不会搞混淆，但如果阅读中出现 attribute 就会既熟悉又陌生；再比如背了 attitude，latitude，aptitude，longitude，就很可能导致看到 altitude 便认为是 latitude 的意思。看到 adopt，就会想到自己似乎背过这个单词，仔细回想查阅过后，才发现其实原来背的是 adapt。所以为了提高单词在阅读中再认知的准确率，只能把这些词型相近、容易混淆的单词放到一起对比记忆。这就像到记忆的海边去捡海螺，如果只捡几个海螺，我们就能轻而易举地辨认出来，但如果我们要捡 6500 个海螺，再想一一辨认出来，就要下功夫去反复对比一些很难区别的海螺。单词也一样，一个基础差、词汇量小的人往往认为单词好背，因为他不了解随着单词量的增大所带来的困惑和区分的困难。考试大纲中近形异义、长得类似的单词有很多，它们好比孪生姊妹，不加以对比区别，就会认错对象，就会在阅读翻译的时候，让自己的思绪越走越远，影响理解速度。因此，在背大纲词汇的过程中，不能偷懒，要自觉地把那些似曾见过，熟悉而陌生，容易产生混淆的形近、音近、义近的词汇放在一起对比记忆，从而把它们真正记住，否则永远别想把单词记精确。

联想原则

联想原则适合那些屡记屡忘、屡忘屡记仍然很容易遗忘的单词。有些联想是比较合情理的，有的联想是比较怪诞的。比如通过词中词、分解、组合、词缀等方法把已学过的单词和生词联想起来是一种比较合情理的办法。其实我们上面讲的对比原则就是建立在联想的基础上的。先端详生词，然后联想到自己似曾背过的单词，这样才能找出来加以对比记忆。另外，联想相关领域的知识也是一种途径。有的同学总把 if only 和 only if 搞混淆，其实稍加联想就不会记错。联想到 if 开头是虚拟语气的象征，所以 if only 一定是虚拟的，但 only if 是表条件的，这样自然就记住了。大纲中有个好单词——indispensable，不少同学写作都想用它来代替 important，但每次都写成 indispensible。这个单词是以 able 结尾的，可以联想记为“有能力的人才是‘不可缺少的，绝对必要的，重要的’”就不会写错了。比较怪诞的联想因人而异，比如 compliment 和 complement 两个词，差别是前者中间是字母“i”而后者是字母“e”，有人就联想得很有意思，把“i”联想为汉字的“爱”字，只有爱一个人才会对他“恭维；称赞”。有的同学就联想 complement 是由 complete 变来的，所以是“补助，补足”的意思。还有 adopt，adept，adapt，有的同学把它们的意思串成一句话来背，“我们要采纳专家的改编意见”。其他怪诞的记忆的例子还有，比如有个学美术的同学，把 blend 记为 b（谐音是“不”），lend（借），联想为“不借”自己的彩色颜料，因为自己要“混合；调配”。所以，由于每个人的思维习惯、周边环境的不同，就自然会有不同的联想。这似乎有点无厘头，但能在背单词的苦海中找到背单词的乐趣，何乐而不为呢？不管联想是否合理，不管联想是否健康，不管“黑猫白猫”，只要记住记牢大纲词汇，做到一个也不漏掉，就算达到了我们的目标。

首先，高三上学期复习完所有语法，我用的是一本《五三》，讲语法的大概有十几个单元，一周一个单元绝对足够。这项任务贵在坚持，不能因为月考或其他情况而断掉某一周的学习。多练多做是少不了的。一定要准备好纠错本。多练多做，足以应对所有基本题型和典型题型，用好纠错本，就不再害怕高难度的题，同时错误率大大减小。在高三下学期将语法学习分为两轮，第一轮是简单复习一遍，看看知识点，不用花太多时间；第二轮就是冲刺，在最后一个月的时间每天做三十道语法题，发现虽然题目都会做，但总有一些粗心或误解题意的错误，经过最后的冲刺，基本做到单选全对。

高三我才开始高强度的作文练习，有了词汇和语法基础，练习作文会轻松很多。最好做到两天写一篇作文，之后一定要去找老师指导，这样才能知道自己的不足之处。写作文也是有许多方法的，我的方法总结起来有以下几点：

一、明确高考写作评分标准

评分标准中最关键的一条是“语言形式的丰富多样性”，即正确使用所学过的必要的词汇、短语、结构，并且能够避免重复；句式结构丰富多样：简单句、并列句、复合句应有尽有。这其实提供了写作的第一条思路“选取各类句式，写出对应句子”。这就需要语法过关了。

二、坚持练习提纲作文

（1）确定写作内容层次及写作要点；

（2）选取所学对应词汇及结构、句型；

（3）按照要点，逐条转换，用正确的英语句子表达要点；

（4）联句成篇，适当过渡。

刚开始写提纲会觉得麻烦，但经常写提纲会发现它能大大提高写作效率。其实写好高中英语作文最重要的是把基本的语法掌握好，不需多么复杂高级的语法（作文想得满分另当别论）。主要是条理清楚，也就是把问题分析清楚。高中英语作文主要是议论文，我常用的结构是：

第一段：描述一下题目的问题，适当引申一下。

第二、三段：从正反两方面论证问题，不要夹杂个人的感情色彩。

第四段：写出个人看法。

加上字迹工整，这样的作文不会得低分。

另外，完形、阅读必须每天练，我一般每天用二十分钟做一篇完形、两篇阅读。我做阅读一般先看题再看文章，看一遍题能了解文章大概意思，再读起来就更好理解。做完形我会先看选项再通读文章，道理跟做阅读类似。

最后说说听力。有时觉得听力练了许久，总不见提高，特别是能看懂的英语也听不懂，问题一般出在发音上。缺少发音练习，对英语发音不熟悉，听起来当然觉得费劲。只有能发准英语音，才能彻底听懂英语发音，就像只有会打篮球的人才能当篮球裁判员一样。英语发音里的细节和奥秘很多，如舌位、语调、省略、变音等，只有亲自学会了英语发音，体验了其中的奥妙变化，才能听懂。看篮球看不懂还可以看个热闹，听英语要是听不懂就热闹不起来了，一个关键的单词没听懂这段话就算白听了。因此提高听力要从学习发音做起，听、说混合练习。另外若想彻底提高听力，仅听、说混合练习还不够，要听、说、读、写四项混合练习。听、说、读、写，就像是一辆汽车的四个轮子，要么四个轮子一起跑，要么都不跑，不可能一个轮子跑，其他的轮子停下。若非要一个跑，其他都停下，则这个轮子跑起来也一定十分费力，而且肯定也跑不了多远。听、说、读、写一起学，四个轮子一起跑，哪个都容易进步。

另外选好练习听力的材料也很重要，千万别选太难的材料，一定要选择你勉强可以张口说出来的材料来听，这样听几遍说几遍，听、说能力同步提高，很容易就取得双向进步。

总之，高考英语就是要多练多做，多读多写。长期不间断的练习有助于培养良好的语感，对成绩提高及今后的英语学习也有较大帮助。

关于英语，我要说的就是这些，希望对大家有所帮助。

姓　　名：刘晓松

毕业学校：山东省东营市胜利第二中学

院　　系：清华大学新闻与传播学院（保送生）

让我们一起学好英语，拥抱全球化吧

作为高中理科生的我参加了 2012 年 12 月的文科类保送生考试，并被成功录取到清华大学新闻与传播学院。或许作为保送生的我，没有太多资格去谈论关于如何备战那场激烈甚至说惨烈到血肉横飞的高考，但我想跟大家聊聊我高中学习英语的方法。

作为高中用了大约所有的课余时间去准备竞赛的理科生，在决定参加清华文科类保送生考试时，说不心慌是骗人的。因为文科类只考语文、英语和文综，我一个理科生要如何去跟众多外国语学校的同学竞争？准备过程的艰辛与劳累是不用多说的，但最终我因为英语分数上的优势，成功通过保送考试，却也不是侥幸。

因为在整个高中，英语一直是我花了最少力气却学得最好的学科。所以，我觉得我在英语学习上的一些技巧，还是有些跟大家分享的价值的。

我并不太了解正在读这本书这篇文章的你年龄多大，那么我就从小到大来说吧。其实我个人开始学习英语的时间并不算早，甚至可以说很迟。在小学毕业我的很多同学都可以说上几段流畅的英语对话时，我的英语水平大概还集中在 apple 之类的词汇上。而上了初中，一开始又因为音标的枯燥对英语产生了一段不短的厌恶期（不知道你是不是也很有同感）。庆幸的是这段厌恶期，在开始学习词汇时结束了。

虽然没怎么好好地听音标，但我却找到了背英语单词的小诀窍：分段。大概是从小学奥数的原因，我对一些有相似性的东西特别敏感，可能一些最基本的单词还找不到什么共通性（因为毕竟就那么三五个字母），但一旦这个单词稍微长一点（七个以上字母），基本上它们都是由好几个部分组成的了。我曾经目睹一个很要好的朋友记 helicopter【直升机】这个单词，生生在本子上写了 30 遍，才算勉强记住，但是第二天听写的时候还是把 e 写成 a，而我只是看着课本最后的单词表上的词念了三遍，到现在我也依旧可以很轻松地把它拼出来。

举个很简单的例子，就是你想要吃一只烧鸡（因为我是个很爱吃的人，所以估计例子都会跟吃有关），很简单的方法自然是把它分解成几部分去吃，这样你只需要在分解它的时候费一点点功夫，就能很轻松地吃掉整只鸡。而那种靠死记硬背记单词的同学，就像不会吃烧鸡的人，满把抓，想一气儿把一整只鸡都塞到嘴里咽下去，也不想想喉咙能不能承受得了，最后很可能整只鸡都给吐出来……

还是以 helicopter 这个词为例吧，嘴里发着音，我想大家应该都可以很轻松地分出节奏来 he / li / cop / ter。当然这并不一定是唯一的分割方法，但你只要找到属于你的合适的"撕鸡肉"方法，然后最终把它记到脑子里，下次需要写出的时候就一边在心里默念，一边把分解开的一个个字母段放回原位，不是很轻松的事吗？同理，比如说最近我背过的一个单词 encyclopedia【百科全书】，它看起来真的长得有点过分，但其实道理还是一样的，en / cy / clo / pedia，一边读着一边分着段，这个单词很轻松就背下来了，也不会轻易忘记。还有我个人非常讨厌那些宣传得神乎其神的"联想记忆法"，有功夫记下来那一大串联想的东西，早就能记三个单词了。

除了英语最基本的组成元素——"单词"，学习英语让很多同学痛苦的一点就是语法了吧！但有时不得不承认，对语法的理解，对复杂句型的分析，很大程度上是不太能用具体的方法讲述出来的。因为老师讲语法、分析句式的时候，是向全班同学讲了一样的内容，有的同学很轻松地就理解了，而且可以“举一反十”，而有些同学就是听不懂想不清。我是属于前一种，但这也算不上什么智商或是基因的问题，仔细想想应该还是语感的问题吧。

前段时间网上很流行一种说法：这么多年来我从来没搞清楚过英语的语法，就是靠着语感支撑我活到现在。听起来貌似很戏谑，但其实是在变相炫耀。因为，就如同我们作为中国人在讲汉语的时候也不会去纠结说“刚刚那句话是什么从句啊”“某个词前面用形容词还是副词啊”之类的，就可以很流畅地说出想要表达的意思。而拥有了英语的语感，你就不用在语法上纠结，遇到那些语法题想都不用想，就知道正确答案。

大家肯定要问：那语感是怎么培养的呢？这个问题我觉得是可以给出一个确切但是残酷的答案：多读。

我觉得我的语感大约是在初中二、三年级通过不断地背课文、做阅读培养起来的。当时的确很痛苦，早读时常常为了背下来一篇英语课文，要反复读十多遍。但是在这个过程中，有些句子结构自然而然就清晰了，有些词汇搭配就在脑海中留下了印象。而做阅读，则会极大地锻炼长难句分析能力，而且因为妈妈是高中英语老师的缘故，我在初三就做过了若干高考英语的阅读。当时我课外并没有怎么背单词，因此要用初中的词汇量去做高考阅读是非常痛苦的事情。但硬着头皮啃下来，一篇、两篇、三篇……渐渐地那些长难句就不像开始时给我带来那么多的障碍了。这个过程还极大地锻炼了我猜测陌生词汇的能力，有时这个词本来不认识，联系上下文我也能猜个八九不离十。

就因为有了这些重要的能力，在高三上学期准备清华大学保送生考试时，在两周时间内，我硬是在家做完了近五年来的六级全部题目，把六级单词从头到尾捋了一遍（只是为了能认识，有利于阅读的流畅性）。

我一直信奉的一个观点就是：除考试外，平时做的英语阅读最好以难度高于自己现在水平为好。也并不是说每个同学都要在初中做高考题，在高中做四六级，但是向上跳一跳总是没有坏处的。一直习惯于做自己熟练难度的题目，只是不停地查漏补缺而没有本质能力的提升，可以说是时间的浪费。

今年许多省市的英语在高考中占的比率都在降低，也许从短期利益的角度来说应该减少在英语上投入的时间，但我认为如果从长远来看，英语的重要性绝对没有降低。高考制度的改革仅仅说明了当下英语考核制度并不能完全反映一个人的真实英语水平，中国传统的“读写为王”的英语学习模式与现在的英语交流需求不那么相适应。

而前文所提到的方法基本都是从应试的角度提高词汇与阅读的能力，但即使我们有了很大的词汇量、很强的阅读能力、不错的语感，仅有这些并不等于拥有了能够流畅地与外国人交流的能力。这种现象广泛地出现在中国的各个地方，甚至是在清华，我的一些小伙伴也不敢开口说英语。

那么究竟怎么提高英语的口语水平呢？这种问题上百度大约可以搜到几百万条结果，但我还是要讲讲个人的感受。

首要的，也是被提过无数次的，就是敢于张开嘴说。只要说了第一次，你就会发现外国人绝不是洪水猛兽，他们听到你努力地用他们的语言跟他们沟通，即便再不流畅，他们基本都会被感动，而且很乐于跟你交流。很简单的换位思考就是，假如你见到一个金发碧眼的老外努力地用不怎么熟练的中文跟你交流，你不会感动得心都要化了吗？

但是如果仅有了开口说英语的勇气，而一直用无比 poor 的口语跟老外交流，估计时间久了对方也会坚持不下去。所以更重要的还是实实在在地提高口语水平。要提高口语水平，前文所提到的语感自然必不可少，而通过持之以恒地训练听力与跟读也是十分有效的。我个人常常在课余时间看一些美剧，最适合训练口语的就是已被封为“圣经”的《Friends》，既能休闲放松又能潜移默化地提升语感。而且最好是看完每集之后在网上下载一些 MP3 的音频文件，可以随时听一听，跟读着回忆剧情，寓学于乐，口语水平自然就提升了。

再跟大家说说英语给我带来的回报吧：关于考上清华大学这点不需再多提。我自己感到最自豪的就是，现在我大约已经认识了英、美、意、西、法、俄等许多个国家的朋友，有些是在高中毕业后的云南背包旅行中认识的，有些是在大学结识的，但共同的一点就是我们都是用英语交流。这绝不是说中文不重要，但不论你是什么国家的人，都会使用英语作为全球性交流的语言。

所以，不论是往小了说，为了高考取得好分数，上个好大学，还是往大了说，为了结交国际友人，传播中国文化，了解外国文化，学好英语都是非常、非常重要啦！

姓　　名：惠泽华

毕业学校：陕西省西安市西北工业大学附属中学

高考成绩：总分652　语文134　数学141　英语141

文综236

院　　系：清华大学经济管理学院

高中文综学习方法及经验体会

想必同学们已经听过老师、学长学姐无数次强调“得文综者得天下”。事实诚然如此。

在数学、英语省自主命题题目较简单的省份，如陕西，同水平的学生能力相差不大，很难在这两科上获得绝对优势；而语文能力是日常训练出来的，想短期内获得较大提升是很困难的一件事。那么对于文科生来说，迅速提升成绩、拉开差距、持久有效获得绝对优势的做法自然是专注于文综，力争占领文综的高地。

《庄子·庖丁解牛》一章中，庖丁以高超的技术为文惠君解牛，每个切割声都无比精准地切合音律。当被问到何以练就此功时，庖丁这样说：“臣之所好者，道也，进乎技矣。”庖丁以神遇而不以目视，官知止而神欲行，依乎天理，故恢恢乎其于游刃必有余地矣。道近乎技，既而优于技。题海无涯，刷题有限，我认为还是应当从根本的知识原理入手，弄清知识框架体系，归纳反思，交流获得新知，轻松而高效。下面我将从“道”——大的方法策略来分享我的高三文综学习体会，希望能对学弟学妹们有所帮助。

道——提纲架构

始臣之解牛之时，所见无非牛者。三年之后，未尝见全牛也。方今之时，臣以神遇而不以目视，官知止而神欲行。依乎天理，批大郤，导大窾，因其固然，技经肯綮之未尝，而况大軱乎！

——《庄子·庖丁解牛》

对文科学科而言，总结知识体系、整理提纲架构是我认为最重要的一点，也是我一直坚持的方法，边际效益远大于边际成本，在这里与大家分享。

所谓提纲架构，要在仔细研究考纲的基础上，发现上达领域模块，下至具体知识概念的内在联系，用几条线索把一个个零碎的点串起来，形成几条主线，再发现主线间（此时大多为模块之间）的联系，纵横交错的主线构成知识网面，再按时间空间维度排序，将这张知识网向四周扩散，就构成了空间三维立体的知识体系。如果有需要，你还可以根据具体情况，将它拓展到n维……是不是觉得它很强大，又有点玄而又玄、无从下手的感觉呢？下面我将以政治学科为例，与大家分享我的结构框架图。

首先从整体来看，我们的高中政治学科有经济生活、政治生活、文化生活、生活与哲学四个板块。四个板块中，经济、政治、文化是具体相连的，与现实生活直接相关，而哲学则体现在经济、政治、文化具体措施之中，是总的世界观与方法论，因此我们在构建知识体系的时候，可以将哲学单独列出，置于具体的经济、政治、文化内容之上。

具体模块以经济生活为例，它可以概括为四个环节、两个背景和一个总体目标。四个环节即生产、分配、交换、消费；两个背景指的是国内背景即社会主义市场经济，国外背景即经济全球化；一个总体目标是坚持可持续发展观、促进经济又好又快发展。单元概述列出来之后，我们就可以补充进来知识细节点，如消费涉及消费的影响因素、如何提高消费水平、消费类型、消费观；分配环节分为初次分配与再分配，初次分配涉及生产决定分配、影响财政收入的因素、效率与公平的关系，再分配涉及财政与税收作用，最终上升到总的问题——如何促进收入，分配公平。知识点罗列完毕之后，最后一步就是补充具体的知识细节，如消费环节影响消费的因素有：①经济发展状况；②收入，分为当前可支配收入、未来预期收入和收入差距；③物价总水平……就这样，自上而下，一条条知识主线就连起来了。

上面说的只是主线，我们还需要寻找知识间的逻辑关系、相关因素来织线成网。还是以影响消费的因素这一知识点为例，其中影响因素①（经济发展状况）可链接到第九章"社会主义市场经济"和第十章"如何又好又快发展"；影响因素②（收入）可链接到第五章"劳动就业与当前可支配收入"、第七章的"收入分配公平与收入差距"以及第八章的"财政作用与未来预期收入、社会保障"。而这一问题本身也可以跨模块链接到政治生活中的政府职能作用、宗旨原则，在文化生活中即表现为影响文化产品消费的因素，可联想到文化如何发展的问题……

通过消费的影响因素我们联想到上至经济、政治、文化、哲学四模块，下至这一问题的具体知识细节，牵连出一连串内容。其实每个知识点都是这样的，总是与其他内容存在千丝万缕的联系。同学们在学习过程中不妨找找看，这是一个颇有趣的过程，也是对知识全盘整理、熟悉度快速提升的过程。

道——归纳反思

良庖岁更刀，割也；族庖月更刀，折也。今臣之刀十九年矣，所解数千牛矣，而刀刃若新发于硎。彼节者有间，而刀刃者无厚；以无厚入有间，恢恢乎其于游刃必有余地矣，是以十九年而刀刃若新发于硎。

——《庄子·庖丁解牛》

当我们花很大力气整理出知识框架体系后，从此便觉得大功告成，自此如获珍宝，守着这张表直到高考吗？当然不是这样。知识是需要不断翻新整理的，我们的体系表格也是这样。听新课时和复习时的感受肯定不一样，第一轮复习和第二轮复习对同一问题的理解也有所差异，有什么新想法、新认识，不妨用另外一种颜色的笔补在旁边吧。感觉原来写得有问题或是已经确定当初理解错误的内容也不要直接涂抹掉，我们可以让它一直保留在那里，每一次翻阅都不断提醒自己，每次都去想想它为什么是错的，当初为什么会那样想，现在又是什么让自己改变了想法。

这样反思过去的过程不仅能避免我们再犯同样的错误，还可以让我们加深理解，温故而知新。

道——交流知新

你有一个苹果，我有一个苹果，我们交换后，每人还是一个苹果；你有一种想法，我有一种想法，我们交换后，每个人便都有了两种想法。

——犹太人古语

精明的犹太人非常看重交流的价值，他们往往能团队协作，分享每个人的想法与创意，最后汇集成一个最佳方案，这种集体智慧的结晶往往能获得成功。

我们的学习也是这样，每个人的文化背景不同、看问题的方式不同，想法也不尽相同。当不同的思想交流碰撞时，往往能产生出人意料的思维成果。多和老师交流，可以获得前人经验，执教多年、经手大批学生的老师总是明白哪里是易错点，哪里是难点；多和学长学姐交流，作为同龄人的他们刚刚经历过你们正在经历的东西，会以同龄人的视角给出你们切实可行的方法建议；多和同学交流，你们正经历着同样的环境，感同身受，有什么想法不妨和他们分享。你有好的方法，我有实用技巧，相互分享，大家一同进步。他们是你的竞争者，更是携手前行的同伴，这种战斗友谊在日后越发弥足珍贵。

道——逻辑思维

学习重要的是掌握学习方法，培养思维逻辑。以读题为例，逻辑问题大致可分为三类："是什么""为什么""怎么办"。面对题目，我们要做的第一件事自然是读题。但是，这并不代表把题目的每个字读完就可以说已经完成了这一步；更重要的是去看题目的出题逻辑、设问方向，然后才是从大方向联系所学内容，寻找对应点作答。

"是什么"类问题是三种逻辑中最简单的一种，通常表现为"……反映了……现象""……体现了……原理"，这要求我们扎实掌握基础知识，具有一定的归纳能力，注意把握从现象到本质的主线即可。

"为什么"类问题常用的是因果分析法。即前因后果：我们（不）这样做的原因，这样做的后果影响。前因多侧重知识层面，理论性要求高；后果则侧重现实，要求结合材料分析，分析的过程中要注意利弊双方面考虑和主体分析，如果能加入一些现实时政性语句，一定会让人眼前一亮。

"怎么办"型问题分析方法较多，这里介绍几种最常见的方法。①主体分析法。事情总是通过其特定主体来完成、显现作用的，大致可分为宏观主体（如国家、社会等）与微观主体（如公民、企业、社会组织等）两类。这件事情怎么办只要想想有关各方应怎么做，汇集起来就是整体措施，这样可以简化问题、降低难度。②根据现状提建议、根据目标提建议，这两类问题都有较强的针对性。③通用逻辑：主体+方法+途径+媒介……展现出事情进展的每一环节，展现出完整的横切面来。恰如其名，这种逻辑的适用性非常强，但要注意有重点，有层次，切忌全盘堆砌。

从根本的知识原理入手，弄清框架体系，归纳反思，交流知新，培养思维逻辑。这是我高三文综学习的一点感悟，写出来与大家分享，愿有所裨益。

姓　　名：赵芙愉

毕业学校：广东省中山纪念中学

高考成绩：总分677（广东省第二名；中山市文科状元）

语文132　数学139　英语141　文综265

自主招生加分25

院　　系：清华大学经济管理学院

关于高中语文学习的心得体会

总的来说，第一，高中的学习重在讲求效率，注重方法。就拿背诵来说，心不在焉地对着书本看一个小时肯定不如全身心地投入十分钟更有效率。学习方法以适合自己为重，不能照搬照抄，邯郸学步最终只会害了自己。但是也应多与别人交流学习心得，博采众长，不断调整自己的方法。

第二，题海是绕不过去的。但是不能为了做题而做题，一定要注意总结归纳，建立自己的错题本，做一道题要有做一道题的收获。同时还要保持良好的心态，平时练习成绩比较差的时候不要气馁，更不能自暴自弃，而是要不断鼓励自己，平时就把问题暴露出来，把不会做的题目都解决掉，到了真正显身手的时候就会取得巨大的进步。

第三，多和老师交流。每次考试过后都要积极主动分析优点和不足，写成属于自己的经验总结，这便是以后每次考试前的绝密杀手锏，因为避免重复犯同样的错误便是最大的赢家。在通往成功的道路上不需要过多地和别人比，你要做的就是战胜自己。战胜过去的自己便是最大赢家。

一直以来，我对语文学习比较有心得体会，也很幸运碰到了很多优秀的语文老师。那么我就详细谈谈我对语文学习的一些看法吧，仅供学弟学妹们参考，具体的还是要靠大家自己在实践中摸索出适合自己的方法！

众所周知，语文学习并不是一蹴而就的。语文大厦的构建需要从小就为它添砖加瓦，那么成功才会是水到渠成的事情。但是如果你觉得自己以前不够努力，也没有关系，better late than never. 语文之花只要你从心底里重视她，呵护她，对她施以正确的适当的营养肥料，她便能够茁壮成长。就拿广东高考语文为例说说具体的做题方法吧。

基础题里面关于字音、成语等知识重在积累，最好是放在平时零碎的时间来做。比如说，每天早读抽出一点时间来巩固，中午在食堂排队的时候再拿出来看一看，晚上熄灯睡觉前再拿出来看一眼，这样下来，一些零碎的不容易记住的基础知识就能在潜移默化中被攻克。在这个过程中，有一本专门用来记录易错字词的笔记本是十分必要的。在平时做题的过程中遇到不会的就随手记下来，然后用不同颜色的笔进 行标记，哪些是重复记忆后攻克的，哪些是反复记忆后仍然记不住的，也就是说要定期进行大清理，这样能带给自己心理上的成就感，同时也方便日后的记忆。

对于文言文，我觉得多读是最重要的。不仅是书本上学过的文言文要定期拿出来反复读，每一篇做过的文言文也要在当晚或者第二天早读时拿出来从头到尾读一遍。在读的过程中要注意把其中的重点字词顺带着回顾一下。当然，这要求在做完一篇文言文之后最好能自己进行认真的批改，对照参考注释翻译全文，圈出其中实词、虚词、特殊句式等的重要考点，这样再拿出来复习的时候就会一目了然。多读可以培养语感，而语感在做题的时候是非常有帮助的，特别是在你不会做的时候。遇到不会做的题还是有方法可循的，不能胡乱猜，而是要在迁移书本知识的基础上猜。也就是说，出题人不会平白无故地考你一些非常难非常偏门的题目，而是根据你在书本上学到的知识，对它们进行一定的升华之后来考你的。这时，我们便运用通过多读训练出来的语感来帮助我们很快地联想到书本对应的知识，从而正确地做出这道表面看上去很难的题目。实词、虚词释义题还有一种简单有效的答题方法即代入法，直接将词语意思代入原文中，凭借对句子整体的理解来做题。至于翻译题，建议一定要打草稿，不能拿来就在试卷上写。翻译要注意以直译为主，重点字词一定要翻译到位，然后把整句话意思理通顺后再写到试卷上。

诗词鉴赏这道大题是有一定难度的，所以首先我们要摆正心态，争取完整丰富地回答每一问来尽力拿到更多的分，而不要总是想着“我肯定做不好”“糟了，又要失分了”等。不过，经过系统的总结和做题归纳，诗歌鉴赏还是可以很容易就攻克的，一定要有信心：付出努力，就会得到好的结果。具体来说，分类有几种，按题材、体裁、朝代等，每一类都有一些固定的答题模式，这在做难度比较大的诗歌鉴赏题时是很有帮助的。比如说咏物诗，也许你对诗歌不是太理解，但是只要你能从题目或某一两个字眼中看出这是在写一种物，那么对于诗歌的主旨你就应该向这种物寄寓了诗人怎样的情怀上面思考。我们要做的就是多归纳这种思路，对每一类题型都有了思路后就会对做题充满信心，能以不变应万变。当然，也不能生搬硬套，还是要实践和理论相结合才能得出最满意的结果。

论说类文本的阅读题重在细心、静心。所有的答案都可以在文中找到，两道选择题要注意选项经常设错的点，比如说张冠李戴、无中生有、绝对化等。杜绝粗心，最好是在文中画出每一个选项对应的语句，逐字对照，不仅能提高做题的正确率，最后检查起来也方便。问答题的回答要完整，一定要把观点阐释清楚，当然，并不是鼓励啰唆，而是要让你写的每一个字都具有意义，这样高分才会手到擒来。

选做的阅读要根据自己的特点，擅长哪一种题型就果断地选择它，然后调动所有的知识，完整丰满地呈现出自己的答案。无论是文学类文本还是实用类文本，每一种题型都有固定的模板，比如说小说中环境描写的作用，传记中刻画人物的方法，这些基本的知识一定要烂熟于心，这样才能运用自如。不过，在大家都记住模板的情况下怎样脱颖而出呢？秘诀就是要具体——把模板的语言和文本内容有机结合，详细解说，这样才能写出完整的答案。比如，侧面描写的作用，不能仅仅说是突出人物形象，而是要具体说明突出了人物怎样的形象。只要我们多解说一点，具体一点，答案的完美度就会大大提高。

语言运用方面有很多种题型，高三总复习前老师一般都不会太系统地讲，这个时候就需要自己平时在练习中每见到一种类型就有意识地总结一下，起码要时常复习一下，要不然一种题型太久不练是会生疏的。到了一轮复习时，老师会系统地讲解每一种题型的答题方法，这个时候更要认真做笔记，认真做练习，把每一种题型都弄懂。比如说图表题，应该怎么归纳图表内容，从哪些角度归纳图表的变化等。这类题的形式比较多变，所以见到新题型不要怕，要相信考的都是你学过的内容，要有信心、耐心，还要细心。

最后便是作文了，这应该是主观性最强的一道题，所以我说的也只是我自己的方法，具体的还是要结合自己老师教的和自己的经验总结吧！广东省高考作文这几年都在考查材料作文。材料作文，顾名思义，就是要体现材料，结合材料，万不可脱离材料，跳出材料。首先，标题是文章的眼睛，所以标题最好能比较直白地体现你文章的中心论点．当然，这都是针对议论文来说的，其他文体就另当别论了。在清晰明了的基础上再考虑适当地运用一些修辞手法使标题变得更生动些。其次便是开头，开头最好也使用一些修辞手法，吸引老师的眼球，引用、排比、比喻、对偶等等，这些修辞都是比较容易写出彩的。然后便是主题部分了，主题部分一定注意结构、思路要清晰，每个分论点最好放在段首明显的位置，甚至可以单独成行。分论点最好要有文采，同样可以采用修辞手法。具体的论述里要注意事例的丰富性和多样性，举例完最好要有一些自己的见解和看法，呼应主旨的句子等。结尾处最好能吸引人，发人深思。这样，一篇优秀的考场作文就出炉了。当然，还是那句话，作文的主观性非常强。以上说的仅仅是我个人的经验之谈，具体的还是要视每个人的实际情况而定。

把每种题型都简单地分析了一遍之后，我觉得最重要的还是要把握好整体，注意一些考试的小细节。比如说时间的控制，最忌讳的是出现作文写不完的情况。但如果感觉自己真的写不完，一定要果断结尾，一篇匆忙结尾的文章总比一篇没有结尾的文章好。在平时的练习中一定要控制好自己的做题节奏，一般前面基础题用多久，做到阅读题时剩下多少时间，留多少时间写作文等，这些都是要在无数次考试的历练中形成的。还有就是诸如不要忘记涂答题卡、不要忘记写名字、尽量不要写错别字、注意卷面整洁之类的问题，这些都是考试中不可忽视的细节。

说了这么多，总的来说，就是方法虽多，但适合自己的才是最好的。在高考中注意细节，力求清晰完整，熟记答题思路，就一定能取得优异的成绩。愿大家在语文的海洋里尽情徜徉！

姓　　名：童　心

毕业学校：重庆南开中学

高考成绩：总分683　语文128　数学120　英语139
理综263

院　　系：清华大学环境学院

数学学习之我见

数学是最基础的一门学科，尤其对理科生来说，扎实的数学功底对理综的学习也有莫大的帮助。所以，学好数学是十分必要的。

撇开数学学习不谈，先谈一下我曾看过的一篇讲苦学、好学、会学的文章。

第一种为苦学：提起学习就讲“头悬梁，锥刺股”，刻苦、刻苦、再刻苦。这种同学，觉得学习枯燥无味，对他们来说，学习是一种被迫行为，体会不到学习中的乐趣。长期下去，对学习必然产生恐惧感，从而滋生厌学的情绪。结果，在他们那里，学习变成了一种苦差事。

第二种为好学：所谓“知之者不如好之者”，达到这种境界的同学，兴趣对学习起到重大的推动作用。他们对学习如饥似渴，常常达到废寝忘食的地步。他们的学习不需要别人的逼迫，自觉的态度常使他们取得好的成绩，而好的成绩又使他们对学习产生更浓的兴趣，形成学习中的良性循环。

第三种为会学：学习本身也是一门学问，有科学的方法，有需要遵循的规律。按照正确的方法学习，学习效率就高，学得轻松，思维也变得灵活顺畅，能够很好地驾驭知识，真正成为知识的主人。

其实学数学就是这样，先是苦学，做大量的题来磨炼自己，训练自己的数学能力；但题做多了难免枯燥甚至反感，这就需要好学，要真正体会到数学中的美感，对数学产生兴趣；接着要会学，掌握高效的学习方法。

下面为大家介绍一些我高中时学习数学的方法及心态调整的经验：

首先讲解析几何，针对解析几何各种题型提出一些方法。

题型一，中点弦问题：具有斜率的弦中点问题，常用设而不求法（点差法）。这个方法要好好地训练，还要理解方法的本质及内涵，比如利用点差法解决相关的曲线上是否存在一点关于某直线对称的问题。

题型二，焦点三角形问题：椭圆或双曲线上一点与两个焦点构成的三角形问题，常用正、余弦定理搭桥。三角形是最基本的几何图形，而焦点三角形是圆锥曲线定义和正余弦定理的最好载体，应予以重视。

题型三，直线与圆锥曲线位置关系问题：解决直线与圆锥曲线的位置关系题目的基本方法是解方程组，在转化为一元二次方程后，利用判别式，应特别注意数形结合的办法。在利用本方法的时候要注意两点：第一合理假设直线方程，不要忘记斜率不存在的情况；第二是在转化为一元二次方程时要验证“△”，特别是在解决下面题型四的时候切记！

题型四，圆锥曲线的有关最值（范围）问题：圆锥曲线中的有关最值（范围）问题，常用代数法和几何法解决。若命题的条件和结论具有明显的几何意义，一般可用图形性质来解决。若命题的条件和结论体现明确的函数关系式，则可建立目标函数（通常利用二次函数，三角函数，均值不等式）求最值。在建立目标函数的时候一定要有定义域意识，所以在我们建立了目标函数之后，一定要求一下函数的定义域。最值定值问题都是这几年考查的重点，要好好地训练。

题型五，求曲线的方程问题。分以下两种情况：

（1）曲线的形状已知——这类问题一般可用待定系数法解决。

（2）曲线的形状未知——求轨迹方程，可用相关点法等。

一定要重视一般轨迹的方法，所以曲线与方程这一节课要特别重视一下。

题型六，存在两点关于直线对称问题。在曲线上存在两点关于某直线对称问题，可以按如下方式分三步解决：求两点所在的直线，求这两直线的交点，使交点在圆锥曲线形内（当然也可以利用韦达定理并结合判别式来解决）。点差法的应用一定要熟悉。

最后，向量的工具性是解决解析几何问题必不可少的内容。所以我们一定要重视向量的转化和处理，如以线段 AB 为直径的圆过点 O 转化为向量的数量积为零等。

总之，在解决解析几何问题的时候一定要细心，因为它考查了我们的计算能力。

其次讲一些排列组合的解题方法。

（1）是使用“分类计数原理”还是“分步计数原理”，要根据我们完成某件事时采取的方式而定。可以分类来完成这件事时用“分类计数原理”，需要分步来完成这件事时就用“分步计数原理”。那么，怎样确定是分类，还是分步呢？“分类”表现为其中任何一类均可独立完成所给的事件；而“分步”必须把各步骤均完成才能完成所给事件，所以准确理解两个原理强调完成一件事情的几类办法互不干扰，相互独立，彼此间交集为空集，并集为全集，不论哪类办法都能将事情单独完成。“分步计数原理”强调各步骤缺一不可，需要依次完成所有步骤才能完成这件事，步与步之间互不影响，即前面步骤用什么方法不影响后面的步骤采用的方法。

（2）排列与组合定义相近，它们的区别在于是否与顺序有关。

（3）复杂的排列问题常常通过试验、画“树图”“框图”等手段使问题直观化，从而寻求解题途径。由于结果的正确性难于检验，因此常常需要用不同的方法求解来获得检验。

（4）按元素的性质进行分类，按事件发生的连续性进行分步是处理排列组合问题的基本思想方法，要注意“至少”“至多”等限制词的意义。

（5）处理排列、组合综合问题，一般思想是先选元素（组合），后排列，按元素的性质进行“分类”和按事件的过程“分步”，始终是处理排列、组合问题的基本原理和方法。通过解题训练要注意积累和掌握分类与分步的基本技能，保证每步独立，达到分类标准明确，分步层次清楚，不重不漏。

（6）在解决排列、组合综合问题时，必须深刻理解排列、组合的概念，能熟练地对问题进行分类，牢记排列数与组合数公式与组合数性质。容易产生的错误是重复和遗漏计数。

总之，解决排列组合问题的基本规律，即：分类相加，分步相乘，排组分清，加乘明确；有序排列，无序组合；正难则反，间接排除等。

我们在抓住问题的本质特征和规律，灵活运用基本原理和公式进行分析解答的同时，还要注意讲究一些解题策略和方法技巧，使一些看似复杂的问题迎刃而解。

第三讲讲高考心态调整。

加强自我暗示。就像2013年春晚的黑马节目《今天的幸福》中，女主角说的一句话：“别总想着自己没啥，要多想想自己有啥。”考生们也是一样，别总觉得自己不行，越消极越没有自信，要多看看自己的优势，比如答题时很细心，不会因为细节而丢分。给自己正面的、积极的心理暗示，告诉自己“你最棒”，这样才能够有昂扬的斗志来支持你完成考试。

提升自信心。相信很多老师都会教给学生一个提升学习成绩的方法，那就是把每次做错的题都记录在一个小本子上，平时多花点时间在这些曾经做错的题目上。这个方法在平常的模拟考中能够有不错的效果，但是我个人认为，临近高考的时候，还是要多做一些基础题。一是因为近年来的考题还是有偏向基础知识的趋势；

二是做一些一般难度的题目，可以让自己觉得能够解决问题，加强自信心。若是钻牛角尖，非要做偏题、难题，则会让自己感觉自己很没用，一道题也答不出来。一旦情绪变得低落，答题时何谈正常发挥甚至超常发挥呢？

学会自我减压。不要把高考看成是人生的唯一目标，这样的想法会给自己的思想压上一个极大的包袱，人也会变得患得患失，甚至觉得如果高考失利，人生也就完了。这种极端的想法一定要摒除，要告诉自己：高考并不是人生的全部，高考也不能决定一个人的命运，只要尽力做到最好，让自己没有遗憾，那就是高考最大的意义和收获。

专注眼前之事。有的同学心思很重，一天到晚总是想着“我这次能考个什么大学啊”“这个大学的专业以后能不能找到好工作啊”等。说好听的是懂事早熟，说不好听就是庸人自扰。在这些想法的驱使下，往往会使自己的学习节奏越来越乱，抓不住重点，结果本末倒置，忽视了眼前最关键的事情是如何沉着应考。建议同学们不要想得太多，把心思放在当下，切记一步一个脚印，踏实地走好每一步，这样才能够为更美好的明天打下坚实的基础。

做到好学会学，有了好心态，离高考成功就不远了。

姓　　名：曾楚元
毕业学校：福建省厦门外国语学校
高考成绩：总分691（福建省高考理科状元）　语文125
　　　　　数学135　英语147　理综284
院　　系：清华大学经济管理学院

论英语的正确打开方式

高考的英语科目我拿到了150分中的147分，也是我最满意的一科。回顾高中三年的英语学习经历，我认为很值得拿出来与大家进行分享。

先简单介绍一下我在这方面的经历吧：我获得了2010年全国中学生英语能力竞赛高二年级组一等奖，2012年"中信杯"厦门市第三届双语之星英语口语大赛三等奖等荣誉。我在中央电视台英语演讲大赛中表现优异，临场发挥大方得体，才思敏捷，语音清晰，发言流利，获得评委的一致好评和参赛选手的认可，在2010年中央电视台"希望之星"英语风采大赛福建省决赛中收获高中组一等奖并位居福建省总分第七名。在高二，我还利用课余时间参加了TOEFL的考试并获得109分的成绩，其中阅读和写作都获得了29分的高分。在高二的暑假里，由于成绩优异，我有幸作为年级代表前往香港，参加港大建校100周年庆特意举办的"Tasters"夏令营。在为期三天的短暂行程中，我接触了来自五湖四海的同龄人，我们共同完成合作项目，交流自己的生活和感想，建立了友谊，更让我切身感受到国际视野的真正含义。

正是以上的经历让我感受到，自己高考英语的得分不是一个偶然。高中三年，自己在英语方面得到了长足的锻炼和广泛的积累，因此才能在高考中考出让我满意的分数。

首先我想谈一下我对英语这门课的理解。英语和高考的其他科目不同，它是一门语言学科，而且不是中国人的母语。也许有的同学在大学选完专业之后就基本上用不到物理化学生物了（比如我就是这样），但是英语，作为世界最通用的语言，无论身处任何领域，只要想有好一点的发展，都是必须掌握的。高考结束后，很多考生还将使用英语至少二十年。

因此，英语不仅是学来用于应付高考的。我们不应该抱着一种功利的、应试的角度去看待英语，而应该真正把它当作一门能力去学习。学习的内容和空间应该并不只是局限于英语课本，而是以增长自己的英语应用能力为目的去学习。不用担心自己不专注于考试内容会“吃亏”。其实，在高中阶段学习英语的同学如果能把眼光放到高考外，放到课本外，练习口语练习听力，着重锻炼自己的实际应用能力，高考成绩必然是不会差的，至少不会低于135分。成绩不好的同学恰恰多是“效率至上”，只练习高考要考的内容和形式，不注重其他方面，结果在考题的变化中找不着北。

正是基于这些想法，以下我将谈两点经验方法：第一点是关于如何提高英语能力；第二点则是关于短暂的高考应考。

像科学健身一样学英语

人的身体是一个有机的整体，因此在锻炼的时候要注意整体的协调性和对称性。比如说，有人健身的时候只练胳膊，那么过一两个月，他的整个人会看上去非常不协调，同时身体其他部分的力量匮乏也会导致他无法发挥出胳膊应有的力量。结果就是虽然刻苦训练了很久，但既不好看又没有用。

学英语也是一样的道理。想当年，好记星的广告红遍大江南北，靠的就是“听说读写译”的噱头。其实这和健身类似，一定要均衡地发展自己英语的各项能力：比如听和说的能力很容易一起训练，读和写的能力很容易一起训练，英译汉和汉译英的能力很容易一起训练。每天给自己一些英语氛围，交叉进行各项训练，英语能力很快就可以获得提升。下面具体介绍每一项的训练方法：

听和说：当然，和 native speaker 聊天永远是最好最有效最正确的办法，但是并不是所有人都有 native speaker 的资源；有的同学喜欢去 omegle 这样的网站找随机的外国小伙伴聊天，但这对英语提高并无好处。一方面你找到的外国小伙伴不一定是 native speaker，比如找了个俄罗斯的，那你俩谁的英语比较正宗还很难说；另一方面，其实英语是有阶层的，在英语国家，不同社会背景的人接触到的词汇量并不一样，而有些英语词汇你是用不到的，有些人不良的语言习惯还有可能影响你自己的语言学习，降低语言质量和品位。除了跟比较正宗的 native speaker 飙英文，最好的办法就是找一些地道的材料来听，这里推荐 VOA，即 Voice of America（不是“美国好声音”啦，人家叫“美国之声”，是一个广播节目。相信我的推荐和很多权威推荐是一样的，这就对了，因为很有效）。VOA 的特点是有速度的分层，并且语音语调非常正宗，适合新手循序渐进。每一段新闻稿可以听三遍，第一遍记关键词，第二遍记框架，第三遍补细节。争取三遍听完之后用你的 note 复述出整个录音内容，你就合格了。口语，当然是模仿了。听过几遍之后，相信你对这段新闻的语音语调都有了比较深刻的印象。此时去模仿，当然会起到最好的效果，模仿的关键——出声！沉默练习法永远无法带给你一口流利的口语。

有很多同学想用看美剧的方法来练习听力，美其名曰“我把字幕关掉然后相当于练听力了”。错错错！美剧是个很大的坑。首先很多美剧词汇的专业性和偏僻性不适合用来练习听力。比如《The Big Bang Theory》，其中出现大量的科技词汇，不但听不懂还会影响连贯性和自己的心情；再比如《2 Broke Girls》，其中有很多的“dirty jokes”和暗喻，以及 native speakers 才能理解的笑点，也不是很合适的听力材料。再者，一般这样想的同学看着看着就会专注剧情或者演员，跟看正常电视剧一样了，并不会集中注意力去训练。最后，这会带给你一种“我在学英语”的错觉，但是实际上你并没有得到提高，这才是最危险的！

读和写：一般来说，阅读和写作比听、说要枯燥一些。当然了，每个人都只愿意动动嘴皮子，不想去动手。但听力和口语就像是植物的花朵，阅读和写作能力才是根基。因此一定要练好。

和听力一样，阅读材料的选择比较关键。说到这里，请各位同学不要再局限于英语课本上的课文了……中国的英语课文基本都是中国人撰写的，对中国学生来说相对容易读懂，却没有读懂的必要，因为其中很多词汇的用法生涩，表达不地道，颇有 Chinglish 的风范。其中的很多用法 native speaker 一辈子也不会这么使用，学来自然不正宗。目前国内能接触到的英语原版材料已经很多很多了，所以资源已经不再是问题，在这里推荐的是 New York Times 之类英文报纸的电子版，词库比较日常化，表达也不会故作高深，比较地道，通过它还可以每天在学英语的同时关心一下美国又发生了什么大事。系统的阅读材料推荐《新概念英语》，可以根据自己当前的水平在其中任选一本来读。每本书的课文长度由短到长，单词量也不是很大。虽然《新概念英语》是一套很老的教材，但其课文依然十分经典。文中的句式、短语、俚语放到现在来看，也是非常地道的英语表达。要学英语当然是从老外那里学最地道的英语。

阅读成绩好，写作水平自然会不断提高。这个道理在任何语言都是通用的。见得多，自己会用的就多。平时阅读的时候注意背诵读到的让自己眼前一亮的句式和表达，写作时它们就变成了你的素材，用起来自然得心应手。

“实在的”高考应试相关内容

这里介绍一下高考应试的相关内容。其实，如果你坚持了我前面提到的英语训练方法一到两年，这部分就可以略过了。因为高考这点难度完全 hold 不住你。你已经站到了比高考还高的山峰上，向下俯瞰，高考想玩点什么小伎俩当真是一览无余。所以此部分，适用于英语能力并不强，但是想在高考的最后时刻瞄准分数进行冲刺的同学们。

福建高考英语分为听力、单选、完形、阅读、填词、写作六部分。下面我针对这六部分分别进行题型分析和临考经验分享。

听力：应该算是整个高考中最简单的部分。平时练习听力的时候主要练习做笔记的能力，争取一遍过去能够记下听力录音中的关键信息点，例如时间、地点、人物等，好让自己做题有记录可依。听力开始前要看一至两遍听力题，对听力题有足够的印象，才知道听录音时要注意的重点是什么。另外，要特别留意出现的人名，别让人名干扰了你的信息获取。

单选：考查的主要是语法，看你平时背语法够不够用心，也看你的运气怎么样（是否会遇到自己不熟悉的语法点）。语感这种东西，如果你没经过我以上所说的训练，还是不要盲目相信的好。如何复习语法？首先是要背，然后是针对每个类型做足够的练习。这跟复习数学的方法类似，也正因为如此，单选题绝对不能成为丢分点。考场上要注意，不要“想当然”地陷入思维定式，因为很多题目就是这样丢分的。再有，一定要有做句式分析的良好习惯，碰到自己没见过的复杂句，首先要标出主谓宾，确定句子成分，一般能收到茅塞顿开的效果。

完形：考查阅读能力、观察细节的能力及说英语的地道程度。完形填空非常讲究上下文的呼应，很多你不知道怎么写答案的题目，其实答案就藏在上下文里。很多同学觉得完形很难，经常出现“不是排除两个就是排除四个”的情况，这要么是因为你没有发现上下文里的玄机，要么是你在纠结哪种表达更合适——后者的问题就属于“英语学得不地道”的情况。我们经常看到完形填空答案里的“习惯用法”四个字，并大呼“坑爹”。其实这种答案真的没法解释，因为老外就这么用，所以答案是这个。没有做出来，只能代表你见得少了，到了高考的时候也没处说理去。对于没有时间再做积累的高三学生来说，多练完形填空可以使你提升做题技巧，锻炼更好的联系上下文的能力，使你在习惯用法方面积累更多。考试时做完形填空建议读三遍：第一遍不做题，在缺了词的情况下弄清楚文章大意；第二遍边读边做题，记得联系第一遍读完之后的印象；第三遍从头至尾检查一遍，看看哪里读起来很别扭，同时在脑海里再现故事的画面，看看哪里不符合逻辑。

阅读：建议先弄清楚文章每一段的大意，方便做题的时候快速定位。如果是能在文章中找到答案的题目（除主旨大意题和词汇推断题外的所有题型都能在文章中找到答案），直接找到相应段落画出相应内容进行选择。需要注意的是，有时候题目选项和文章中对相同内容的表达方式有差异。词汇推断题并不难做，只需联系上下文进行理解即可。

写作：读得多就写得好。尽量使用自己背诵的经典句式吧（注意不是原句照抄），如果没有，就尽量写长句子（总不能让老师觉得咱三年啥都没学吧），多使用高中阶段学到的词语（比如 I am、I think 这些就别满天飘了，会给老师留下很差的第一印象）。

最后是一些关键问题。

单词要不要背？——需要。不管你是什么水平的学生，扩大自己的词汇量都是学习英语的最有效的方法之一。要应付高考的话，起码“3500 词”应当掌握得非常熟练。如果有条件的话，强烈建议你背完大学四级的单词。这样一来，一是可以站在比高考稍高的角度来参加高考，二是进了大学之后不用重新背单词，一举两得。

需要题海战术吗？——需要。除去前文提到的语法部分，多做阅读理解和完形填空也有利于你更深刻地理解高考出题人的出题套路。经常进行套卷练习有益于调节高考时的时间分配（当然，英语考试一般会剩下一些时间，不像数学理综之类的节奏那么紧）。

以上就是我对英语学习的一些心得，希望能给挣扎在词海中的同学们一些帮助，也希望你们能在高考中考出自己满意的成绩！

姓　　名：贺渝淼
毕业学校：四川省达州市第一中学
高考成绩：总分641
院　　系：清华大学生命科学学院

不积跬步，无以至千里

——语文学习经验

相信对于大部分同学来说，语文算得上是一门中庸的学科。在这个科目上，一般不太容易与其他人拉开差距，这也说明了想要在语文上有所提高也并不像数学、英语那样容易。《荀子·劝学篇》中说道："不积跬步，无以至千里；不积小流，无以成江海。"可以说，这就是学习语文的奥秘。

不管是从平常的学习，还是从试题的类型来看，我们可以明显地看出语文的基础是"字、词、句"，夯实基础之后再要提高就得从"章"来入手。正是这四个部分几乎构成了语文学习的全部。下面我从试卷的角度来谈谈怎样具体地锻炼语文的答题技巧，从而提炼出事半功倍的学习方法。

四川卷语文试题的第一部分是选择题，其中又分为基础知识、科技文阅读和文言文阅读三个部分。基础知识共四题，一般是对字音、字形、成语和病句的考查。显而易见，这个部分的题属于记忆型而不是技巧型，所以是不允许失分的。这就需要平时大量积累、背诵正确的字音字形和成语，并掌握常见的病句类型。我的建议是，可以在早读时抽出时间读一下容易读错音或者写错形的词语、成语及它们的意思，一来长期读诵可以留下一定的印象，二来可以培养出语感，而语感对于判断病句又是十分重要的。另外，通过大量的练习我们可以发现，各套试卷的前四题存在着相当分量的重复，也就是说，我们可以提炼出一些常考点、重点词，可以在上面多下功夫。在归纳重点考点方面，各大教辅资料都做得很好，我们应该学会有效地运用资料。

接下来是科技文阅读。给出的文章是说明文，内容一般都与科学技术或者环保相关，考题大致分为细节题和归纳题两种类型。所谓细节题，就是可以在文章中找到答案，但是答题时不可能在找细节上花费太多时间，所以我建议大家在阅读文章时，可以一边读一边根据自己的感觉勾画出一些重点词句，这样在你返回文中找答案时，可以省下不少时间。而归纳题需要的是你对文章内容的理解，一般不会有太大的问题，但是需要小心一个陷阱，绝对不能有先入为主的思想，一定要根据文章本身传达的意思来理解。

再之后是文言文阅读。试卷给出的是一篇课外的文言文材料，多为人物传记。虽然是课外的文言文材料，但其中的难点词语其实都是课堂上学过的文言词汇。这就要求我们平常在学习文言文时不能一味地死记硬背，要学会活用文言词汇，尤其是文言虚词，毕竟文言文阅读三题中的两题都是对文言词汇的考查，不仅要记住这些虚词在课文中的意思，当它出现在陌生的句子中时，也能辨别出它的正确意思。第三题则是对文章大意的理解，一般是要求选出关于文章内容正确或是不正确的一项。这个可以采用排除法，即使不能准确了解每句话的意思，也能比较容易得到正确答案。而之后的文言文翻译，才是在真正考验文言文功底，不仅有对大意的理解，更有对关键字的正确翻译，所以大家在答题时应当尽量做到直译而不是意译。

诗歌鉴赏可能对于很多人来说是一个难点，毕竟古诗不是一种浅显易懂的文体，阅读和理解的时候需要透过现象去看本质。古诗当中的现象就是所谓的“意象”，每个意象都反映出不同的意境。

在平常的学习中，我们可以积累出不少古诗中常用的意象，比如“明月”一般表达思乡之情，“杨柳”一般抒发离别之意等。这样，在我们阅读一篇陌生的诗歌时，就可以帮助我们更好地理解诗歌大意。另外在答题时，更要学会运用试卷上给出的信息——注释。要知道，试卷上的每一字每一句都是十分宝贵的，如果试题给出了注释，就说明一定与诗歌的内容有着重要的关系。一般来说，给出的注释或者是某个词（一般都为全诗的诗眼），或者是作者的一段经历，从中都可以提炼出诗歌的基调或情感。

古诗词默写虽然只占 5 分，但要拿到这 5 分还是要下一番功夫的，而且并没有捷径可以走，只能通过平常的熟读、背诵，将课文中的古诗词、文言文名句烂熟于心，考试时才可以做到得心应手。能够背诵只是一个基础，更要能正确地写出来，注意不要写错别字。所以在平时背书时，要注意手、眼、口、心并用，不仅要多读多背，还要多写。现代文阅读是答题相当主观的一个部分，占的分值也比较大，答题的时候也比较容易摸不着头脑。对于这个部分，我的技巧有两点。一是可以通过平常练习中的参考答案来提取经验，即将自己的答案与参考答案做比较，学习参考答案的叙述方法和组织结构，这样就更容易踩中得分点。二是培养出答题模式，不要想到哪儿写到哪儿，答案一定要条理分明，最好是能分点作答，一目了然。

语言运用题是相比之下较灵活的题型，考查的不仅是同学们的语言运用能力，更是创造力和想象力，因此，只能在练习中多思考，逐渐培养出解答这类题的能力。另外，在平常的练习中，可以将一些精彩的句子、段落摘抄出来，适当记一记，对于答题也会有一定的帮助。

最后，也是最重要的一个部分，就是作文了。作文并没有一定的范式，在这里我想讲一下关于我自己如何纠正“偏题”这一毛病的例子。高考前一段时间，我写作文偏题的问题还十分严重，甚至在一次月考中还因为偏题致使作文只得了及格分。就要高考了，这个问题必须解决，可是复习的时间有限，要通过大量练习来改善的话，写一篇作文又需要花费不少时间。怎么办呢？于是我找了语文老师共同商量这个问题，找出了一个巧妙而高效的办法——我每天找一个作文题，审题之后告诉老师我写作的想法、文章的构思，再由老师来评判一下我的思路是否可行，如果有偏题的苗头就及时纠正过来。这样，每天大概只花十多分钟，就相当于练习了一篇作文，而且通过大量练习之后，我从中受益匪浅，不仅偏题的问题基本解决了，在文章构思、事例运用方面都得到了提高。所以，对于作文是弱项的同学们来说，不妨试一下这个方法。

除此之外，字迹一定要工整，最好不要出现大篇幅的改动，保持卷面整洁是非常重要的。所以写作文时，一定要先有一个比较成熟的思路再下笔，但也要注意把握好度，不可浪费过多时间。

以上是我根据高考试卷的各种题型来分析的答题技巧，属于“应试”的部分。下面我再简单谈一下平常学习中需要注意的一些地方。

有些人认为语文课上老师讲的课文并不重要，因为考试时不会直接考到。我并不同意这种看法。如果说数学老师讲课是在传授技巧，那么语文老师讲课就是在引领同学们思考。每一篇课文都相当于一篇范文阅读，从中我们不会学到条条款款，却学到了阅读文章、理解文章内涵的方法，得到了真切的体悟。我想这正是语文的魅力所在。汉语作为我们的母语，我们不需要去学习使用它的技巧，我们要学的是如何去感受它的魅力，它的包罗万象。

对于学习来说，不管你是否喜欢语文这个科目，最重要的、最首要的是要摆正态度，相信自己只要用心，就一定能学好它。就算你是一个对语言文字不感冒的人，或者是你对它的灵活变换捉摸不透，也可以通过背诵、练习、有技巧地答题来学好它、掌握它。“蚓无爪牙之利，筋骨之强，上食埃土，下饮黄泉，用心一也。蟹六跪而二螯，非蛇鳝之穴无可寄托者，用心躁也。”说的正是这个道理。

学习不是平步青云，而是一件需要长久坚持的事。也就是说，不仅要肯下功夫，更要戒骄戒躁。毕竟成绩的提高不能立竿见影，如果一时半会儿看不见成效也千万不能懈怠，只要持之以恒地下功夫，最终一定能从量变促成质变，让你的成绩更上一个新台阶。正所谓“谁无暴风劲雨时，守得云开见月明”。

最后，希望我对语文学习的一点经验之谈和应试技巧能够给面向高考的同学们带来帮助和启发。学习并不是那么枯燥，高考也没那么可怕，最重要的是保持一份平和的心态。祝同学们都能拥有这份心态，考入理想的大学。

姓　　名：周正颐（左）

毕业学校：四川省达州中学

高考成绩：总分655　语文122　数学142　英语127

理综264

院　　系：清华大学电子工程学院

思维高度成就更闪耀的辉煌

——高中数学学习的新思维

自从文理分科以来，我的数学成绩一直都走在年级的前面，高考中也取得了不错的成绩。回想起来，我认为并不是我比别人聪明，而是因为我对数学的学习有了一个更高的认识。这样的认识让我摆脱了作为一名答题学生的被动，使我能够站在出题人的高度来审视我做的每一套题，以老师的高度来审视我的发挥。我真的要说思维高度能够帮助我们成就更闪耀的辉煌，让我们赢得更高的分数，为我们走进清华、北大等名校铺平道路！

其实数学并不算特别难。我相信每一位同学只要肯下功夫、花时间，就一定能够战胜理科数学！但是尽管它不算难，却仍具有很强的区分度。这不仅体现在它能通过分数反映出不同学生数学能力的高低，还体现在它对于一个学生的高考总分起着至关重要的作用。

下面，我以我高三备考数学的一些心得体会和一些学习经验来说明思维高度如何成就我们更闪耀的辉煌。

一、明确练习与考试的差距

首先，要明确我们做一张试卷、参加一次数学考试的目的是什么。毫无疑问，我们的回答都是得分。那么什么是得分，如何实现有效的得分呢？这需要我们找准分的本质——它就是一张150分的卷子你做对了多少。可能你觉得这样的本质太无意义，但实际上如果你知道了这个本质你就知道了你准备数学考试需要面对两个问题，即考试考什么和你会什么。其次，我强调一个差距分析的过程，尤其要重视“为何会而不得分”这个问题。从我的经验出发，造成这个问题的原因是平常练习与考试脱节。因此我们要认真审视考试失分的原因，注重平常练习，要实现练习为得分服务的目标。最后，我强调一下套题的作用。套题对于我们能力提升的作用体现在三方面，一是做题效率方面，通过套题训练可以提高我们做题的速度与准确度；二是分类能力方面，市面上的辅导书是编者来帮助你分类的，实际上仅仅接受别人的分类并不一定能收到好的效果，只有你自己分类才有更好的作用，当你能够自己分类你做的题，你就能在战术上藐视出题者了；三是日后的努力方向方面，通过套题训练你能知道什么题让自己丢分，从而重视那些题，重视相应的知识，重视该做的工作，最终各个突破获得更高的分数。

二、高三如何填补自己的知识点差距

首先，我提出一个理论——“错题本谬论”。高中时班里常常有人花很多功夫去做错题集，昂贵的韩国进口本子、工整的誊写、精心的评注却陷入了重过程而不求效果的陷阱，失去了错题本的意义，让抄错题变成了一种强迫症式的思维懒惰。错题集本身是学习过程的一部分，它的功用在于帮助你更好地学习，弥补你的知识漏洞，提升你解题的能力并最终提高你的学习成绩。但这样的错题集却变成了一种炫耀做过多少题的工具。这是本末倒置的，我们要相信只有让你真正能提分的错题集才是好的错题集。所以我建议同学们不要做精美错题选，而是做一本实实在在、为自己所用的错题集，只要自己能看懂，能帮助自己找到漏洞、找到不足，为自己提供一个温习错题的平台即可。其次，我建议大家要仔细分析各板块的知识差距是如何产生的。数学试题中解答题最费时费力，而解答题中又以导数求导类试题和解析几何类试题最容易难住我们。上高中时，常常听同学抱怨自己几何能力差，所以导数类的代数问题自己会做，但解析几何就是理解不了。也有同学抱怨自己图形能力好，但就是不会算。而实际上真是这样吗？回忆我们初学这些知识的情景，反思自己当时是否因情绪干扰、训练不足导致对该部分的基本方法、基本知识、基本能力、拓展方法、拓展知识、拓展能力的掌握不牢。如果是这样的问题，我建议大家回归同步练习，找到自己有漏洞的那一部分的同步练习来进行训练，从而突破自己的知识障碍、心理障碍。如果不这样做而是全面撒网，其实只是一种自我安慰，让自己表现出努力学习的精神头，实际上却没有任何作用。最后，我建议大家要对试题进行“精耕细作”式的归类分析，做完一套题，要学会总结出让你失分的知识属于哪一本书、哪一板块、哪一小点。例如，一道解析几何题要具体到是对圆锥曲线的定义理解不到位，还是对其性质理解不到位，或是对其计算不到位。并且，还要学会理清各知识板块的关系，错的是这一部分的知识，其知识漏洞却可能跟其他知识板块共同作用有关。所以，数学教材和考试说明也需要我们细细研究，找到数学知识的根本与联系。

三、对数学尖子生精益求精的建议

第一点是在提分受到局限的情况下要尽量减少自己成绩的波动，稳步提高自己学习数学的效率，争取减少在数学上花的时间，为提升其他学科的成绩提供时间上的可能性。第二点是要学会积极帮其他同学解决各种问题，这样可以训练你面对各种题目时从容应对各种问题的能力。它的原理在于，当别人问你题目时，你会觉得烦躁，且这些题目常常是一些较难的题，这恰好模拟了高考时可能出现的有题不会做、心情烦乱的情景。最后一点是，要做到足够自信、对任何题目无畏。只有这样，面对千变万化的数学题我们才能从容应对，最终获得胜利！

四、冲刺阶段的数学安排

以我的实践经验来看，在考前100天的冲刺阶段，数学需要把握两个方面：一方面是状态的保持，另一方面是查漏补缺。首先说第一方面，状态的保持与重复的套题训练是分不开的。因此，我建议大家，特别是数学不太好的同学，保持每天一套高考题的训练强度。但这样的计划需要和老师的安排结合起来，如果老师能保证大家每天进行一套题的训练，就不用再另加训练。对于数学更好的同学，我的建议是两天一套。一天做选择、填空题等题型，训练速度，训练精确度；一天做解答题，训练步骤，训练解题过程，训练速度。另外一周再安排一次全套的训练。总之我们的目标是花更少的时间保持更好的状态，保持考前的兴奋感。当然如果你有更好的保持状态的方式，这些方式让你在模拟考中有出色发挥，坚持便是。然后我们来谈查漏补缺的问题。在高三的备考复习中，我们既积累了众多知识、方法、策略，也积累了许多小漏洞、错误的认识、不完整的解题步骤。最后100天是我们向这些小错误宣战的时候了。首先我们需要让这些小错误充分暴露。我的建议是平常做数学试卷不要进行二次复查，竭尽全力地快速做完。这样的方法不仅可以训练你的解题速度，更重要的是在这样的快节奏和第一印象中极易暴露你很多隐藏的错误。而只有当你知道了这些错误，你才能找到自己冲刺阶段努力的方向，最终解决这些错误，从而获得更高的分数。再谈怎么解决这些小错误，我的看法是：对每一点错误都要回扣教材和考试说明，找到错误的方法、错误的习惯、错误的知识认识的出发点。这一过程相对烦琐，需要你投入一些时间静下心来思考教材、思考过去错误的认知，最终才能实现新的突破，超越自己，获得更高的分数。

数学城堡的构建不是一朝一夕就能完成的，它需要我们持续、稳定地投入精力、时间。数学分数的获得还需要关注自己笔下的每一道题目，特别是每一道错题，更需要自己的信心、恒心和永不服输的精神。数学是我们的工具，我们也应该充分认识数学的作用，不断提高我们的数学知识、数学能力、数学思维甚至是数学意识，只有这样我们才能够更上一层楼，对数学的领悟有一个新的战略层次，最终实现数学学习的成功！

姓　　名：张　维

毕业学校：山西省怀仁一中

高考成绩：总分664　语文114　数学146　英语134
理综270

院　　系：清华大学机电系

书山有路勤为径，学海无涯苦作舟

——语文学习经验

“书山有路勤为径，学海无涯苦作舟。”在学习上，不付出辛勤的努力，就不可能有好的收获。过程决定结果，细节决定成败，就高考来说，学习和高考成绩就是这样一种关系。我之所以能够进清华，靠的就是这个理念。对于语文学科的学习、复习和考试，有许多不同于数学和理科综合的地方，数学和理科综合有较强的科学性、逻辑性、规律性和严密性等，而语文学科则有较强的艺术性、想象性、多元性和可变性等。语文，特别关注平常的积累和运用，它不可能在一两周内得到较大幅度的提高，也不可能在短期内有较大的进步。下面我就语文的学习、复习及考试等方面谈谈自己的学习体会，供学弟学妹们做简单的参考。

一、语文的学习要多读、多写、多积累，侧重打好基础

语文是一门最为基础的学科。离开它，就谈不上学其他的学科。要学好语文学科，就要较好地、较清晰地理解语文学科的构成

和层次。简单地说，语文就是“读”和“写”；复杂点说，语文就是字、词、句和语法的综合运用，也就是阅读和写作。针对这一点，在平常学习中我们应该做到以下几点。

（1）注重平时的字（含拼音）、词、句和文章的积累。语文的字（含拼音）、词、句和文章的积累不同于去记住电学中的几个公式或化学中的元素周期表那样是有限的，语文中的字、词、句和文章的积累没有极限，是无穷多的。“读书破万卷，下笔如有神”这一名言的精髓正充分体现了这一点，不要“书到用时方恨少”。在平常学习中，要时时加强拼音、识字（字形、字义）的理解性学习和积累运用，同时多阅读各类文章（含文言文），打好最关键的基础，达到充分理解、熟能生巧和运用自如的目的。

（2）注意掌握各种语法知识和文章体裁知识。语法和文章体裁是语文学习中最有规律和最为关键的基础内容之一。再好的字、词、句和文章，不通过恰当的语法和体裁来组合和表现，也不可能写出好的句子和作文。在学习语法时，要多读多练习，不仅要做到理解，而且还要自如地运用。这个方面，在平常的学习中，要做好计划，至少要做到每周两次有针对性地学习或练习，不能“一日曝之，十日寒之”，要达到温故而知新、熟能生巧的程度，不断提升自己的理解和运用能力。

（3）注重平常的阅读和写作。课本仅仅是语文学习中极小的一部分，它主要起到提纲挈领的作用。如果语文学习仅限于课本，那你很难学好语文。平时要尽量多阅读中外名著，阅读各种体裁的文章，拓宽自己的知识面，提高自己的语文素养。在阅读的过程中要学会做读书笔记，包括自己的独立思考所得、阅读中遇到的生字生词、好词好句等。平时要多多练笔，不一定都要写成完整的高考式作文，可以是一段话，可以是几句诗。当然，对高考作文的专门练习也必不可少，要在一段时间里练习写几篇高考作文。如果平时只阅读不写作，就好比纸上谈兵，到考场上很难有好的语文成绩。

（4）在日常生活中学习语文，培养语文学习的兴趣。在我们的日常生活中，语文无处不在，有趣的语文现象更是时时可见。家门口的对联，人们口中的俗语、歇后语，中国特有的文化传统和习俗，人们的沟通语言，广告和标语等，都是很有趣的语文知识，也是很重要的考试内容，比如对语言表达得体的要求就是经常遇到的考点。所以，语文学习并不仅限于课堂和书本，我们要学会在生活中学习语文，提高自己的语文素养。

二、关于语文的复习

（1）端正对语文的态度。在高三繁重的复习任务中，很多同学会轻视语文，甚至放弃对语文的复习。因为和数学、理综等学科相比，语文看似更为“简单”，语文考试中很难出现你根本无从下手的难题，考完语文你也很难有“考砸了”“会不及格”等感受。于是，大部分人不会自己做计划复习语文，甚至连老师布置的语文作业也不认真完成，把本该复习语文的时间也献给了其他科目。其实，这些想法和做法都是错误的，同学们需要端正对语文的态度。语文是三大主科之一，分数也很高，而且语文要拿一个比较理想的分数也并非易事，但经过认真系统的复习也并非难事，至少和数学、理综相比确实如此。所以，一定要重视语文，在高考中拿到一个比较高的分数。

（2）制订合理的复习计划。首先，自己的复习计划要和老师的复习计划相适应，避免出现对相同知识点反复多次复习，而疏漏了某些知识点的情况。其次，要根据时间和自己个人的情况来制订可行的计划，计划中要突出重点内容，突出自己的弱点，加强复习。最后，计划需要根据实际情况不断进行调整，每天都应该对自己的进度做出一定的总结和反思，保证自己的整体进度。

（3）复习一般进行三轮。第一轮：①复习课本，要熟悉相应的文学知识背景、作者简介、文章体裁知识等，要记忆文章中的字词及其解释；②认真仔细地复习课本文言文，除文章背景、作者简介外，要认真对照课本注解逐字阅读文章，注意重要文言字词及用法，注意不同的句式，文言文部分复习完后，要结合参考书总结一词多义、词类活用、句式变换等内容；③对课本中要求背诵的篇目，要认真记忆，尤其要注意难写字、易错字的书写，最好能自己默写几遍以查漏补缺；④课本中的习作最好都认真思考一遍，即使不写出完整的作文，也要写一下总体构思、题目、开头、结尾。第二轮：①根据考纲，按不同的题型来复习；②在复习某一类题目时，一般先从往年高考题入手，并结合参考答案认真分析总结，理清答题思路，掌握解答该种题型的基本方法；③复习时要亲自练笔，多做一些题目，做完之后要认真核对答案，总结自己的不足之处，把易错点认真记录下来，要真正做到“三分做题，七分思考”；④对于作文的复习，首先要多阅读优秀的高考作文，尤其要注意构思、标题、开头、结尾几大部分，认真学习借鉴；其次要多练习，多练习并非是多写作文，鉴于高三时间紧张的情况，同学们可以采取一个方法——认真阅读分析作文题目，写出自己的构思、标题、开头、结尾，写完后可以自己参照例文修改，也可以请老师同学帮助修改，这样可以大大降低考试时的偏题率，并且能让你在短时间内迅速构思并写成一篇好文章。第三轮：①对一、二轮中的重点、难点知识再进行回顾；②坚持两到三天完成一份试卷（作文题可参考二轮复习中的方法），要注意时间的安排，核对参考答案时要多思考，多总结；③坚持对背诵内容的反复记忆，避免遗忘。

三、关于语文考试

（1）要注意时间安排，不要纠结难题，先易后难。

（2）书写要认真流畅，答题注意条理性，保持卷面干净整洁。

（3）选择题一般要相信第一感觉，如果不是特别肯定，一般不要轻易更改。

（4）审题要认真，切忌匆匆忙忙。

总之，语文学习说难也难，说简单也简单，但它的确很重要，它是你生活和学习的重要基础，一定要重视它，学好它，这样才能使你真正受益。

姓　　名：刘意岚

毕业学校：黑龙江省佳木斯市第一中学

高考成绩：总分641　语文127　数学134　英语137

文综243

院　　系：清华大学人文学院外文系

我的数学学习心得

有时候别人问我为什么要这么努力地学习，我也不知道该如何回答，只是觉得这是我这段人生的使命，觉得在读书学习的时候我的心才会真正沉淀下来，觉得如果我能通过自己的努力走入清华、北大这样的学术圣地会感到很幸福，觉得这就是我人生价值的体现。所以，即使这样的学习生活很单调我也从不厌倦。在这跌跌撞撞的学习之路上，我用心体会自己的成长。

然而学习并没有想象中那么简单，尤其是对于我这种并不聪明的学生。而我恰是那种不服输的性格，即使刚上高中时成绩并不理想，我也从未想过要放弃，而是不断探索一些好的学习方法。

数学对于很多文科生而言都是软肋，我也不例外。为了学好数学我下了很大功夫。

首先，我认为数学教材很重要。很多人都认为教材里没有多少要背的内容，所以很少看教材，但是高考试题都是依据教材出的，如果不看教材就会忽略教材上一些重要的细节和例题。教材上的课后练习题在学完一课后一定要做，而且做的时候一定要想想这些题都考的什么考点，要把这些题理解透。

我个人认为，数学基础比较薄弱、经常跟不上老师思路的学生课前应该预习一下下节课的内容，这样在上课时就可以带着问题听课，能更好地利用课堂时间。但最重要的还是上课时一定要跟着老师的思路走，准备好笔记本和草稿本，记老师讲的书上没有的一些便捷的方法、规律和给出的例题。例题不一定很难，但一定对理解本课内容很有帮助，学会解例题是做其他练习题的前提。而且例题还有一个特点就是稍微做一些变动解题方法就完全不同，这个一定要重点记忆。必要的时候可以背一背例题的解题方法、理解思路。草稿本用来演算不是很重要的题；这些题没必要写在笔记本上，但是一定要跟着算，算一下记忆就会更深。

课后一定要及时巩固，如果数学比较薄弱的话就尽量多做一些练习题。在做习题时，要认真审题，认真思考，应该用什么方法做？是否有简便的解法？做到边做边思考总结，通过练习加深对知识的理解。

在老师讲解练习题时也要认真听讲。不要认为这道题自己会做就不听了，同样一道题不同的人会有不同的方法，认真听老师讲解的做题思路对拓宽自己的思路是有帮助的。我的数学也和其他科一样，有个错题本。这个错题本用来将错题分类，为了方便分类，我还专门用了活页本做错题本，将错题分为函数与导数、解析几何、三角函数、立体几何、向量、数列、不等式等专题，每个专题还会总结出一些容易错的点。此外，我还会把题目相似、解法却完全不同的题总结到一起，比较它们之间的异同，这样总结后对书上的知识点理解就会更加深入。有些题有很多解法，我会把这样的题写到本上，把我能想到的所有做法都写上，再比较这些做法，找出一个最简便的。这样做虽然会花费很多时间，但效果很好，对知识的理解很透彻，比只是盲目做题效果要好。

有不会的题要及时请教老师和同学。有些学生不愿去请教同学问题，怕同学的解题方法不如老师的好，其实同学们的解题方法有时要比老师的简洁，在请教同学的同时可以发现同学一些好的解题思路。总之，不论是请教老师还是同学，有问题的时候一定要问，不能不了了之。

在练习题的选择上，我个人认为历年各省高考真题是首选。因为高考题是经过专家反复斟酌的，在出题质量上远胜过其他习题。其次，高考题更具有导向性，通过对比分析近几年的高考题我们会发现高考倾向于考什么样的知识点。如果认真总结会发现各省都会出一些相似的题型，题目虽不一样，但解题思路很相似，这就提示我们这个考点是复习的重点，下一年还有可能考到。做完高考题可以再做一些各地模拟题，这些题的质量相对也会高一些。

在基本掌握了学过的内容，有了一定的题量的积累后，我还会做一些理科数学的题。不是做那些我们文科生没有学过的有关知识的题，而是做我们学过但只是难度比文科数学大一些的题。做过这些题，思路会更加开阔，再做很多文科数学题都会感觉很轻松。

在高三复习的时候，每复习一个专题我都会做这个专题的知识树，即将这个专题的知识完整地总结一遍。首先是这个专题的知识点，之后是这个专题的典型题型和典型解题方法，最后是这个专题的易错点。总结后你会发现再做题时思路变得更清晰，更容易找到正确的解题思路。

数学解答题，有的时候我们可能不会做，在考试的时候如果遇到不会做的题也要尽量把大概会用到的公式和步骤写上，尽量多得一些步骤分。有时会不知道其中一个步骤该怎么求，而这个步骤关系到下面的步骤，比如已知三角形一个边长是 3 一个边长是 4，只要求出另一个边长是 5 就可证明这是个直角三角形，就可以接着往下做。可考试时不知怎么求那个边长是 5，实在没有办法时就可以这样写，因为那个边长是 5，所以这是个直角三角形，然后就接着往下做，即使被批卷老师发现也不会把分全扣掉，可能会扣掉 2 分步骤分，但这比空着不做强得多。

在考前 100 天的时候我并没有做太多的练习题，但每天会按高考时间做一套题，找到一种高考答卷的感觉，尽量使自己保持做题的惯性。之后我还会看自己高中以来总结的错题和专题知识，高考之前复习了一遍书上的公式和概念，避免因忘记重要公式而导致丢分。对于心态方面，我从未要求自己一定要考上清华、北大或哪所大学，而是每天都认真地做好该做的事，坚持早上 6 点 20 起床、晚上 11 点半睡觉的作息时间，从不熬夜，因为这样才能保证第二天精力充沛地学习，做到良性循环，并且不会因为给自己施加的压力太大而过于焦躁。我不去想最后会有怎样的结果，而是不辜负自己拥有的每一天时间，这样对我而言就足够了，因为我的每一天都是充实的。

在踏入考场的时候我是有信心的。因为在高中这 3 年我已经做了充分的准备，对高考的认真分析让我对考试更有信心。对于考试的时间安排，我在模拟考的时候就计算好答每道题用多长时间，高考的时候也是按照自己事先计算好的时间答题，如果到了预定的时间有的题还没答完，我就选择不再纠结于这道题而是接着做下面的题，等后面的题做完之后再回来做剩下没答的题，这样就不会出现因为在某些题上耽误时间而答不完试卷的情况；答题的时候也比较从容，不至于乱了阵脚。我在答高考试卷中的两个压轴题之前，先做了最后的选修题，因为这道题比压轴题简单些，更容易得分，以免因为在压轴题上花太多时间而导致最后没有时间答选修题。

对于答卷而言，字的工整是很重要的。字可以不漂亮，但一定要工整。而这个功夫是要花在平时的，平时写作业做题的时候都注意字体的工整，答卷的时候自然就会写得工整，并且不会因为写得工整而减慢速度。答卷时要条理清晰，做题之前最好在演草纸上将题演算一遍，确定这个解题方法无误后再写到卷面上，免得写上去之后才发现方法不对，涂改会使得卷面很乱。工整干净的卷面会为考试增分不少。

大家都说我们为了考大学是寒窗苦读，但现在想来，那个时候的日子真的很美好。虽然每天都是单调的学校、家之间的两点一线式的生活，但日子却很充实，因为每天都想尽自己所能多学一些知识，希望通过自己的努力考入一所理想的大学。这一路走来有过欢笑也有过泪水，有过得意也有过失意，有过快乐也有过苦闷，都记录了我们成长的点点滴滴。在这个过程中，我们学会了与同学和谐相处、共同努力，学会了为了梦想而奋斗，学会了为了解决问题而认真思考，学会了在失败中坚强地站起来，迎接接下来的挑战。

高考是我们成长过程中必然要经历的过程，我们所要做的就是走好这一程，无论结果怎样都不会遗憾。

姓　　名：庄一帆
毕业学校：四川省成都市石室中学
高考成绩：总分645　语文108　数学124　英语133
　　　　　理综280
院　　系：清华大学信息学院自动化系

理综成就我的清华梦

众所周知，理科综合300分，是高考中分值最大的一门，如果这一科发挥失常，将会导致全局的失利，所以理综必须引起足够的重视。理综三科的具体学习方法，下面我将分别阐述。

一、物理

因为自己以前动手能力就很强，所以对于很多物理现象都比较有兴趣，自然也就想解释这些现象。也因此，一进入高中就去了物理竞赛班，一年的竞赛学习使我的高中物理有了非常扎实的功底。每当解决一道题，都会有一种成就感激励着自己去解决新的问题，如此往复，题做得多了，思路也就打开了，正所谓量的积累才会有质的突破。学习物理，纯粹是自己的兴趣所致，即使考试不理想，也会努力去学习，从来没有灰心过，高考时也取得了比较好的成绩。物理比较讲究实际应用，高中阶段没有纯粹靠想象的问题，大多物理现象都与生活联系在了一起，所以不要惧怕物理，应该感到很亲切才对。平时就应该多把所学的知识联系实际，做到活学活用，这样才能加深对知识的印象。

高中物理可以分为以下几个方面：运动学、静力学、动力学、能量、动量、热学、电磁学。其中热学比较简单，就一个公式pV=nRT，基本可以解决所有的问题。剩下的几部分有着紧密联系，每一部分都需要熟练地掌握。首先，我们要记住书本上的概念，一切题目都源于书本教材，这一点我们不能忽视。很多同学觉得书本上的概念非常简单，只是记住了一个大概，但在运用时却忘了许多限制条件，例如动量守恒定律的适用条件有一条就是合外力为零，没了它动量守恒定律也就不适用了。对于高三的同学们，复习的第一步就是回归课本，切记不要忙着刷题。其次，要做典型例题并且总结方法，做到一题多解、一题巧解，拓宽自己的思路，这样在碰到真正的难题时才能迅速想出合适的解决方案。觉得自己哪个方面不熟练，就做一些练习题，五六道就可以了，做过后再总结，这样循环往复，便可以很好地掌握某一类型的题目。还有就是重视每一次作业、每一次考试。因为里面的题目都是老师精选出来的，很有代表性，比我们自己找的题目质量要好，所以不要一天到晚只顾着做自己找的题而忘了老师的作业，如果这样做是得不偿失的。我觉得对于高中物理，即使最后一个大题也是有门路的。仅以四川卷为例，最后的大题一定是一个除热学外的综合题，但也无非就是先受力分析，判断是否匀速运动，接着又弹性碰撞，动量守恒加能量守恒，最后或许需要再分析一下运动轨迹，判断传说中无所不能的小物块的最终位置。对于很多题，那些公式摆放的位置都不会发生改变。所以当你们“卡壳”的时候，看看还有什么公式没有用，试着从其他方面想想，可能就找到了答案。

二、化学

我本人其实不是很喜欢化学，只是当作一门必须掌握的学科来学习。因为高考要考，所以也不能懈怠。不要因自己不喜欢就产生厌恶的情绪，要知道掌握化学知识，对于生活是很有意义的，至少食品成分可以大概看得懂。我觉得化学就是围绕着实验现象展开的，当掌握好了实验现象，很多问题就迎刃而解了。

同物理一样，化学也是一门实验性科目，需要通过实验得出结论。但鉴于高中的学习时间与条件有限，不可能每个实验都去完成，所以书本上的很多实验现象必须牢记，例如酚酞遇到碱性物质变红。而且许多实验现象是类似的或者相通的，这样我们就要进行归类，找到其中的异同点。这时候一个笔记本就是很必要的了，好记性不如烂笔头，每当有遗忘的时候，翻看一下笔记本比翻书查找的效率要高。化学最复杂的题目无非是根据现象推导反应和生成的物质，所以化学反应的现象必须牢记。其次便是化学反应方程式，很多反应其本质都是一样的。例如酸碱中和反应，虽然酸碱不一样，但本质都是水合氢离子和氢氧根的反应。了解了反应本质之后，就可以只记住一些基础的反应，其余的便可以自己临时推导，这样既减轻了背诵压力，又提高了正确率。对于书上的一些比较特殊的反应就需要单独记忆，而对于平时做题遇到的，知道即可，没有必要花大量的时间去记。因为这些反应都是随资料出来的，考查的是你对它的理解与运用能力，而不是知识的储备。

高考并不会考查超纲的内容，而是考查你灵活运用已有知识的能力。那些看似超纲的内容实际是已学内容的一种转化，所以当遇到这种类型的题目，不要惊慌，从自己已学知识出发，找到联系点。这样，基本所有“科幻”的题目就都可以解决了。每当完成一道这样的题目，我们应该关注的是“我”如何找到突破口，而不是知识本身。

三、生物

高中的生物其实更加类似于文科，它不需要数学的大量计算，也没有很复杂的推导，唯一像理科的只有遗传部分的患病概率计算。我对生物的态度其实和我对语文的态度差不多，虽然感觉很枯燥，有很多需要记忆的内容，但却很有用。往大了说，作为一个高中毕业生，我们应该对人体有一定的了解，从而能爱护自己的身体，为祖国健康工作五十年。

既然类似于文科，就说明生物有很多知识点，而且知识点很琐碎，分布于书的各个角落，首先需要用“放大镜”去筛。所以课本要多翻，每当自己有不确定的地方，务必查询课本，同时把该知识点记在笔记本上，供最后阶段查找复习。对于生物，不要嫌看书费时间，因为生物的很多题目就是抠字眼，对能力的要求并不高，知识点记熟了，你会发现很多题目就是把一个知识点翻来覆去地说，再把其中的某个字稍做变动。万变不离其宗，如果连书都没有读透，任何的刷题都是徒劳，纯粹是浪费墨水。其次就是错题的整理，错题代表概念不清的地方，也就是容易失分的地方。生物考的就是概念，通过整理错题我们会发现自己知识点的漏洞，这样对提高成绩非常有效。盲目地大量做题其实效率是非常低的，因为对已经掌握的知识点我们没必要再反复地巩固。由于时间有限，对不熟悉的知识点的理解或者记忆势必会受到很大的影响，所以要多总结错题。

综上所述，理科综合的学习，首先要回归课本，如果书本上的基本概念都没掌握，那么到大量练习阶段，你会发现自己漏洞百出，也会感到不知所措，所以要先打好基础。再有就是做题之后的总结，总结的是方法和思路，而不是知识本身。总结一道题的收获远比再做十道题的收获多，而且可以达到举一反三的效果。

高考最后 100 天的学习可谓是整个高中阶段学习的重中之重，但也不必慌张。在这段时间里，想让自己的解题能力再有很大的提高几乎是不可能的，因为这都是前几年积累的结果，我们能做的只是让自己解题更加熟练，知识漏洞更少，心态更好。所以在这 100 天里，我们主要的任务肯定就是做题和看知识点。其实学校每天发的题目已经很多了，我们首先要高质量地完成这些题目，如果还有时间的话，对自己的薄弱环节，可以做些针对性练习，选取的题目以高考题为主，省市的模拟题为辅，其余的题目看看就是了。因为高考题目出的是最规范的，很少会有超纲的或者有漏洞的题目。我高三的时候基本把近六年的高考题和近三年比较好的模拟题都做了一遍（不推荐学弟学妹们照做，后来发现这样做效率比较低），发现有些模拟题不是过于"科幻"，就是题目叙述有漏洞。所以最后的练习应该以历年高考题为主，注重一题多解。至于看知识点，临近高考，重新翻一遍书是不可能的，这时候就需要借助以前耗费心力写的笔记本，那上面应该集中了该科目最易错的知识点。如果以前偷懒了没写，建议去借那些笔记记得比较好的同学的笔记本复印，然后自己反复看。

当解题能力完善和知识漏洞弥补得差不多的时候，调整心态就显得非常重要了。临近高考切记不能慌张，即使你有一万个问题，也要一个一个去解决，到高考时，解决几个算几个，如若慌张，一个也解决不了。还有不要去想高考这件事，更不要去想高考如果考砸了怎么办！我们没必要杞人忧天，只要关心当前的复习、当前还有哪些问题需要解决，因为对于没有发生的事情，我们无法提前完成，我们能做的只是高质量地完成正在发生的事情。要相信自己这么多年的努力是会有回报的，对自己的实力要有信心。老天爷是公平的，当你付出了这么多是会有回报的。100 天，非常短暂，我们稍微一点的松懈都会让其白白流逝，所以这时候更没有精力去担心未发生的事情了。对于那些过于紧张的同学，应该适当地放松一下，弦不能绷得太死了，一是效率太低，二是容易造成精神错乱。比如看看自己喜欢的杂志或者出去跑跑步，这些都有助于缓解压力。不要吝啬休息的时间，看似这段时间没有学习，其实下个阶段学习的效率会相当高，我们追求的是效率而不是时间的多少。

合理的休息是必不可少的。在百天冲刺的时间里，应该保证充足的睡眠，熬夜是没必要的。我以前一般是六点四十起床，中午睡半个小时，晚上十一点半准时睡觉，这样基本可以保证我白天有充足的精力去解决问题。如果晚上没有休息好，第二天注定是头昏脑涨，复习的效率会非常低，完成相同的复习任务所花费的时间也会更长，形成一个恶性循环，而且在这种状态下的复习质量比较糟糕，难以达到预定的效果。还有作息要有规律，我觉得宁可把未完成的任务放在第二天，也要按时睡觉。当然，尽量不要出现这种情况，这就要求我们复习要有效率，前一天的充分休息就是其必要条件。

经过一年的准备，来到了最后一关——高考。如果说不紧张，那肯定是假的。面对高考，内心是既兴奋又焦虑，兴奋是因为要解放了，焦虑是因为这好似一场“赌博”，没有人知道结果。夹杂着这两种心情，我上了考场。发卷之前的那段时间，脑子里一片空白，心里有一种莫名的恐惧，但很快理智占了上风，心里想着把高考当作自己的舞台，展示自己的实力，自己是最优秀的，这样信心和冷静就又回到了身边。考试开始，按照自己的节奏完成每一道题。当遇到难题时，如果五分钟之内没有思路，迅速跳过，不要纠结于此，相信我难别人也难。不要去想别人是否做出来了，“大牛”始终都是存在的，但只是极少数，对绝大部分人最后的大学录取是不产生影响的，顶多是你报不了最热门的专业。与其把时间花在难题上，不如给简单的题足够多的时间，保证不丢分。高考比的是总分，而不是你做对了几道难题，考完试发现简单题失分才是最大的遗憾。有点小紧张是可以的，适当的紧张有助于更好地发挥，关键是要相信自己的实力，注意细节和保证计算的准确率，时时刻刻提醒自己。

祝愿大家圆梦！

姓　　名：王　鹤
毕业学校：中央民族大学附属中学
高考成绩：总分660　语文120　数学132　英语130
　　　　　理综278
院　　系：清华大学人文学院外文系

我的语文学习心得

刚踏入高中的时候总觉得清华是那么遥远，觉得那不是我这种并不聪明的学生所能去的地方，清华是那么令人向往却又是那么遥不可及。现在回首自己的高中生活，我想说，只要有坚定不移的信心，坚持不懈的努力，考上清华就不是梦。

刚上高一的时候，我的语文功底很弱，语文成绩一直不高，所以我不断摸索学习语文的好方法。在高中的学习生活虽然跌跌撞撞，但在这一过程中我也逐渐总结了一些好的学习语文的方法。希望能对学弟学妹有借鉴作用。

先就作文而言，我认为作文最重要的是思想深度。好多人都说现在的应试教育让学生写的都是一些没营养的议论文，与八股文无分别，还要按套路走，这样会束缚学生的思维，而我却不这样认为。做一切事情都要有规范、有章法，写作文也不例外，它无非是教会我们如何在规矩的范围内让别人听到自己的想法。真正有思想的人不是只对一两件事有见解，而是即便面对社会上最司空见惯的现象，也能发出自己独到的见解，振聋发聩，掷地有声。现在议论文仍是高考作文的主流，但其实议论文的写作并不简单，一篇优秀的议论文对作者的综合素质要求很高。首先要求作者有很强的逻辑性，有严密的思维才能写出好的议论文。其次，它要求作者有很强的分析问题的能力，对一个问题要有独到的见解，不是人云亦云，也不是总要与别人背道而驰，不是说反叛主流就叫个性，而是能提出别人不容易想到的有建设性的观点。而这思想性的来源就是书籍和生活。首先要多读书，读一些富有思想性的散文集、好的期刊、报纸等。就我个人而言，我很喜欢龙应台，所以我读了龙应台所有的散文集，还有史铁生的散文和小说，余秋雨、林清玄等名家的作品，对提高思想深度、个人修养都有很大帮助。我读文章有个习惯就是把文章上好的句子和段落摘抄到本子上，考试之前都会拿来读一读，反复记忆之后不仅能在写作文的时候自然地引用名家的语言，而且能逐渐形成自己的写作风格。此外，我很喜欢读一些杂志，比如《散文（海外版）》等，读完后我也会把其中值得再读的文章和段落剪下来贴在摘抄本上。还阅读了一些时事方面的报纸如《环球时报》《参考消息》等，当代的学生应该是“家事国事天下事，事事关心”，多了解国内外新闻眼界才更开阔，思想才更深远，写出的文章才会更有深度。

为写作文做了大量阅读和积累后，就是经常要进行写作训练了，可以找一些比较普遍的话题，比如“信任”“尊重”“爱”等，写一些阐述观点的段落或辩证性的段落；之后不断修改，反复斟酌字句，成形后再背下来，考试的时候可以根据所给题目做一些改动后用在作文中。因为虽然作文题目不会是相同的，但核心总是那几个话题，或是把那几个话题做一些变动，这种情况虽不是每次都有，但还是比较普遍的。把自己之前准备的段落用到考试中，不但节约了答卷时间，而且因为经过自己反复修改过，所以质量也会比在考试现场发挥的质量要高。

为了使作文语言更优美，还可以多背一些古诗词，古诗词用在文章中会增加文章的底蕴。另外，适当运用修辞手法也会为文章增色不少。

文言文阅读也是一个长期积累的过程。首先应将高考大纲中的文言实词和文言虚词的常用义记住，此外还应找出这些实词、虚词的各个释义在课本中对应的例句，这样才更容易记住这些词的用法。以高考题举例，文言文阅读考实词释义的题，4个选项中总会有书本上学过的，所以考试前要将课本上的文言文注释背下来，这样做此类题应该就不难了。其次还要多读文言文，多做近几年的高考真题，找出经常考的知识点并加强训练，这样想必就能从容应对考试了。文言文阅读中的翻译题大部分采分点也来源于课本，所以背课本注释是必要的。

古诗词阅读虽然并不简单，但其实也是有规律的。我们可以在反复做高考题的同时将问题归类。首先是对题型的归类，比如，常见的问题有："……描绘了一幅怎样的画面""……是个怎么样的形象""主要运用了哪些表现手法"等，我们就可以根据高考题的答案和老师讲的内容总结出这些题的答题模板并记住这些模板，考试时即使不能回答得很标准也能得一部分分。其次就是对诗词类型的归类，比如"咏史怀古诗""羁旅诗""咏物诗""哲理诗"等，每个题材的诗在写作意图、思想感情和写作手法等方面都有一些相似性，归类后更有利于我们把握试题。

现代文的阅读与古诗词的阅读有一定的相似性，一些常见问题都有一定的答题模板，总结出模板就不难答题。

语文阅读题还有个答题特点是看分答题，比如一道题是6分，那么它一般会有3个采分点，也有6个采分点的可能，这个就要具体问题具体分析。答题的时候要将答案序号化，一、二、三点列清楚，避免书写太乱导致不必要的丢分。

考试之前的准备固然重要，但是在考试过程中的时间安排也是很重要的。对于考试的时间安排，我在模拟考的时候就计算好每道题用多长时间答，高考的时候也是按照自己事先计算好的时间答。如果到了时间有的题还没答完，我便选择不再纠结于这道题而是接着做下面的题，等后面的题写完之后再回来写剩下没答的题，这样就不会出现因为在某些题上耽误时间而答不完卷的情况，答题的时候也比较从容，不至于乱了阵脚。最后写作文时，我先是仔细读材料，确定立意后先列一个提纲，对文章整体进行构思，这样就不会因为情绪紧张而把文章写得很乱。

以上就是我高中语文学习的经验，只是我的个人观点，不一定会适用于所有人，只是希望能为学弟学妹的学习提供一些借鉴和帮助。学习不是一个自我封闭的过程，而是通过与别人不断交流而吸取别人优秀经验后使自己进步的过程。希望学弟学妹们在学习的过程中不断与同学、老师、学长学姐交流，多了解对自己有借鉴作用的经验，正如那句诗所说："好风凭借力，送我上青云。"

我曾经的那种"我这么笨的人是考不上清华的"的想法现在已经荡然无存了，我相信只要我们用心去学习，不是把学习当作任务、当作负担，而是当作一种生活方式，一种人生必经的洗礼，一种充实生活的手段，学习就不再辛苦，我们也会自然而然地用心去体会学习的方法和技巧，清华北大也不再是梦，而是我们人生最美好年纪时的梦之所在！

姓　　名：徐佳倩

毕业学校：湖南师范大学附属中学

高考成绩：总分643　语文111　数学121　英语143

　　　　　理综268　自主招生加分60

院　　系：清华大学环境学院

在最后一刻来临之前不要轻言放弃

在动笔之前一直在思考要给文章取一个怎样的题目比较合适，鉴于我是一个典型的理科生，笔下生不出多少华丽的文字，倒是这样一个朴实的题目能表达我最真实的感受。

从初三接触化学学科开始，我就对这个学科充满了浓厚的兴趣，无论是写在纸上的复杂的化学式，还是装在试管里的五颜六色的化学试剂，这些东西在我的眼中都是灵动的、富有生命的。化学中有一些与平衡、整体、能量（如能量最低）等有关的原理，这不仅仅是化学学科中的原理，也是这个世界运行的原理，这个学科是蕴含了这个世界的美。俗话说，兴趣是最好的老师，这话一点也不假。在初三下学期的时候，学校组织大家参加了长沙市的一个化学竞赛。为了准备这个竞赛，我在初三紧张的复习之余，抽出时间做了一整本相当有厚度的初中化学竞赛题。那些题目的难度远远超出了中考的化学题难度，包含了许多高中化学的思维和计算方法，但是我非常享受思考化学题目的过程，这一段经历，为我的高中化学学习打下了坚实的基础。

我的高中——湖南师范大学附属中学，以25块国际奥林匹克竞赛金牌的成绩稳居全国高中奥赛金牌数量榜首多年，学校关于学科竞赛方面提供给普通学生的机会和资源也是相当多的。我作为一个普通班的学生，以全校第二名的成绩通过了化学竞赛组的选拔并进组学习。虽然后来因为我把更多的精力投入了学生干部工作上而选择退出化学组，但是化学组在知识和能力上的超前培养，也为我高中的化学学习加分不少。再加上我的高中班主任是化学老师，由于“班主任效应”，我们班级的化学学习氛围也是很浓的。

高中头两年的学习就这样平淡而自然地度过，其中我也总结了不少经验。关于化学学科的学习，我认为特别重要的是在脑海中构建出关于这个学科的一些整体思维，正如我前文中提到的化学中有许多和这个世界运行类似的原理，它是遵循一些例如趋于稳定、趋于平衡的原理的。这样的思路能够帮助我们整合脑海中关于这个学科的某些知识，并且在解某些题的关键时候，能够给我们提供重要的思路。化学和物理不太一样，它偏识记的东西还是很多的，比如说一些化学物质的颜色、性质等，这就要求一定要记准确、记熟练，只有达到了准确和熟练才能在解题的时候做到信手拈来，节省很多时间。在具体方法上，大家可以用归纳总结的方法，将一些类似的东西类比起来记忆。这样既能记住它们之间的联系和相似之处，也可以记住它们的区别和不同之处（进了大学学习了心理学才知道，这样的分组记忆是有科学依据的）。

同时，化学和生物也不太一样。化学需要运用原理来解决的问题很多，比如一些涉及反应原理的题目，还有一些实验题，这就需要熟练题型。我是一个很反对打题海战术的人，尤其是在高一、高二的基础学习中，我觉得还是对基础知识的掌握更为重要。但是即使有良好的化学学科素养和基础，我还是会经常碰到课本内容上的问题。例如在学习化学反应原理的内容时，关于水解和电离的一些计算我刚开始总是弄不明白。我选择的方法是在做完作业之后，另外再做重难点手册上与这部分内容有关的题目，并且这本书上有这类题目的题型归纳，也给我提供了一个整理这部分知识的思路。所以，大家即使是分析自己在某门学科的强弱时，也要分部分，因为可能你只是对于某一个内容或知识不清楚。这个时候，对症下药专攻那一个知识点，比笼统地复习整理全部知识效率要高得多。当你越过这个坎之后，你会感到豁然开朗，这也是非常有成就感的。

以上是关于化学学科的一些学习方法，不过有的方法对其他学科也是通用的。下面要说的主要是关于应试时候的心态问题，这个问题就更加是放之四海而皆准了。由于我高中组织过许多学生活动，也多次上舞台主持重大的活动，因此我在一些关键时刻的心态调整能力比普通同学要更强一些，所以大家平时也不要放弃一些锻炼自己心理素质的好机会，指不定这些东西在关键时候就能帮上忙。

理综合卷考试在刚刚开始的时候，最难的就是如何分配时间，时间不够也很容易导致做题的时候紧张。不过这个问题所有人都难免碰上，哪怕是你们年级里成绩最好的同学也会遇到，所以一定不要慌张。高三理综合卷的考试一般不下 20 次，一般经过头两三次之后就能适应这种节奏了，但是也不要忽略自己平时合卷的训练。

接下来要讲一件我高三考试时经历的真实事情，也是我给这篇文章取这个标题的最大原因。一模、二模的连续失手，尤其是化学学科，平时一般能考 90 分以上，这时都只有 70 来分，这对我的自信心造成了很大的打击，因为平时理综都是靠化学来拉开与同学的距离。幸好平时周考（即每周进行一次的理综考试）的化学成绩还比较出色，才让我不至于对自己的能力产生怀疑。总结一模、二模失败的原因，主要还是粗心，在一些明明很简单的细节和计算上出现了问题导致失分。但是粗心的主要原因是在考试的时候太过注重结果而忽略了题目本身，导致做题时分了心。所以在三模的时候我下定决心要恢复我在化学学科上的优势！一旦有了目标就会有压力，拿到理综卷子的时候，我的心情是非常复杂的，既充满了希望，又害怕结果会让我失望。当我答完选择题和生物大题开始做化学大题时，我着实捏了把冷汗——这次的化学大题一点都不简单！

我已经记不太清楚试卷上具体是什么题目了，只记得第一大题和第二大题后面比较有难度的几个问题，我思索了好一会儿都没有找到解题的思路。我让自己尽可能地保持冷静，先放弃这几问去做后面的。当我把后面的化学大题做完以后，又回到了这令人纠结的几个问题上。那个时候预留给做化学题的时间已经不多了，我的脑子里却出现了一片空白的情况。我是一个偶尔性子很急的人，那个时候一个非常可怕的念头在我脑海里浮现——大笔一甩，不写了！但是彼时的我坐在第二考场第一的座位（我们当时是按上一次考试的成绩排名来安排考场，以往我都是坐在第一考场的），这样一个令人尴尬的座位，让我的理智将这个邪恶又冲动的念头扼杀在萌芽状态。要争一口气重回第一考场是内在驱动力，我调整了一下心情，重新冷静地从另一个角度来思考这个问题的解题思路，果然没用多久，剩下的那几个问题便顺利地解决了。这也让我能够用更轻松的心态来解决后面的物理大题。最后这次考试的结果令我非常满意，我考出了高三所有月考、模拟考试中的最高分，同时化学单科年级第一的好成绩（后来我才知道那次的化学题是三次模拟考试中最难的一次）。这次考试作为高考前的最后一次大型考试，也带给了我许多信心来面对高考。2012 年湖南高考试卷的难度比 2011 年提高了很多，很多同学对于试题难度的预测都产生了失误，导致高考时心态和分数都受到了影响。但是我对于自己的高考成绩还是比较满意的，或许也得益于最后一次考试让我得出的“不畏难”的经验。回想起这次考试，如果当时真的把笔一甩，放弃了，是不是整个结果都会不一样。所以在最后一刻来临之前一定不要轻易说放弃，只要还有机会，只要还有时间，就不能放弃任何的可能。我想这点也适用于生活中的很多情况。

同时，在备考期间和老师的交流也是非常重要的。那几次考试的失利，虽然班主任也批评了我在考试时比较浮躁，但是更多的是给我鼓励和信心，让我慢慢学会去忽视过去的考试，用更好的心态来面对即将到来的考试。我的高中实行导师制，我也有一位特殊的导师，他是我们年级的理综组组长，一位非常有经验的生物老师，也是湖南省理综科目评卷生物学科的督导（就是所有改卷老师的头儿）。我在每次理综测试结束后都会去找他分析试卷，哪些地方不应该失分，哪些地方做得好要继续坚持，他都会给我一一指出。在面对很大压力的时候，找他聊聊天也能很好地释放自己。我觉得在高三，同学们要学会找一个释放压力的出口，比如可以和父母、老师、同学聊天，觉得找谁聊舒服就找谁，千万不要找错了人给自己添堵，那样只会适得其反。

高三那些极其有规律和明确目标的日子已经过去，进入大学的我面对的是更广阔的专业学科、科研能力的培养和日后发展道路的选择。回首高一时自己在日记里写下的“想要进入清华园学习”的梦想，居然在三年后遗忘了。这个梦想如今悄然成为现实。所以还在读高中的你们一定要珍惜现在的时光，不要害怕做梦，但更重要的是脚踏实地地实现梦想。祝愿大家都能实现自己最初的梦想，我会在美丽的清华园里等着你们的到来！

姓　　名：吴天悦
毕业学校：上海市七宝中学
高考成绩：总分526
院　　系：清华大学社会科学学院心理系

学习语文的技巧、心态和考场发挥

说到学习语文，可能不少语文好的同学都会摇摇头，觉得学习语文没什么方法，自然而然就很好；而语文不好的同学则会非常苦恼，因为他们觉得似乎语文的学习无法用“技巧”来弥补。有的时候甚至觉得语文根本没必要复习，裸考也能考好，有的时候甚至是无意，语文成绩会突然一落千丈，有的时候又会突然崛起。如何学好语文，如何稳定语文成绩，如何做好语文的复习，如何做到临阵不乱，如何游刃有余地做完一张题量极大的语文试卷：这些，就是我想讲的有关语文学习和考试的技巧和方法。

首先必须要明确的一点是，学习语文是必然有方法的，也许自身的语文成绩不能在备战高考的日子里有所提高，但是应付语文考试还是很有可能的。

对语文成绩不太好的同学来说，如果你的其他成绩已经不错了，请你毫不犹豫地放下刷题的笔，不要以为其他的好成绩可以补救你的语文，在顶尖的较量中，少一分就是少一分，别的成绩再好都可能会被这瘸腿的一门拉下水。更何况作文所占分值之大，很有可能一个偏颇就拉开十分的差距。语文的重要性就在于，它很少能帮你拉分，却很容易拖你的后腿。

针对语文成绩已经不错的同学，如何保证你的语文成绩每次都稳定，让你无后顾之忧，不拖后腿，有时甚至可以成为你意料之外的助力，这是一个很重要的问题。很多同学都出现过一上考场大脑一片空白的情况，导致无法准确审作文题，把握不好时间。这对语文好却无法正常发挥的同学来说是很可惜的。下面我就来谈谈这些问题。

一、如何挽救语文

高考是一场“一考定终身”的考试，所用的方法有时候是具有一些功利性的，无论哪个省市都是这样。我这里介绍的既有一些针对高一、高二学生的培养型方法，也有针对高三学生的高效的方法。如果你是高一、高二的学生，恭喜你，你还有很多的机会。建议大家最好先练练字，卷面永远是一个很重要的因素，尤其是像语文这种主观性很强的科目，印象分会让你有意外之喜。

挽救语文第一步，陶冶性情型：积累。语文试卷的大头无非两项：阅读和作文。如果你想挽救你的现代文阅读，首先可以多读一些经典名家的小说，中篇或短篇为佳。注意小说中的伏笔和线索，注意体会作者描写人物时蕴含的情感，注意通过人物心理活动描写来推测这个人物下一步的行为。渐渐地，我们就可以慢慢学会揣摩作者的心意，当我们可以做到通过前文推测这个人物下一步的行动时就说明已经懂得了“揣摩”二字，而现代文阅读的精髓就是揣摩。然后可以开始读一些散文，仍然利用之前学到的揣摩的方法，通过作者的语气、用词、句式来揣摩散文中作者的情感和想表达的内容。散文一般都是有深意的，体会深意往往也是现代文阅读经常考查的内容。如果你的薄弱部分是文言文，也不用慌张。买一本《文言文精编》之类的书，里面有三百来篇文章，全是小故事，每周做三篇，从特殊字词解释（陌生词汇、古今异义、特殊含义等），特殊句式，虚词和可以化用的典故四个方面进行总结。我高一的时候做完了这本书，真是受益匪浅，高三的时候明显感到当初积累的作用，三百篇做完后，原本记下来的字词句意可能也都不记得是什么了，但关键的是三百篇做下来以后的手感和语感。以至于我高三的时候文言文阅读从来没有被扣过两分以上，断句题除句子有歧义外从来不出错。这完全是靠自己的积累。等到高三再去做这件事，先不说工程浩大，也无法积累出如此手到擒来的语感。

如果你的作文是大问题，在高一、高二的时候，有意识地积累绝对是必不可少的。我在前面提到，做文言文时不妨记下那些可以化用的典故，这些都是写作的素材。相信老师们也都会布置摘抄的作业，同学们切记要认真对待摘抄，等到高三，每到考语文前，把积累的摘抄从头到尾翻一遍是我必不可少的复习步骤。

挽救语文第二步，功利型：巧妙利用。有了积累，就要学会巧妙利用已有的武器。做每一篇阅读的时候都不可天马行空地乱写，每一篇被选来做考试阅读的文章一定有独特之处，出卷老师不会出那些只需要套一套思路就可以写出答案的题目。一定要记得运用揣摩的方法，顺着作者的思路往下想。题目中出现了文章中的词句一定要返回原文中找，题目中需要我们体会的地方一定要带到原文中去体会，入乎其内又要出乎其外，既要进入文章，顺着作者的思路想，又要跳出文章，从高空俯瞰，把握全局。

因此我建议，每次做阅读的时候，先抛开一切学过的答题套路，只是泛读文章，然后带上揣摩的心思，开始慢慢地读文章。这时候，每当读到一些别有深意的地方就要开始警惕了，要顺着作者的思绪往下读，就好像这篇文章的作者是你。两遍读完之后，开始做题，每做一题就去找与该题相关的段落，并把段落所在的上下文一并来读，防止以偏概全。做题时千万不能抛开原文，不能凭着自己的直觉写，因为我们的语感还没有好到这个程度，必须有意识地揣摩才行。

做文言文时，把每个虚词都圈画出来，这样有助于理清语序，方便断句。有的时候，即使没有读懂这篇文言文的意思也不要着急，因为很有可能题目和意思没什么关系。如果有一两个实词从来没见过，但是却让你写含义，就更加不用着急了.因为考查学生完全不会的东西是没有价值的，所以你一定可以通过上下文推断出这个词的意思。只有这样，这个题目才有价值。

挽救语文第三步：高三功利法。如果你已经高三了，之前说的方法都基本不切实际了，那么这个方法是最功利也是非常有效的：刷答案。语文固然不像理科刷题效果好，但是刷答案却是很有效的方法。每做完一套题，把参考答案抄一遍，然后体会你的答案和参考答案的区别在哪里，总结参考答案的答题模式。语文的答案虽然内容各种各样，但是答题的模式却是极为相近的，比如都要回答描写了什么内容，体现了什么情感，在结构上起了什么作用，在内容上有哪些特点。总结出有相似类型的答案的题目，并记住这些答案的组织模式，只要理解还算到位，几个点答到了，又由于语文是踩点得分，就基本可以不被扣分了。

二、如何稳定语文

这是针对已经有不错的语文成绩的同学来讲的。稳定语文成绩的关键在于心态。语文学习是一个过程，你掌握住的就是你的，但有时忽高忽低的成绩（先不谈作文）不是实力的问题，而是心态。心态指导下行为的直接体现，就是思维的缜密程度。所谓思维的缜密体现在答题的方方面面。比如，选择题漏看关键字眼，考完痛心疾首；默写名句时突然大脑一片空白，错失到手的分数；古诗赏析因为漏看注释或者没有留心某些字眼而一分不得；做现代文时思维短路不知道该回答什么，到处被扣分，最后就所剩无几了。

在平时语文无大碍的情况下出现以上情况都是心态问题，焦灼状态下人的注意力无法集中，就往往会出现错看、漏看题目的情况。因此，考试之前不妨喝口冷水冷静一下，拿到卷子，首先做名句默写题，利用这个不需要动脑子的时间平静一下心情，再开始答其他题。一旦开始做阅读就要把心放在文章里面，不要再想其他的东西了，把自己的思路和作者的思路融为一体，无论答什么题目都从原文的角度去想答案，不能主观臆断。

当碰到答案模棱两可的题目时，千万不要紧张，不要总逼着自己立刻选出一个答案来，也许后面的题目反而会给你点启示。但是一篇阅读做完后，最好能把这一篇的答案都填上，因为在紧张的两个多小时中语文是很难能留出时间来慢慢复查的。

作文的临场发挥更是要守住“稳”字，千万不能一味求新求奇，成则已，不成则会害了自己。稳中求变才是作文高分的王道。写作前，首先要平心静气地审题，既不能因为做过类似的题目而沾沾自喜，也不能因为看上去难就丧失信心。做过的，一定要忘记以前是怎么写的，完全把这个题目当成新的题目，等自己确定了新的思路以后，反倒可以想一想当初自己是怎么写的，哪些例子可以继续用，是否可以借鉴一下以前的思路。人不可能写出两篇一样的文章，照猫画虎很可能不伦不类。

三、重视考前复习，切忌裸装上阵

我以前凭借自己文科好，考前很少用心复习，但是到了高三以后反而觉得语文考试前的复习必不可少。进入高考备考阶段以后，所有的模拟考试中语文永远是第一场考的，因此，考前的晚上和考语文前的早上都最好只看语文。看什么呢?

（1）语文课本中的重点篇目的大意，了解其中的人物形象、作者形象，防止出现联系课本内容时自己完全答不上话的现象【前一晚】。

（2）背诵篇目。晚上主要是抓易错字，写在纸上【前一晚】；第二天考前一定要仔细看这张纸，再将古诗文都默背一遍【当天早】。

（3）整理过的古文典故，最好能总结成词，方便自己记忆，并灵活运用【前一晚】。

（4）重点：自己曾经做过的摘抄、剪报，作文积累的素材。一边复习一边想，这些素材应该如何运用【前一晚细看，当天早略看】。

（5）重点：自己整理好了的答题模式【当天早】。

以上是我总结的多年语文学习的经验，而我自己也一直因为这些方法受益匪浅。希望看到这篇文章的学弟学妹们能真真正正地运用好技巧和方法，不要怕麻烦，做到不抛弃，不放弃。

机会永远垂青有准备的人。当你费尽功夫准备了这么多以后，有一天自然会有“馅饼”砸中你，清华、北大根本不是梦。

姓　　名：任浩楠

毕业学校：中央民族大学附属中学

高考成绩：总分661　语文117　数学133　英语131
　　　　　理综270　加分10

院　　系：清华大学材料学院

注重细节，突破英语

我的英语底子还是不错的，只是在由初中向高中过渡时，没有应对好英语这一学科的变化而导致英语成绩直线下降。幸而到了高二，文理重新分班，我有了新的英语老师，她帮助我克服了许多困难，于是我凭着一股不服输的韧劲努力地学习英语，终于使自己的英语成绩稳步上升并名列前茅。所以，我觉得英语确实是一门凭借汗水和智慧就能学好的科目，因为我能，你们更能！

首先，我想先跟大家分享一下我的复习经验。英语一科的复习可能是大家倾注时间最多的科目，它和语文一样，要靠平时的积累。学习英语需要做到每日读、每日写，因为这是一门需要一定记忆密度的科目。如果你以日或两日为单位来复习英语，那我劝你改成每日分散时间复习，因为这样你在英语上花的时间差不多，效果却更显著。我在高三时就对自己十分严格。比如说我每天都会做英语听力，选取的是有针对性的强化练习的高考听力模拟试题，我甚至会在做完听力后复述听到的内容来提高口语表达能力；又比如我每天限时完成 3 ~ 4 篇 400 字左右的阅读，并在之后整理出文中的高级词汇及短语为我的作文所用。就因为我能每天都抽出时间复习英语，我的英语成绩才能逐步上升并在后来居高不下。

在复习阶段，我认为课本还是很重要的。前面说了英语是需要每日读的科目，那么每日都读些什么呢？我认为最好的便是课文了。我曾把初中、高中的课文全部背诵了一遍，听起来很吓人，但由于课文是已学过、读过，并且大部分背诵过的，所以工作量并不算太大。为什么非要背诵呢？背诵的目的是培养对外国语言的感应能力，即“语感”。一旦形成初步的语感，做题便比较得心应手了，正确率也比较稳定，这是一个有效的速成法，供大家参考。此外，还有不少提高语感的方法，如每天抽出半小时（最好在早上）坚持读读或背背做过的完形、阅读等，虽然短期内可能看不出效果，但是坚持下来就会有明显的体会。因为这不仅能帮你较快地提高语感，还能帮助你回忆起曾经做过的题并警示你曾经犯过的错误。又或者在课外时间找一些英文发音的好莱坞大片或一些有趣的美剧如《生活大爆炸》等来看。这并不是要求你要听懂每一词每一句，只是希望你能在观看中感受他们的思维方式与发音方式，从而获得在课堂上学不到的语感。

课本还有一个用处，就是可用来梳理语法。通过课本梳理从初一到高三的语法，注意归纳分清各种时态、语态的变化，并将从初中到高中的课本上的常用词组、重要句型、重点词的惯用搭配等做系统的整理。尤其是动词、形容词的用法，可以通过归纳的方法来自己梳理并记忆。例如主要动词和不同介词搭配各有不同的意义，如与 get 搭配的可以有 get on、get out、get in、get off、get up、get over、get across 等。整理完后你必须把它们读熟，能背下来最好。这项工作的工作量比较大，但不要怕难。因为通过这种方式可以扫除你的知识漏洞，也因为这是提高英语能力包括应试能力的一个非常有效的手段。

当然，语感好、词汇量大并不意味着英语考试一定能考好，但一定可以为我们学习这门语言打下很好的基础。不过要想在考试中取得好成绩，还需要些其他技巧。下面我就根据我的高考试卷结构来跟大家分享一下我的应试技巧。

首先是考试的时间安排。英语考试试题很规范，每一部分题的数量、分值都是固定的，所以每一部分在考试中应用多少时间也是有规律可循的。盲目做题而不注意时间分配就好像只砍树而不磨刀，效率肯定不高。我的经验是，单项选择 15 道题用 8 分钟，完形填空 20 道题用 14 分钟，阅读理解 4 篇加上七选五共 20 道题用 35 分钟，情景作文跟开放性作文合起来用 35 分钟，最后用 5 分钟检查答案填涂正误。若是在答题过程中遇到难题，有时放弃一两道难题能为你争取更多做对其他题目的时间。

我认为，单项选择题考的就是语法和情境，这些是比较死板的东西，却是有规律可循的。如单项选择中常用的介词 across 和 through，它们都是通过的意思，但 across 多指横着通过或横跨，而 through 指直着通过或穿过其中，所以船通过桥就用 across，而火车通过桥则用 through。练习单项选择时，可找出以前做过的试卷或练习，看看以前在单选上犯过的错误，以免重犯。做题时我经常采用排除法、还原法、简化句子结构法等方法。还有就是做题时要相信直觉，不要改来改去，因为在语言方面，有时第一感觉更准确。

然后就是完形和阅读，许多人采取题海战术，我觉得没有必要。与其单纯扩大做题量，不如提高每次做题的效率和质量。每次做完都要仔细分析总结才行，不仅看自己做错的，也要看自己做对的，并分析原因。对于在完形填空和阅读理解中所犯的错误，我总是要反复推敲，为下一次做题积累经验和教训。这样每做一道题都有收获，下一次便能举一反三，取得事半功倍的效果。

完形填空考查的是在特定语境下综合运用语言的能力。我认为应首先看懂文章的第一句，接下来快速浏览全文，然后边研读边根据上下文、逻辑、常识、语法知识等对选项进行初步推测，最后通读全文，再从阅读的角度看所选选项是否能使文章通顺、符合逻辑。在训练中要牢记应试原则：瞻前顾后、上下求索、左顾右盼、首尾一贯。在日常学习中要做到：注意重点词组、习惯用语和常用句型的积累与应用；注意词汇的使用范围和同一词汇在不同语境中的不同含义；常读、常思、常悟、常总结，以阅读带动完形填空能力的提升。在高三复习时，最好每天做2篇，两个月下来，一定会有所提高。还有考前高强度训练法，即在考前3天每天连做10篇完形，我相信，你在考试时一定会惊喜地发现自己的完形答题能力有了显著提高。

阅读理解其实只有两大类题目：细节题和主旨题。前者要求必须读懂文章，然后仔细地寻找文章中的信息，没有捷径可走；后者以考查深层次理解为主，如归纳主旨大意、猜测词义或句意、判断推理、理解作者的写作意图和基本态度、文章题目理解等。高考中该题型的题材丰富，体裁多样，所以在平时备考时就要养成好的习惯，如精泛结合、扩大视幅、不点读、不出声读、不过多回读；能根据上下文猜词、乐于分析长难句、坚持做好读书笔记、不断扩大词汇量等。高三时应保持每天不少于2篇短文的阅读量，训练中要以限时阅读为主，自己要把握好速度和准确度的关系。在做题过程中要逐渐做到：快读文章笼统抓大意；回读文章对应答好题。快读文章不仅容易获得文章的主题思想，而且可以减少生词多对阅读的影响。所谓"找对应"就是在明确文章表达的中心后，带着问题回读文章，找到相关信息，把A、B、C、D 4个选项逐个与原文对照，认真分析，通过排除或对比来获得答案。这样既能减少阅读量，又能减轻阅读压力，从而提高阅读的信心和效率。

我建议大家在平时多读一些原版的英文材料。广泛地阅读不仅可以提高自己的理解能力，对写作也有很大的帮助。而且，读书还会给人以思想上、精神上的快乐，可以提高人的修养，陶冶人的情操，是一件受益终生的事情。

在英语150分的满分中，阅读占了40分，故有"得阅读者得天下"的说法。因此，我建议广大考生在复习迎考时，一定要把阅读放在第一位。不要由于见效慢就心灰意冷而轻言放弃，要有学好的自信。要多做些阅读题，尽量对每一句话都读懂读透，读懂其中很微妙的深藏的东西；碰到生僻的单词也不要立刻查字典，而是应先根据上下文揣摩，以免养成懒惰的习惯。

剩下的就是英语作文了，英语作文在试卷中共占 35 分，是比较容易得分的题型。要想提高英语作文水平，一方面要背课文，另一方面可以从造句开始，逐步构造复杂的句子，再发展到写段落、篇章。千万不要因为不自信而用“翻译法”来写作文，即先写中文底稿，再译为英文，因为这在考场上十分费时，而在平时对英文水平的提高也没有好处。

在日常训练中，你需要熟悉各种题材、题型（如书信、日记、发言稿等）的特点和要求，背诵常用的词汇、句型、文章的开头、结尾和优美的段落，多进行仿写、改写，并养成良好的书写习惯，做到卷面整洁优美，大小写和标点符号运用正确。一般来说，我的写作便是按照七步写作法来创作的：一审（审定人称、主体时态、格式）、二定（确定主题和结构）、三列（列出简明要点）、四连（连词成句，连句成文）、五美（综合运用过渡语的使用、长短句的搭配、倒装、非谓语动词、强调句型、独立主格、复合句的使用、高级词汇等手段进行美化，以达到地道、流畅、一气呵成的效果）、六查（检查大小写、标点、时态、语态、主谓一致）、七抄（将草稿快速、工整地誊写到试卷上）。

以上就是我复习英语的经验及应试技巧，希望能对你们有所帮助，最后祝高考顺利！

姓　　名：蒋思越

毕业学校：中央民族大学附属中学

高考成绩：总分668　语文126　数学137　英语132
　　　　　理综273

院　　系：清华大学电机工程与应用电子技术系

用心去热爱，用心去感悟

——语文篇

转眼间，来到清华园已经一个学期了，再回首高三那段忙碌且充实的日子，简直如梦幻一般，在我心中竟然如此美好。

自己再也不可能重新经历一次那样的高三了。不过，那段过程中，自己的一些学习方法、心得体会，我觉得拿出来和更多的莘莘学子分享，一定是一件于人于己都有利的事情。

我是一个理科生，高考有四科：语文，数学，理综，英语，这个顺序就是高考的科目顺序。我着重想跟大家分享一下语文的学习方法，相信这也是最让大多数理科生头疼的一门学科。

我为什么要谈这一科呢？是因为我语文学得特别好吗？其实不然，这一科是我刚进入高三时，高考四门科目中最没有把握的一科。相信很多理科生都有着做题的天赋，一看到数学、物理题就能激发自己极大的兴趣，全身心地投入去解决，结果当然不会遇到太多阻碍。也就是说，经过高三一年的磨炼，大多数的理科题目都能掌握得很好。而这时候烦恼来了，语文、英语，就像两个拖油瓶，使劲地扯着自己的后腿，让自己的总成绩不够理想。而语文，作为自己的母语，对自己的影响显然更为巨大，特别是作为高考的第一科，这一科的发挥直接关乎自己的心态调整以及后面考试的发挥，所以极其重要。

相信大多数考生也明白语文的重要性，也非常想提高自己的语文成绩。可是，语文，究竟怎么学？它不像那些理科，有固定的题型，固定的方法；它没有固定的答案，却有一个讨厌的“酌情给分”；它没有固定的解题套路，却一定要你答得像模像样。你迷茫吗？是的，我也曾经迷茫过。对比数学，我的圆锥曲线方面的内容掌握较差，我可以翻出习题册，做很多这一章内容的习题，并把不同的方法记录下来，久而久之，考试时遇到一道圆锥曲线的题目，你的脑海中立马有了几个不同的解题思路，一个个去尝试，总会解决它。反观语文，我说我阅读不好，于是我做了一整本阅读题，结果自己的答案和标准答案总是有着天上地下般的差异。于是自己坐不住了，想着与其浪费时间在这上面，不如多做几道数学题来得靠谱。就是抱着这种“破罐子破摔”的心态，放弃了语文，语文自然也放弃了你。

如何避免这种情况呢？从根本上说，你要对这门学科足够重视。按理说，这种重视应该从高中一入学就开始，但我相信有很多人都忽略了。我相信，任何有志于考清华、北大的学生，其学习成绩应该都是不错的，而且其语文学习应该在之前的小学、初中学习过程中有较好的基础。到了高中，其他科目的变化很大，唯独语文似乎还和之前保持一个轨迹（其实语文就是这样，在不知不觉中变得高深）。于是，自然而然地，你把心思花在了其他科目上，却忽略了对这门学科的深入学习和提高。虽然你没有怎么学，但每次考试你的成绩好像都还不错，于是你更不会在意了（注意，这都是因为你以前有着较好的基础。换句话说，你有吃老本的嫌疑）。不过，这种情况久了，最终差距总会被察觉，而且到了高三，很多学校的老师都有压语文分的传统，于是，你的语文短板似乎就在一夜之间暴露无遗。那么，这时候重视它还来得及吗？我要说，这是当然的，不然我写这篇文章做什么呢？

前面说了这么多，语文的重要性在你们心中一定也有了概念。其实这真的是一门需要引起足够重视却被很多人忽略，但最后高考所占比重又极其大的学科。前面那么多的铺垫，我只想说明这么一个道理。我希望你们从这一刻开始，能将语文当作一门全新的学科，用心去热爱，用心去感悟，因为，重新审视这门学科，你能收获不少东西。那么，第一点，和任何一门学科一样，你需要做的第一件事情，就是重视基础。语文要想得高分，基础题一定要保证满分。对于高考北京卷的语文题，基础部分是指前面的选择题部分，一共9道，还有后面的文言文断句以及古诗词默写，这都是要保证拿满分的。这一部分的题目简单，但是容易出错，就好像数学前面的选择题一样，丢分觉得十分可惜。而且，3分一道的选择题，对于语文而言，分值算大的，有时候后面一道阅读题的分也就那么三四分。如果你比别人多错一道选择题，后面就需要多比别人答对一道阅读题才能保证你们分数相当，这个难度可想而知。所以，选择题就应该重视，做到拿全分。基础部分，像字音字形、病句、文学常识等，在高三一轮复习的时候，老师一定会让同学们做一定量的练习。但之后，由于其他部分复习的需要，而且这一部分占的比重比较小，老师可能很少会带领同学们回顾复习。这时候，就需要你们自己去不断巩固了。我建议同学们自己买一套语文基础题手册，每天或者每隔两三天就做一套选择题。说实话，这真的不耗时间，早上上课前，晚饭后上晚自习前，或者抽出一两个课间，你就可以解决，而且错题一定要记录下来，做上标记。不过切忌一次性做很多同类型的题目，这样会由于题型单调而增加自己的厌烦感，也不利于记忆。从现在开始．坚持去做，就算时间是高三下学期了，你也来得及，因为，你毕竟是有一定基础的。文言文也是一样的思路，每隔几天一定要做一篇文言文阅读，而且，做题时一定要留心看看这几道题考的什么内容，是实词还是虚词，是用法考查还是解释词义？做得多了，你就会发现，有些词出现的频率很高，那么，记住它，记住它的几种用法，下次遇见它，一定可以很快地得到正确答案。其实我建议大家在平时做练习时搞明白每一篇文言文的每一句话，也就是翻译全文。就算不写出来，也要在心中翻译一遍（当然考试时不需要），这样你对文言文的掌握一定会再提高一个档次。

第二点，认真听老师讲课，认真对待老师发的每一套语文卷子。不知道大家有没有这种感觉，早上的连堂语文课，困；下午的连堂语文课，还是困；晚上的语文自习，直接睡着了。好像一到了语文课，整个人就松懈了，也许这是大家对语文一贯的慵懒态度吧。可是，到了高三这个节骨眼儿，这个坏毛病得改一改了。不要高看自己，你的高三语文老师，对高考语文的了解一定比你多，他们一定有一套自己的解题方法，能够高效快速地解决问题。认真听，就算听后尝试了，发现不适合自己再放弃，也比直接睡觉强得多。还有，自己一定要认真独立地思考和完成语文试卷。我相信，作为一个理科生，每当有数学卷子或者物理卷子发下来时，你们会立马动笔演算，但是当语文卷子发下来时，特别是上面还有阅读题时，你只会瞪着卷子发呆。要么草草写两句，要么拿过来同学的卷子借鉴一下，要么干脆一笔不动，等老师第二天讲。对语文，如果你没有像对其他科一样的热情，你又有什么资格要求它以优异的成绩回报你呢？

第三点，学会揣摩出题人思路，做最正确的作答。这一点主要是教你如何答阅读题，诗歌鉴赏、说明文阅读、散文阅读都适用。其实老师在讲阅读题时，往往不会直接说答案，而是先分析文章内容，总结中心思想、作者情感之类，然后由这些入手，分析阅读题目，引导学生得出一个合理的答案。把这个过程简化一下，就是由已知（文章）得出中间条件（中心思想、作者感情），再由中间条件推导最后结论（题目答案），这其实和解理科题的方法很类似。不过，不同的题目需要不同的分析方法，如果你不听老师的讲授，能自己领悟定然是好的，但是我觉得大多数人没有这个天赋，上课听讲就极其重要了，所以再次强调第二点务必要做好。如果你直接记答案，很显然下次你还是答不对阅读题。做一个简单的类比，你遇到一道圆锥曲线题目，求交点，答案出来，你记住交点是什么了。若下次再来一道，肯定不会再让你求这个交点。一样的，语文也需要一个分析的过程才能得出答案，而这个过程就是揣摩出题人思路的过程，出题老师想让你答什么，你一定要明确，不要偏离方向。我觉得有些同学会问，这应该是揣摩文章作者的思路，怎么会是出题人的思路呢？我不得不说，语文有些地方确实很不厚道，不知道大家有没有在网上看到过网友制作的小沈阳吐槽语文阅读题的一幅组图，确实尖酸刻薄。那些所谓的文章深意也许文章作者当时根本就没想表达，是我们生搬硬套一定要扣在作者脑袋上的。而为什么会这样？因为出题人设计的答案就是如此。所以，与其去想作者当时怎么想，不如换位思考一下，假想自己是出题人，会如何给考生出题。这样，你的思路往往会更加清晰。

第四点，也是最重要的一点，多跟老师、同学交流方法。这一点尤其适用于作文。对于语文考试，如果你能写出一篇优秀的作文，那么你的语文分数一定不会低。但是，很多时候，你觉得自己精心打磨的一篇文章，在老师那里只能得到一个很低的分数。这时你也不要灰心，应积极找老师交流，找出问题。不论哪一次考试，只要有作文，就一定要找老师不停地修改，除非你的作文已经很好。高考作文一般是以议论文为主，这也是老师们的一致推荐。很多理科考生抱怨写作文这种东西不适合他们，和文科生相比会吃很大的亏。其实不然，议论文说理性强，正适合理科生，而高考是以议论文为主的，这样看来，是理科生占了巨大的优势。关键是如何写好一篇作文。平时老师肯定会发一些同学的高分范文下来，多去琢磨，为什么这些文章能够得到很高的分数？亮点在哪儿？有什么值得学习借鉴的地方？千万不要随手丢弃，那都是宝贵的财富。有的写一个历史人物，十分出彩；有的诗句运用十分娴熟，给人耳目一新之感；有的通篇文言语句，技压群雄。这都是藏在你身边的高手，与其抱着作文素材看，不如看看他们的文章，我想对你的帮助或许更大。另外，千万注意，不要跑题。如何不跑题？揣摩出题人的意图，在这儿就又用上了。多和老师讨论讨论作文题，特别是改作文时，你可以请教你们年级不同的老师，他们的思路不可能完全一样，或许某个老师的看法对你就有帮助。总之，不能一个人闷头学习，身边的资源要学会利用，而且是最大限度地利用。

最后一点，保持一个好的心态。我想这不只适用于语文，也适用于其他学科。成绩一开始没有提高不要紧，只要你一直在坚持认真做题，不断和老师同学交流方法，你一定会有提升的，着急只会自乱方寸。举个我自己的例子吧，一模、二模我的语文成绩只有一百零几分，当时虽然有些担心，但我仍旧相信我的方法是对的（其实到了当时那个阶段，你也只有这样想才能让自己有信心），并且毫不松懈地对待每一次的语文小测试，作文也不知道找老师修改了多少次。正是这种虚心的态度和不懈的坚持，让我在最后高考时以 126 分的语文成绩拔得头筹。那么，如何保持一个好的心态，一个坚持不懈的心态，一个上进的心态呢？我觉得，你需要有一个目标作为依靠，作为支撑你继续下去的信念。这个目标可以是，我想考清华、北大，只是单纯地想考清华、北大（当然这是对于那些“学霸”而言的）；也可以是为了一个重要的人，我想要变得更加优秀，让他（她）认可。这个目标一定要对自己极其重要，才能激发出自己的潜能。即使到了后来你发现一切都变了，你曾经努力追求的目标，其实根本不属于你，但你仍然不会后悔，因为当时你所经历的点点滴滴，会让你在今后的人生路上越发成熟。

说了这么多，我希望我的方法能带给大家一些帮助。大家可以尝试我的方法，但更重要的是要在模仿中去吸纳，这才是一个真正会学习的人做的事情。还有一点，时刻保持自信，高考不可怕，我们复习了一年，已经做好了充足的准备。征服高考，相信，你也可以做到。

姓　　名：何　芃
毕业学校：中央民族大学附属中学
高考成绩：总分690
院　　系：清华大学自动化系

高中英语的学习技巧

英语，对于大多数理科生来说，是杀伤性可以同语文匹敌的洪水猛兽。英语不同于我们的母语，它是第二语言，语言环境的缺乏就成了我们学习英语的最大阻碍。比如广东的英语水平明显要高于山西的英语水平（这里只是泛泛地举例，并没有刻意将各省进行对比，如有冒犯，在此道歉），这无疑是教育氛围与语言氛围的问题。笔者认为，自我创建一个类似的语言环境可能是最优的方案。

外教、英语视听课之类的“高档”做法毕竟只能出现在屈指可数的几个“高等学校”，所以只能“自己动手，丰衣足食”。

第一步，多听英语广播

记得高中老师推荐过几个电台，名字我记不大清了，大家可以根据自身需要上网查找。如果入门较慢，可以下载网络上的简化BBC、VOA作为每日的补充，逐渐实现从听懂单词到句义、段落中心、文章大意的“进化”。可能有人会问，高考的听力是十分简单的，甚至有一部分省份不考听力，这么执着于听，是不是有些小题大做？说到这个问题就不得不提起一个现象：很多英语高手被问及成绩优异的原因时，很大概率会出现“语感”的答案。相信很多同学也有过类似的经历，面对一道选择题，不用分析语法、拆解句子结构就能得出正确答案，告诉你“这就是正确选项”的直觉，就是语感。从这个层面讲，在神经紧绷的高考考场上，语感的价值便不言而喻了。所以，推荐读者去读语法结构比较严谨的新闻播报，比如BBC、VOA，以避免形成太口语化的语言体系。

第二步，重视单词的积累

如果说英语作为第一外语是一座城堡，那单词就是搭建城堡的砖瓦。回想我们母语的学习过程，一个个单词的习得与掌握都是靠不厌其烦地重复得来的。所以，我并不推荐那种拿来什么《高中必背三千词》看了一遍便弃之不用的愚蠢做法。当时我用的是比较传统的单词本，把不认识的单词写在上面，抽空看一看。打一个并不十分恰当的比方：背单词就好比记人名，并不是所有的人都可以长得那么让你印象深刻，但是你的每一位任课老师、同班同学，你跟他们的交流再少，通过几年的朝夕相处，也能保证你在几年之内对他们是难以忘怀的。背单词也是同样的道理，倒不是说让你对着那么几十个单词狠背几年，课间时候看一看、做操之前看一看、午休之前看一看、晚饭之前看一看，都不用刻意去记，知道其大致意思就不会成为考试的阻碍了。从理论上讲，如果参考记忆曲线，按照我们大学老师的说法，15天记下300个单词是没有问题的。至于可行与否，本人在挑战过程中没能坚持下来，你们不妨一试。当然，“星火”等品牌的参考书上也提供了一些记忆单词的方法，可以作为参考。

第三步，注意语法的掌握

不得不说，老师在这一部分的作用是无可比拟的。我们老师的做法，是把一部分语法必须掌握的知识编成了较为易懂的顺口溜，比如说对以 f 或 fe 结尾变复数的单词的记忆，就是什么“小偷的妻子在树叶做的架子上用匕首杀了一只狼”之类的做法。当然，不同的老师有不同的方法，首先要学会的是从老师那里学得精华，集思广益。而且，语法不能只停留在简单的背诵上，最好以句子、语段为载体，通过类似于语感的了解，掌握语法。我当时用的是《语法表解》(这里不是打广告，实话实说)，大家可以作为参考。

第四步，形成文章的能力

不同省份对于作文的要求差异较大。相比较而言，北京市的要求算是很高的，由于我对北京考试状况更为了解，所以仅以北京考试为例。首先，我作为反例，以自身的惨痛教训告诉你们，绝不能使用过于生僻的词汇来凸显自己的英语水平，这样只能适得其反。从老师的角度讲，姑且不说有“装大”的嫌疑，老师也不是电子词典，过于生涩的词汇只能降低他们阅读的流畅度，适得其反。

北京卷的作文分为两部分，第一部分应该叫规范性文章，其分类无非是以下三种：①看图叙事。题目要求根据已知背景状况的交代与图中内容完成一次记事。需要说明的是，图中内容必须尽量交代完整，记得有一年的模拟卷中就出现了交代房中事物完整的得分点。由于是记事，需要在必要时添加一些细节来使过程流畅，注意不可本末倒置、喧宾夺主。交代过程中，推荐加入一些必要的心理描写，力求展现活动前后人物的心理变化，从而突出活动的意义。争取在文章结尾对于活动意义进行理论性的升华，最好运用排比、比喻、对比的做法，使文章提高一个档次。②人物介绍。人物介绍大致可分为荐他与自荐，多数状况下是求职或竞选，所以文章的侧重点理应倾向于个人优点的突出，并解释为什么自己的优点可以胜任这样的职位。在将材料完全应用的前提下，可自行杜撰个人经历，以增加文章色彩，同样注意不可喧宾夺主。文章结尾多用祈使句表明决心、应用名人名言表现个人观点或与成功人士的对比表现个人的自谦与自信。③表格数据分析。这类文章，首先要掌握同种含义的不同表达方式，注意前后衔接，如 Ranking first is……Next comes……之类的语句，以防止表述的单一化、枯燥化。数据分析必须有所侧重，并融入个人褒贬，为后文数据分析与感想做铺垫。文章后半段对于数据的分析与感想，特别要注意审题：题目可能要求考生根据其中一幅图或其中一项数据进行分析，如果没能认真读题，势必会损失大量分数。第二部分是开放性作文，即根据所给画面自由发挥。虽然判卷组给出的要求是不设最佳立意，但仍建议大家不要过于标新立异，英语作文判卷不同于语文，即使逻辑推导充分合理，老师也很难接受太过艰深的理论过程，毕竟英语考试的目的在于检测考生的语言表达能力而非个人思想。所以不妨采用平时练习经常出现而又较为相似的主题。关于文章写作，对于图画内容的描述原则在于择优而言，这就需要在动笔之前先明确自己的写作方向，切忌东一言西一语，零零散散，不成体系。在描述过程中，可在词语的选用中融入个人情感，为后文的推理造势，对于图画细节的突出刻画也可以起到相同的效果（如认为图中人物采取的方法不恰当，想要表现出他的疲惫，如果不直接描述，就可以刻画其汗流浃背、气喘吁吁、眉头紧锁的细节，用类似与间接描写的做法，增强文章的生动性）。从描图到分析的承转也是十分重要的，这一部分是衔接文章主题的桥梁，很大程度上决定了文章的流畅度。一般采用的方式是“这不禁使我想起”或“作者借什么样的图像揭露了怎样的社会现象”。接下来是体现考生个人思想与语言表达能力的主体，也是整张试卷中考生唯一可以自由表达的区域。我推荐用类比或比喻的手法吸引阅卷老师的眼球。北京各区的模拟题多次出现“溺爱”的话题，我们完全可以引用文中最简单的比喻：温室中的花朵（flowers in the greenhouse），说明他们经不起毒辣的太阳、呼啸的狂风、无情的暴雨，就像孩子们经受不住人生的失利、交际的辛劳、挫败的痛苦。既有比喻、又有排比，哪个老师不会为这么精彩的句子拍手叫绝？如果文章影射的是社会问题，我们更可以联系现实实例，通过事实论据增加文章的时代感与说服力。如献爱心就可以提陈光标，语文作文所积累的素材也可以表达，并非不能使用。另外的得分亮点就在于呼应原图。文章由图而起，就由图而止。你可以在分析结束后对图像内容进行适当展望，从而表明自己的期待与立场。最后收尾力求达到高潮，最好可以使用类似名人名言的句式，即精妙的比喻或排比。实在无法完成，也要有气势磅礴的祈使句作结。当然，一些必备句式也是必不可少的，诸如 as far as I'm concerned, in the light of this statement 等，需要在平时坚持积累。这类句式在《新概念英语》第三册中出现不少，大家可自行研读，或通过其他辅助阅读材料，逐步实现从单词到句式的全面替换。

祝各位在高考中取得优异成绩！

姓　　名：刘　学
毕业学校：中央民族大学附属中学
高考成绩：总分620（通过自主招生选拔考试）
语文119　数学138　英语119　文综234
少数民族加分10
院　　系：清华大学心理学系

兴趣出发，赢在策略

——高中文综的学习备考策略

高考文综救了我。回顾文综的成功，我想首先来源于我对文综持续的兴趣，甚至是对人文社会科学的信仰；其次也来源于我备考中的正确策略。这两者成就了我的文综成绩，将我送入了我热爱的清华大学。

其实在平常的学习或练习中，文综并不是我的强项，甚至常常拖我的后腿。即使这样我也并未气馁，而是平日在文综上花了更多的功夫。终于，在高考语文、数学、外语接连发挥欠佳的状况下，异军突起的文综帮我实现了从小到大的清华梦。下面我从四个方面谈谈我的清华路。

关键词一——兴趣

对于想考清华、北大两所国内顶尖名校的同学来说，每一科都需要优异的分数，而没有兴趣我们是无法坚持在某一科目上努力耕耘并最终取得较好分数的。当然，作为文科生，我们都对政治、历史、地理中的至少两科有着浓厚的兴趣，但当我们面对政治繁重的背记任务，面对历史单调的事件年表，面对地理中一条条铁路线时，我们的兴趣真的会打折扣。再说三科中我们还极有可能遇到自己不喜欢的科目。那么如何来解决这两个问题呢？找到学习的意义。在政治的学习中，我很难接受成篇大段的背记，更严重的问题是我怀疑背记的意义，但是政治的背记却是我们想获得高分不得不面对的问题。怎么办呢？我开始思考背记政治学知识能带给我的能力或者素质上的提高。比如我想到了在背记政治学知识时锻炼自己的归纳整合能力，逐渐提高自己看新闻的速度，提高自己的政治敏感度，毕竟这些知识、能力对于以后的深造也是很有裨益的。而历史呢，刚开始我真的很讨厌无聊的历史事件时间，但慢慢我发现自己开始喜欢背那些所谓单调的时间，原本单调的数字在我的心里可以被赋予那么多有趣的历史故事。地理同样，鲁尔区、苏北工业区等起初也很难引起我的兴趣，但当你硬着头皮去爱它们，你会发现你像是游走在世界的不同地方，感受不同的区位，最后做出你的决策，且日后当你走上工作岗位也同样需要这些知识。现在谈第二个问题，如何提高对文综中你不太喜欢的科目的兴趣。首先，去找自己的任课老师谈一谈。我发现很多时候我们不喜欢某科都来自于对任课老师的不认同，当然找任课老师谈也能更好地了解你这科出现的问题。其次，找到你不太喜欢的具体位置。比如你讨厌地理，是讨厌自然地理还是人文地理，搞清楚了这个问题，你才能各个击破，夺取最终胜利。再次，找来一些该科目的相关书籍，闲暇时间看一看，培养自己的兴趣。一定要相信，兴趣是可以培养的而不是天生的。

关键词二——积累

再来谈谈文综的知识积累问题，我着重谈高三阶段的积累问题。高三需要积累的东西绝不是用没做过的试题、没学会的知识来衡量的。因为题目是不断更新的，知识是互相联系的，你不可能通过积累来实现对题目和知识的全覆盖。所以，首先我们要知道积累什么，而这需要我们知道试题、知识最本质的东西是什么。可能我讲真理这个词会比较抽象，但学习一个科目确实需要不断地去接触这个科目的真理，了解这个科目最本质的东西是什么。比如历史学习的真理其实就是生产力的发展不断革新了生产关系，并引发了一些历史事件，这些事件又反过来促进了生产力的发展，循环往复。我们要怎样去积累这样的真理呢？这就需要我们学会一个重要的学习方法——“比较学习”。真理是本质的、深刻的、简洁的、普适的，因此它来源于不同知识的不断比较中。例如，我们通过明治维新和百日维新的对比就能得到很多让我们惊喜的东西，这些东西又可以更好地帮助我们学习沙俄的一系列改革过程。甚至，我们要打破学科的界限，把政治、历史、地理进行比较学习，找到文综的真理。想想看，历史上的一个个实例是不是都在帮助你理解政治上的各种原理；地理区位因素的分析又是不是在帮助你更好地理解经济生活中各生产要素发挥的作用；历史中计划经济条件下和市场经济条件下不同的经济效益帮助我们深刻理解了地理区位中政策条件对工农业生产的巨大影响。所以，我强调各位同学要在平常学习中通过比较学习积累到学科的“真理”。我再强调一个方法的积累，这一方法更侧重于答题、考试的方法。通过一系列训练考试，我们常常会感叹为什么会的题自己做错了或是答得不全。出现这一问题是因为我们缺乏“桥梁”将知识和答案结合起来。这就需要我们注重方法的积累。所以还是那个老生常谈的话题——错题本，但错题本要更加重视对类型题进行归类和整合，对基本方法要有深入和强化，对复杂方法要有自己的认识和体会，最终能形成一套适合自己的方法体系。当然，如果你的接受能力很强，我并不建议建立错题本，因为对错题的抄写毕竟是需要时间的，所以你可以在辅导书上进行批注，将总结的知识记在本子上。

关键词三——冲刺

接着我们来谈谈考前冲刺100天的一些体会、感悟吧。冲刺100天，该学的都已经学很久了，该复习的已经复习很多次了，该考的也就剩下每天接连不断的模拟和最终的高考了。这个时候面对文综，可以说是面对一个宏伟的大工程，我们还能做些什么呢？首先，绝对不能有烦躁、厌倦情绪。如果有这样的情绪，都不如请假出去玩100天回来考的结果好。那么这100天到底怎么用才最有效率呢？最重要的是，要明白自己该做什么。这就是说要找到我们还能提升的地方，找到我们还薄弱的地方。这一阶段有大量的模拟考试，很多老师都会说这些模拟考试是让我们熟悉考场气氛。其实不然，真正紧张的人是不能通过这些让人麻木的考试来获得宽慰的。作为志在清华、北大的同学，要学会充分利用任何消耗你时间的事件，也包括考试。通过一系列的考试，能够不断提高你对考试形式的认识，也能够不断提高你对命题思路的认识，帮助你找到一些知识漏洞和方法漏洞更是不在话下。这一阶段还需要勤查课本，找到出题人出题时对书本的偏好，以出题人的高度来思考一套题。只有这样，你的考试能力才能实现一个飞跃，最终能够面对考试如游戏，成为文综之林的高手。

关键词四——迎战

最后，我来谈谈文综考场上需要注意的一些问题。老师们常说考场如战场，面对这样一场没有硝烟的战争，我们要学会笑脸相迎，以最大的热情、最坚定的信念和最强大的战斗力获得战争的胜利。首先，要树立信心。文综教材多、需要背记的内容多，虽然我们可以都记住，但保持不遗忘是很难的。这就需要我们相信自己的能力，相信自己能通过有限的知识获得足够的分数，进入自己理想的大学。其次，把握时间、分配好时间。文综的特点在于它是三科合卷考，而且是混在一起考。有人建议按科目答题，有人建议按难易答题，有人建议按题型答题。而我的看法是，在长期的模拟考试中你肯定已经有了自己独特且实用的方法，高考时你也应当以平常心面对，坚持自己的方法，按照已经形成的套路，得到自己真实的分数。再次，考试中要保持良好的心态，切勿有侥幸心理。既不要对自己的发挥有太多的不满，也不应期待自己的超常发挥，考试就是用来检测自己的知识和能力水平的，只要我们有这样的知识和能力水平，相信肯定能在任何考场上得到展现。最后，谈谈应对考试中可能出现的问题。我们在考前就要做好准备，想到可能会出现的问题（比如时间不够、试题不会做等），提出自己的解决方案。考试中也不应该慌张，这些小问题谁都会面对，你能够更好地应对，能够从普通考生中跳出来，最终进入你期待的名校！

兴趣、积累、冲刺、迎战这四个关键词是我关于文科综合学习的点滴心得体会。最后我想强调的一点是，实践是检验真理的唯一途径。任何理论性的指导都只能在实践中展现效能，期待学弟学妹们能在高中学习中不断领悟并找到适合自己的学习方法，在实践中找到自己的方法，找到属于自己的一条通向清华、北大等名校的道路！请你一定要相信自己，相信你能用自己的勤劳与智慧得到优异的成绩，收获最大的礼物！

姓　　名：伍　洁
毕业学校：中央民族大学附属中学
高考成绩：总分658　语文115　数学133　英语130
　　　　　理综270　加分10
院　　系：清华大学协和医学院

完虐理综，清华不是梦

高中这三年艰辛的高考之路，不仅洒满了我的眼泪和汗水，也在最后的时刻开满了胜利的花朵！我只是一名普通学生，却因高考而不普通，在此，我想跟学弟学妹们分享我的成长历程以及一些学习经验，希望能对你们有所帮助，使更多的人实现自己的清华梦！

初中时，我的理科天赋就渐渐显露出来，我喜欢物理、数学、化学，却对历史、政治、地理不甚感冒。到了高中，我在文理科上的成绩差距越来越大，文理科排名竟能相差两百多名（整个年级共六百多人）。也是由于这显著的成绩差异，文理分科时我毅然决然地选择了理科，而事实也证明了我的选择是正确的。

关于理科综合的学习方法，我觉得应该分开来讲。

物理篇——重在平时，重在心态

物理是理综中所占分值最高的科目。在理综合卷考试前，物理的选择题都是不定项多选题，难度比合卷后大，考试占分却比合卷后少。这是因为合卷前的选择题数量多，要考的考点多，而合卷后的选择题数量少，要考的考点也相对较少，经常是几个考点会合在一道选择题中。我认为，高考时备考考点很重要，因为考点就相当于出题人给你透露的信息，能看懂考点是对学生最基础的要求；其次就是能从题中看出考点，知道这道题想考你什么，考的是哪个知识点，然后更高一级的要求就是熟背考点，不仅要熟记考点是什么，甚至考点是第几条，考试要求是第几级都要记住。也许你会觉得这样的要求过于苛刻，但是我想说的是，如果连区区几十或者一百多条考点你都没有勇气或者毅力去征服，你怎么能配得上去做清华、北大的名校梦呢？

开始的时候，我也感觉记考点、背考点麻烦，很耗精力，而死记硬背又不能让我记得快、记得牢。于是，我睿智地将考点与考题结合在一起，不管大考小考还是模拟考，考完后试卷发下来，我并不急于看分数和排名，而是先将考卷与考试说明上的考点相对应，在每道考题前标出所考的知识点，并根据自己的答题情况检查自己对这些知识点的掌握情况。利用这种方法，每次考完后，我都能找出并改进自己的不足。同时，由于脑海中每个考点都有生动的考题对应，我背考点的速度越来越快，记得也越来越牢固。我认为这确实是一个一举多得的好方法，在此向大家推荐。

高三备考时，心态是十分重要的，考试所得的分数和排名反而并没有那么重要。考得好就欣喜若狂，沾沾自喜，而错失了使自己进步的机会；考得差也无心于自己所犯的错误，不愿再去面对凄惨的试卷，若一味地悲痛欲绝，哭天抢地，反而会使自己越考越差。对于做对了的题，你不需要沾沾自喜，因为别人也能做对，甚至能做得比你更好；而对于做错了的题，才更需要引起你的高度注意，因为你这次做错了，下一次，甚至下下一次，很有可能还会做错。人不能在同一个地方摔倒两次，同样的，你也不应该在同一道题或同一个考点上出两次甚至更多次的错！

至于物理大题，我觉得需要先从简单的、经典的模型题做起。在脑海中建立起各种简单的物理模型，并能灵活地运用物理模型来解复杂的题。经典的物理模型有很多，比如小滑块验证动能定理的模型、弹簧验证动量定理的模型等，而这些经典的物理模型有很多都被用于设计实验或者验证定理，所以牢记这些物理模型也能帮助你提高做物理实验题的能力，所以这也是个一劳多得的好方法。

对于看起来比较难、题目比较长的物理大题，首先要做的就是告诉自己不要心慌，这些只不过是障眼法，其实跟普通的题没什么两样，并告诉自己一定能做出来。这就是所谓的正面鼓励法。你可不要小瞧这种心理暗示，它不仅能让你保持冷静，正常发挥，甚至在高度紧张的考试状态下，你很有可能超常发挥，做出平时你做不出的题！有了良好的心态，接下来要做的就是将题目肢解：舍弃无用的部分，如背景介绍等；找出有用的部分，在我看来，也就是各个不同的运动阶段以及题中所给的物理量，并迅速在脑海中形成动态画面。我认为，最好的读题方式就是边读题边将题中所描绘的场景画出来，并顺手在旁边标出各种已知量。这样不仅能简化题目、节省时间，还能将条件要求看得更清楚，更易于找出题中的物理模型。对于复杂的题，我认为，它复杂的原因就在于题中的物理模型数量多、种类杂。如果能用图将题目完整清晰地表达出来，找出不同运动阶段所对应的物理模型，那么这道题也就被成功地肢解了，同时难度也降低了，你便能轻松地解出来。

对于剩下的一些物理创新题，如问你在现实生活中应如何应用某个原理，我认为，要想解决这种题确实需要敢想、敢写。因为这种创新题一般是没有标准答案的，只要你开动脑筋，联系实际即可。然而很多同学却因为在考场中过于紧张，反而答不上来，这时就需要调整好心态，多读几遍题目，对原理多做深刻理解。这样一般就能增大答对题的概率。总而言之，对于物理的学习，重在平时的积累，重在考试时的心态，我相信，只要努力就能取得满意的成绩。

化学篇——知识就是一张网

我个人认为化学是一门十分注重细节的科目,“细节决定成败”的道理在这一学科上体现得较多。对于北京的理科生来说,一般在高二结束时化学就已经结课了,所有的新知识也就学完了。步入高三后,大部分人在一轮复习时就开始使用题海战术,甚至在高考结束前都一直是这样复习。我承认,对化学采取题海战术确实有一定的作用,但却不是最好的复习方法。我高三时,由于自恃化学基础还不错,于是剑走偏锋,开始脱离老师的复习节奏,每天都扎在题海中。可是后来,由于我自己不愿意总结,也不愿意翻书求证,仅仅凭借自己高中前两年对化学知识的掌握来做题,这才发现自己越来越不会做题了,经常连最简单的题都做错。后来经过我的反思,我发现是因为自己对知识掌握不扎实的缘故,同时我也意识到了化学课本的重要性。因为很多我有疑惑甚至完全记错、理解错的考点都能在课本上找到,而且课本上还有我曾做过的笔记,这可是一笔宝藏啊!从此之后,我开始对化学进行全面系统地复习,甚至自己琢磨出了一幅化学知识框架图,也就是化学思维导图,借此我对化学知识的掌握更扎实了,并扫除了自己知识上的盲点。知识就是一张网,而考题就是猎物,你编的网越牢固漏洞越少,你能捕到的猎物也就越多,得分自然也就越高。

在化学中,也有难题存在。我认为,化学的难点跟物理难点不一样。化学的难点在于题与知识的衔接,在于对题中情境的分析。当你对知识的掌握达到了一定的水平,你也一定记得许多化学常识,比如浓硫酸不易挥发,但是在 2011 年北京理综中的第 27 题中浓硫酸却能产生白雾。读题到此,一般人都会觉得十分疑惑而且感到陌生,而不自主地对此题心生畏惧,从而导致做不出此题。其实就因为这也是一道实验探究题,实验中所得的结果并不一定与你的预测是一致的,很多人就因为与自己的平时所记不一致便心生怀疑，而不是去仔细审题。做实验题就应该将自己置于题目的情境中，不论猜想与结果是否一致，都要理性地做出结论才行。

生物篇——方法可通用，“陷阱”要记牢

我想对于北京的考生来说，生物教材应该是个比较大的问题。全国大部分地区使用的生物教材都是人教版，而海淀区的教材是浙科版。对于这两个版本的教材，我个人认为人教版更适合于高中学习及高考复习，所以建议考生自备人教版的教材（如果本来就使用人教版教材，就不用再做准备了）。

对生物来说，首先我想强调的仍旧是考点，不管你用的教材是哪个版本，考点是不变的。所以同样的，你要做到熟记考点并灵活运用考点来解题。其次要强调的也是课本，对生物来说课本也同样重要，它是将题目答好的基础。最后也是要注重一些经典题，不管是选择题还是大题，你都需要记住一些经典题，以及一些经典的“陷阱”。例如 2011 年北京卷理综的生物题第 29 题第 5 小问中的“实验组”，记得我们第一次做这道题时，由于没有仔细审题，而将“实验组”看成了“对照组”，或者根本没有注意到“实验组”这一前提。全班只有一小部分人做对，而后来再次做这道题时，由于很多人没有记住这个“陷阱”，于是又做错了。经典的“陷阱”并不只是局限于某一小问、某一道题，它很有可能被应用于不同的考点以及不同的题型。你要做的，就是擦亮自己的眼睛，识破出题人的小把戏，成功得到分数。

这些方法在前面的物理篇以及化学篇都已经提到过，所以即使科目不同，学习方法的精髓也是差不多的。因此，学习方法不在于多，而在于精，能掌握好一种或者多种方法并灵活运用就能取得好成绩。

理综篇——各科顺序是关键，时间合理助成功

对于理科综合，我主要想强调一下做题的顺序以及各科的时间安排。一般情况下，我认为选择题还是不要分科来做，因为会浪费时间而且正确率不见得高。对于大题来说，我的做题顺序是先做物理，再做生物，最后做化学，这跟试卷中的题目顺序有点不太一样。因为我的化学还不错，所以就算剩给化学的时间不太够，我也不至于太过慌乱。不同的人自有不同的做题习惯，一定要认准一种做题顺序，并持之以恒地练习，千万不要随意而为。

至于时间安排，选择题建议用时 20 ~ 35 分钟，而大题建议每道题用时 10 ~ 12 分钟，如果超过 17 分钟还没能做出来，建议先放弃，做完后面简单一些的题再来攻克此题。答完试卷后，最好还能剩下 5 ~ 10 分钟来检查，主要检查选择题，可以将选项代入原题来检查，不需要再做一遍。对于物理大题，主要检查公式是否正确，一般能做出整道大题的话，思路一般不会错；对于化学大题，主要检查化学式以及计算题，计算题很容易算错，所以要多检查几遍；对于生物大题，也可以用代入的方法来检查，将答案填回去，甚至可以默念几遍，错误很容易被找出来。

以上就是我学习理综各科的经验及应试技巧，希望能对学弟学妹们有所帮助。祝高考顺利，清华等你来！

姓　　名：赵冰彬

毕业学校：云南省大理州下关一中

高考成绩：总分679　语文118　数学132　英语130

理综257　学业水平测试22　省级优秀学生加分20

院　　系：清华大学协和医学院

圆梦清华

既然选择了远方，便只顾风雨兼程。学习的这一路，有泪水，有汗水，需要你付出很多，但请相信，到达终点后你会真正体会到成功的幸福。勇攀学峰、勇渡学海的学子们，高考是你们路途中最重要的一座独木桥，而理想的大学是你们期待的远方。或许你会困惑，或许你会迷茫，觉得自己理想中的远方只是一个梦，感到自己心有余而力不足。但是作为一个过来人，我想和你们说，选对了方法，加上你的坚持和努力，清华、北大不是梦。下面，我主要把自己考前保持良好心态的体会和理综学习的方法分享给各位将要参加高考的学子们，希望能对你们有所帮助。

一、好的考前心态是成功的必要前提

要自信——你要相信人的潜能是无限的，关键是你要发掘它，并永久坚持；人都会进步，只是进步有大有小。或许你的进步极其微小，不被人发现，但你自己却不能放弃，一定要坚持，只要坚持，你的不易发现的点滴进步最终都会在高考时完美地体现，即量变的积累最终会引起质变。而我自己当年在这一点上就做得很不好，虽然最后的高考成绩还行，但相比平时就差了很多。在临近高考的几次模拟考试中，因为没有调整好状态，成绩都很不理想，我觉得自己很努力了，但考试出来的成绩却不太理想，我真的很怀疑自己的能力。临近高考，心态仍没能得到及时调整，高考是我高中以来考得最差的一次。到了高三下学期，有些同学也会出现我这样的情况，但请你一定要记住，你自己已经很棒了。在考试之前检查出漏洞是件很好的事情，只要认真弥补，高考时就不会再犯同样的错误。同时，要认真总结，不要怀疑自己甚至放弃自己，否则此时的不自信会把你推向低谷，很难再爬上来。说实话，考试只是检测自己的一种相对公平的手段，并不是绝对公平和客观的。因此有时候一场考试的成绩可能会掩盖了你的进步，蒙蔽了你的眼睛。此时，你最需要做的就是相信自己，保持对自己的信心，认真总结考试中的难点和易错点，改进自己的学习方法，通过改正错误来完善自己，使自己有更大的进步。

要专注——简单地说，就是要静下心来，一心一意地去准备高考。高考，已经不是一场单纯的考试，而你作为这场考试的主角，所面对的压力也是无比巨大的——几乎是你从小到大以来所面临的最大压力。而很多时候，我们在面对巨大压力时，会变得很烦躁、焦虑、善变。大家可能有过这样的经历，自己本打算要到教室写语文作业，看到你旁边的同学在研究数学压轴题，心想：糟糕，我也得写，说不定下次考试就考到了，况且是十几分呢，语文无所谓，还是先放放吧，至少考场上编也能编出来。之后，就打乱自己的计划，开始盲目地做数学题，而最后可能收获甚少。又比如，每次到书店去，看到各种猜题卷、冲刺卷，就会暗自想：我要用一周时间把多少套试卷写完。并且总担心自己会漏做某几道题而恰巧又出现在高考试卷上，之后就开始疯狂购买。而到最后才发现，自己的进度和心中所想差别很大，那么多的题，根本就做不完，高考结束后大摞大摞的试卷依旧崭新如故。这些心理和行为都是浮躁的表现，它会让你不安，致使你不能专心地完成你应该完成的事。

此时最重要的就是静下心来，专注于你自己真正应该做的事，不要被周围的环境所左右。你唯一要做的就是按照自己和老师的计划，认真地完成每一次作业，认真地去体会和总结题型。你要相信，高考出现原题的概率微乎其微，没必要抱着侥幸心理盲目去刷题库。但是可以确定的是，高考的题型不会超出你的准备，你对题型的体会和总结会让你得心应手地去解决看似新颖的问题。当你真正专注了，你的效率就会很高，结果当然不会差，你的浮躁感也会大大减轻，你会更加乐于专注你所要做的事，最终这会是一个很棒的良性循环。反之，处理不好便会是很糟糕的恶性循环了。

享受考前每一天——说到这点，可能很多人都会持反对意见，会认为高三岁月很艰辛，很枯燥。每天面对的是永远也做不完的题目，心里总是被考试压着，被成绩压着，根本没有可以放松的时候。其实，这只是你们看到的最表层的高三语文岁月，如果你的高三岁月就是在这样的抱怨中度过的，那你以后一定会后悔的，因为你已经错过了很多很多。高三其实是一段很快乐的日子，这段日子里，你的目标很明确，就是打好高考这一战。你的生活有爸妈的悉心照料；你的学习也有极负责任的老师们的指导（到了大学，你就能真正理解什么是大学——大学大学，大不了自己学）；你还有最铁的朋友和你一起为高考奋战，你们一起吐槽，一起欢笑，一起宣誓，一起畅想，此时的友谊将会是你人生中最重要的、最珍贵的。你要相信，你身边的同学不是你的竞争对手，而是你的战友，只有你们一起合作，才能有更大的进步。当你身处异乡时，就会发现身旁能有几个老同学，不时说说家乡话是一件多么快乐的事！要记住，不要因为匆匆赶路而忽视了身旁的人和事，路边的风景才是最美的！

二、方法是成功的关键，好的学习方法能起到事半功倍之效

作为理科生，理综应该是大家非常看重的一科，就像有人调侃

道:“得理综者得天下。”这虽然不能说绝对有理,但谁也不能否认理综的重要性,毕竟它在所有高考科目中所占的分数是最高的。所以我想和大家分享一下我的理综学习经验,供大家参考。

1. 关于平时学习

物理:对很多人来说,该学科是理综里最难的,也是最强调人的逻辑思维的一门课。刚开始学时一定要从课本、课堂笔记入手,认真扎实地掌握每一个定义和公式,做题要先易后难,循序渐进,保持自己的兴趣和信心。建议选一本好的参考书,根据老师上课的进度按时完成相应的练习,因为学好物理是离不开做题的。做题时要善于总结题型,弄明白该题目对一个知识点是如何进行考查的,一定要打好基础,因为难题很多时候都是由简单题组合而成的。结束一章后,要对这一章进行一次系统的复习,可以先看课本和笔记,再复习做过的题目,最后可以选择一份综合检测卷测试一下,发现漏洞及时补上。

化学、生物:把这两科放在一起说是因为它们有一个很大的共同点——“理科中的文科”。学好这两科的前提是要认真研究课本,要熟悉到可以背诵的程度。每上完一节课,都要及时细致地阅读课本,包括脚注和尾注,对很多知识要背到滚瓜烂熟的程度。其次,做题的方式也很关键,题目不需要像物理那样多,但是要选一些典型的题来做并认真总结,要学会把题目和相应的知识点联系起来,再通过知识点来解决问题。这样,以后遇到背景新颖的题目,你也就能自如解决了。

2. 关于复习和考试

(1)复习时要认真阅读课本,尤其是生物和化学,要对课本很熟悉,包括一些拓展阅读,因为很多大题都来源于课本。遇到难题要学会联系课本,要注意总结难题的难点在哪个地方。

(2)复习时先进行分块复习,最后将各板块联系起来,在脑中形成完整的知识网络。

(3)要多做模拟卷,模拟卷的试题质量较高,要选一些风格不同的试卷，好让自己适应不同的题型；做试卷的时候要严格按照时间限制，找到最适合自己的做题顺序和时间安排。考前的几十天里，可以根据自己的实际情况，选择自己的薄弱部分进行强化训练。

（4）考试时，根据自己的实际情况，合理安排时间。我以往都是按试卷的顺序，用30 ~ 40分钟来完成选择题部分（不超过40分钟），之后用30分钟完成物理的填空和计算部分（压轴题尽量做，能写多少写多少，不能恋战），接下来用20 ~ 25分钟完成生物大题，用20 ~ 25分钟完成化学大题，留下最后30分钟完成3道选修模块的大题。

（5）做题时一定要记住先易后难的顺序，（一般按我认为的先易后难的顺序：生、化、物）一时做不出来的题要学会果断放弃，会做的题要保证准确度。做题时要注意时间，要在预计时间内完成相应的模块，避免出现由于时间不够而丢了本该得的分数的悲惨情况。

（6）试卷发下来，不要急于做题，利用好开考前的几分钟很重要。在这短短的几分钟里，你需要浏览整套试卷，尤其是大题，你可以迅速阅读题目，也可以看相关示意图，对于题目难度要做到心中有数。如果生物比化学难，你就可以灵活调整时间，先做化学大题再做生物大题，并从化学大题的时间中挤出部分留给生物。但是整体的时间规划不能乱，以免每一科都考不好。

（7）平时计算不要用计算器，一定要自己动手算，提高复杂运算的速度和准确度。考试时遇到特别烦琐的计算，可以把运算式子直接写上去，若最后有时间再计算结果。

（8）做题时一定要沉着冷静，不能自乱阵脚，你只要把自己会做的题认真准确做完，分数肯定不会差。考试时千万不能想“我要考几分”“这题不会做怎么办”等乱七八糟的问题，这样只会增加你的焦虑感，使你无法专注地做题，你要想的是题目本身。

学子们，清华、北大不是梦！尤其是高三的你们，珍惜吧，青春有一段被搁在了这儿，真的挺好。加油吧，相信你也可以给自己一个鲤鱼跃龙门的机会！

姓　　名：万英格

毕业学校：湖北省武汉外国语学校

高考成绩：总分668　语文119　数学134　英语139
理综276

院　　系：清华大学工程物理系

百日含苞，但为一朝绽放

——调整心态，理智高效利用考前百天

高考前一百天左右，忙碌而疲惫的高三生活即将结束，我们即将面临“收官之战”。然而，我却在这样关键的复习阶段一时陷入迷茫。一年的复习工作，让我终于对高中三年接触到的知识有了比较系统的认识，大量复习题的训练与几场模拟考试也让我逐渐形成良好的应考心态。可是越临近高考，复习对自身水平的提升速度越趋于饱和，我也越难明确第二天的复习计划了。那时，我几乎每天都会问自己：如果你走到今天认为已无事可做了，给你个机会，你愿意今天就参加高考吗？如果你的答案是不愿意，看来你并未准备好，那么接下来你要准备的又是什么，该如何准备？尽管那时身边大多数同学仍照常把自己每天的复习计划安排得满满当当，我相信还是有不少学弟学妹和当时的我有一样的困惑。最后百天，万事俱备，只看自己对倒数百天如何正确利用了。我把自己当时从迷茫调整到最佳状态的过程分享给大家，抛砖引玉，不求被模仿，但希望学弟学妹们能从中获取些许经验，让我的故事帮助大家找到自己高考前最后百天的方向。

想必大家心里都有理想的大学，我也不例外，但看待这份理想的方式是因人而异的。考前在心中默念它的名字能提高我们复习的热情，但不适当的联想容易引起考前焦虑。怎样看待心中理想的大学？就说说我自己的认识吧。清华，于我而言是个从小听到大的名词，是身边无数学子的奋斗目标，而我从未想过把奋斗目标仅仅锁定在一所学校上。大学，无论对考前还是考后的我，都更多地意味着是提升自我、了解世界的平台和窗口，清华可以说是我心中最佳的选择，而非我三年拼搏的最终目标，我更不会用“非清华不去”或“考不上清华就完了”之类的话评判自己。因此，复习阶段，我不像有的同学那样抱着考上某某大学的压力埋头刷题复习，甚至每天都是一副心事重重的模样。其中，典型者容易出现以下几种情况。

第一，是和周围同学“攀比”复习计划。平时有的同学喜欢关注周围人怎样安排自己的学习计划，考前复习时更为严重。打个比方，甲在复习英语语法时看到乙在背单词，甲出于“我比乙少背了许多单词”的想法放下自己的计划去像乙一样背单词。其一，甲忽略了复习计划是具有个体性的，甲语法薄弱，单词背得滚瓜烂熟，而去照搬乙的计划，对自己英语水平的巩固有害无利。其二，甲复习的目的掺有和乙竞争的成分。竞争不是贬义词，但复习主要是为了提升、稳固自己的知识体系。如果把重心放在竞争中，甲时时关注乙的进度，因为自己不如乙而唉声叹气或是隐隐妒忌，超过乙则得意忘形、自满懈怠，无论哪种状态都对良好学习心态的塑造没有好处，更不要说以良好的心理状态应对紧张的高考了。

第二，是心理压力大，和同学的日常交流减少，甚至和非复习状态时不像同一个人。正如我在前面提到的，有压力很正常，但压力过大乃至让它影响了你的日常生活，则是心态亟须调整的信号。不少同学可能没意识到这一点的危害，复习和模拟考时稳中有升，以为得益于“有压力才有动力”。然而到了高考这两天，他们临场发挥大不如平日水平，后悔为时已晚。每一届都有这样的例子，在我熟悉的同学里也有不少，所以希望学弟学妹们能注意到缓解压力、保持一颗平常心的重要性（效果往往直到高考时才体现出来）。至于调节的办法，因人而异，相信大家平时都有调节心情的小妙招，实在没有的可以尝试参考周围同学的办法，这一点不少人还是乐于分享的。

说到分享，就出现第三种现象了，少部分同学将自己的复习方法视为私藏的珍宝，不愿与人共享，这也许对自己没有明显的危害，但这实在是我不推崇的做法。高考时，我们的竞争对手是全省的考生，同学之间互相帮助并不会影响你的排名，而且占用不了多少时间。互相交换彼此的思想，对复习是有益的。

在观察到周围这些现象时，离高考只有不到一百天，而我仍处在迷茫中。然而同学们的复习状态给我提供了一些思路。我从自我暗示开始，如果你能注意这些问题，要有则改之，无则加勉，这正是找准方向的第一步。接下来我又是怎么做的呢？

（1）避免盲目自信，踏踏实实克服漏洞。那段时间里，我曾"自我感觉良好"，自以为三年的知识翻来覆去训练了无数遍，复习工作达到饱和状态。因此，时不时和同学互相考考难点、易错点，可是屡屡"惨败而归"。其实每个人都一样，任何时候都一样，总会有疏忽的地方，总有继续复习的必要。除同学之间互考外，我又翻出了三年来整理的笔记和错题，"挑挑拣拣"，只留下还不够熟悉的内容。这不是一日之功，之前已经大体整理过几遍，考前一百天做的是在以往整理的基础上继续"淘汰"巩固好的知识点，让漏洞数量降低到最少。

（2）利用不长不短的三个月巩固基础知识。另一项耗时较长的工作便是复习语文、英语的基础知识。例如常见文言字词的含义、重点英文短语等，虽说功夫下在平时，高考前的三个月也很重要，在这百天里做好这些工作，不至于因复习和考试间隔的时间太长而遗忘，也不会因为复习时间不够而匆忙应考。所以，感觉自己平时基础知识积累不足的同学没有必要灰心，考前的黄金一百天可以有效弥补你的短板。

（3）不到一百天了，怎样高效度过枯燥的复习阶段？上面提到的一种减压方法也可以用在这里：换换心情。无论复习多么紧张，都要时常留出一些时间，读读美文，听听音乐，或是出门运动一会儿，哪怕只是奖励自己一顿美食，都是不错的调节办法。事实证明，最后一百天的复习不缺一个空闲的下午。实际上，复习到最后难免遇上停滞期，通过类似的办法适当调整心态，才是对复习状态最好的提升。

（4）为考试时可能出现的失常发挥做好知识和心理上的双重准备。“不要想太多，好好考，发挥自己的正常水平就行了。”爸妈在考前不止一次这样鼓励我，我却有不同的想法。高考不同于平时，作为十七八岁的青少年，大多数同学难以真正做到像老师建议的那样“把高考当成平时的考试对待”，怀着一颗平常心考试。因此，大部分同学高考时的发挥情况是不如平时的，而被鼓励发挥出正常水平，无疑又给我们带来不必要的压力。可我为什么要在关键时期对学弟学妹们说这些“泄气话”呢？答案很简单，与其担心自己发挥不到自己的期望值，不如在感到复习走向饱和时进一步提高对自己的要求，更高的标准带来的是你努力的加倍，知识巩固了，水平又提高了一个层次，让你不再以“复习好了”为借口消极怠工，也为考试时发挥不足预留了空间，使临考心态更稳定。

当然了，这些是我在自己复习过程中遇到问题时摸索出的一些解决方案，你们也可以在遇到问题时多摸索，整理出自己的考前百天注意事项。没有最好的复习方式。复习方案是动态的，做到随时根据自己当下的学习状态进行调整，才能从容不迫面对复习过程中的问题与种种变数。遇到问题时，我推荐先“自力更生”，再向同学和老师求助，毕竟最了解自己学习状态、优势与薄弱环节的应该是自己，在摸索的过程中你也提高了自己独立解决问题的能力，增加了自信。

另外再强调一点，上面列举出的只是我最后找到方向时总结出的办法。其实我也有相当一段时间不知所措，或是采用了不适合自己的学习方式，浪费了不少宝贵的复习时间。所以，如果你们还没有找到有效利用考前百天的好方法，也不必恐慌，只要冷静地面对问题，定能找到正确的解决方案，不必因之前荒废时间、迷茫无措耿耿于怀。考前最后的几个月里，最重要的还是调整好心态，面对任何问题或意外时不至于惊慌失措，这就满足正确利用这一百天的大部分要求了！

最后，我在美丽的清华园里衷心为学弟学妹们加油！祝你们找到并落实适合自己的复习方案，不求最好，但求竭尽全力而无悔！

姓　　名：张嘉梁
毕业学校：新疆乌鲁木齐市第一中学
高考成绩：总分672　语文111　数学142　英语132
　　　　　理综277　竞赛加分10
院　　系：清华大学经济管理学院

天天爱高考

进入清华已经是第二个年头了，与各路“大神”为伍也是第二年了。曾经的我是自己身边为数不多的“高考赢家”，现在放眼看周围，每个人的高中都有着辉煌的历史。对高考的理解，也就和高中时代差了很多。就好像一座山，站在山脚下仰望它与翻过去之后站在更高的山头上俯视它，两种感觉是迥然不同的——更何况身边有了很多跟我一样视角的人。对于曾经的成功经历和经验，我有了更深刻的理解。

什么是高考？

高考，全称中国普通高等学校招生全国统一考试，在每年的6月7~9日进行，以闭卷统考的形式用几张试卷在几个时间段内对学生高中三年所学习的主要科目的知识做出鉴定。其分数将作为大学录取考生的最重要的指标甚至唯一标准，可以决定考生的命运。

现在回头去看高考，觉得高考更像一场“技术考试”或者干脆说是“技工考试”。虽说是对书本内容理解与应用的考核，看起来主要考查学生的智商与多种思维能力，但由于大量的重复作业（大学生们在用有限的时间对付无限的知识，而高考考生则是几乎在用无限的时间对付有限且不多的知识），高考考查的更像是学生对课本条目的熟练度和对高考题型套路及应对方案的熟练度。

因此，笼统地说，应对高考应当分为两个主要步骤。第一个当然就是熟悉高考的考纲以及对应的课本条目，即俗称的“打下基础”。这个过程应当在高一和高二学习新课的过程中至少完成70%（也就是上课请认真听讲。高中生与高考赛跑的过程中拥有很大的时间优势，当然前提是有效学习时间达到中国高考大省高中的一般水平——即至少12个小时。如果在高一、高二的时候没有抓紧学习记忆的时间，则会慢慢丧失这个优势，到了高三就再也赶不上节奏了），剩余的30%则在高三时的第一轮复习期间完成。请在第二轮复习开始的时候拥有一种稳如泰山的心态，能信心满满地对别人说出“随意抽查我高考内容的基本概念和知识点，如果背不上来我就从了你”这样的话。

第二个步骤则是“技术训练”——熟悉高考的套路及应对方案。对应的时间节点则是高考前的第二轮和第三轮复习。一般来说，高考的第二轮复习是“专题训练”. 高考要考的知识点非常细碎，又考虑到覆盖面的问题，相似的、有关联的知识点经常放在一起进行集中考查。第二轮复习要应对的就是对这些知识点的初步整合，所以，这个阶段的成效一定是以第一个阶段即熟悉课本条目和考点为基础的。而高考整合这些知识点的套路即知识点的组合方式，也就是我们所谓的“题型”，虽然出题人在不断创新，但实际上是有限的（在考纲稳定的前提下，现在出题套路的创新空间越来越小，更多的只是搬来不同的知识作为出题背景）。所以从理论上来讲，需要对最主流的出题套路掌握到“化成灰都认识”的地步，再对所有支流的出题方式都混个眼熟。考场上，见到自己熟悉的套路就直接拿下；如果见到自己不是那么熟悉的套路但是有印象的，要相信自己可以凭借从父母那里遗传的智商解决它。如果二轮复习的时候保持好节奏，时间是绝对够用的。

二轮复习之后紧接着就是三轮复习了。此时的主题是“培养大局观”。从三轮复习开始，高中生们就进入了做卷子——讲卷子——做卷子的稳定循环。此时的模拟考试会增多，作业也会以套题为主，目的就在于让考生熟悉高考套路。试想假如你不是在高考而是在学做菜，第一次炒菜和第一千次炒同样的菜，感觉一定是天差地别。即使第一次炒菜前你能轻易地背出菜谱、调料、做法，并能把放油的时间精确到秒，放盐的量精确到毫克，也未必能炒出一盘成功的菜。因为你虽然熟悉每一个步骤，却无法知道它的组合方式，也找不到自己炒菜的节奏。同样，如果通过大量重复练习，能够对高考有整体的把控，成功的概率则又提高了很多。至少自己在考场上不会再心慌了，因为对高考节奏的把控甚至已经形成了肌肉记忆和条件反射，有了"下笔自然成"的境界。

备战高考并没有太多的奥秘可言，如果非要说有的话，也只能是"重复重复再重复"。无论是对局部小知识点的重复还是对整体考试过程的不断模拟，都是备考过程中不可或缺的。下面我分别介绍语文、数学、理综、英语的学习特色。

语　文

科目特点：课本条目掌握占 10%，套路熟悉占 50%，节奏把控占 40%。

语文是考生们面临的第一场考验（笔者的省区采用新课标卷且笔者为理科生，以下不再赘述），长达两个半小时，并且是书写量最大的一科。高中语文必修课本上并没有直接传授"诗歌鉴赏""阅读理解"答题技巧的章节，也没有专门教如何写作文的章节。所以语文是六门课中唯一一门超越课本，直指考生能力的科目。这样一来，课本条目的重要性也就没多少了，唯一需要认真对待的课本条目大概就是文言文课文中涉及的互译技巧和要背诵的课文章节内容了，其他都是无法从课本上学到的。而这些"其他"占据了语文考试 150 分中的大部分。

"其他"包括但不限于阅读理解（古诗文和现代文阅读）、语法和写作。也就是高考语文考试所谓的对“语文能力”的考查。但是，在这么多年的高考过程中，其考查方式也已套路化，而且比较严重，已经套路化到问题的每一个考查点的作答方式都有套路可循，就好像是独立于课本之外的另一门学科。其“课本条目”是一些在阅读理解作答中会用到的概念、定义以及写作时要遵循的基本文章结构。而“套路”则是有限的，是基本上已经被辅导书和出版商摸透的出题方式。因此在语文考试中，对于套路的把握绝对是至关重要的，而这要求大量的练习——毕竟是一门课外“学科”，高一、高二的语文课堂上，讲课文的老师一般不会太多地提到这门“学科”。

语文考试时间共150分钟，包含一篇不少于800字的作文，而一篇构思、书写都比较用心的作文会用到一小时左右的时间。剩余的时间也就是90分钟左右，平均每分钟要做一分的题。时间上相当紧张。这要求考生有良好的做题节奏，知道自己每分钟应该做什么，知道自己在时间与预期不相符的时候应该怎么办，不能慌张。而针对这点的训练只有靠平时完整的套卷。因此在时间充裕的情况下，用150分钟不间断地做一套包含作文的完整套卷绝对要比把对应的题型都分开做一遍要有效得多。这条规律对于其他学科同样适用。

总之，我认为语文是一门号称要靠积累，但是实际上主要靠答题技巧和节奏感的科目，其中对套路和整体的把控至关重要。

数 学

科目特点：课本条目掌握占20%，套路熟悉占40%，节奏把控占40%。

高考数学成绩是令笔者最满意的。在2012年新课标卷相当有难度的情况下，笔者凭借好的节奏感，依然考出了142分的好成绩，在这一门课上占据了较大的优势。

这里要回顾一下笔者的数学考试经过：首先从大题开始做起。用了大约 40 分钟连续做了三角函数、数列、概率、选做，之后翻回正面用 35 分钟做完了选择及填空题，剩余的 45 分钟用来攻克最后两道大题。最后一道大题的最后一问很难，做到那里，还有一道关卡要攻克的时候还剩下 10 分钟。于是笔者选择放弃那道关卡返回检查，检查出填空题的一处错误并改正。考试结束，准时交卷。核对答案的结果是除了最后一道大题的最后一问，所有答案均正确。笔者对于这个结果很满意。

从考试经过讲起。为什么笔者在高考的时候选择了非主流的“从大题做起”？因为笔者在考试前一个月自己进行的集中训练中，所做过的 30 套模拟卷全部使用了从大题做起的方式。所以在考试的时候有勇气选择了自己熟悉的方式。这就是“节奏”。找到自己熟悉的节奏，也许是数学复习及考试中最重要的。当然，这建立在你熟悉套路的基础上，否则没有意义。

笔者分别在高一、高二、高三做过 3 次高考卷，每次 20 套，一共 60 套。三年的套卷平均分呈递增趋势：120——130——140。由此可见，有策略的、正确的题海战术是一定可以在理科类考试中奏效的。

那么，怎样的练习是有效的题海战术呢？一定要以套卷为主，专题补充。数学考试不仅考查考生能否把题做对，还考查考生的心理状态、对检查等元素的运用能力、思维转换能力以及临场时的权衡取舍能力。这是单做一类题目无法做到的。专题补充的意思则是在套卷模拟练习中发现知识点的问题，通过单一练习来集中强化。

最后笔者分享一种练习方式，推荐有一定基础的同学们试用：笔者在练习选择填空题的时候，强迫自己全部心算，不下笔，下笔就一定是写答案。这样的训练可以提升考生思维的清晰程度。因为选择填空的题很可能是极简单的，但是脑子一旦不清醒，可能原本简单的题目也做错了。做四道较简单的大题的时候，则反过来，强迫自己不停笔，尽量不要停下来思考。因为四道简单的大题套路有限，解法已经高度程序化。考生应该用这种方式使对套路的反应变成条件反射，做到“下笔如有神”。在攻克最后两道较难的大题时要注意权衡取舍，在思维不畅的时候注意分值和剩余时间，随时准备放弃难题来保证更容易得分的题不丢分。平时做模拟题的时候不妨试试。当然，要多做。

理　综

科目特点：课本条目掌握占 40%，套路熟悉占 30%，节奏把控占 30%。

对程度一般的同学来说，理综是很难做完的。理综要思考的内容和阅读量远远多于同时长的语文考试。再包含三门课的思维切换，难度比语文要大，得低分的危险性也比语文高不少。

生物是理综中占分最少的科目，也是相对简单、较依靠书本的科目。生物题目的套路性不强，全看考生能否熟稔地、一字不差地写出书上的概念。“理科中的文科”不是白叫的。背书，并且搞清楚知识的使用范围即可。脑袋再不灵光的学生，只要在生物上花足够多的时间，都可以拿到 70% ~ 80%的分数。

化学的套路性很强但是并没有太多的花样，基本概念很碎也很多。需要在生物的基础上加入多做题的环节，做到熟悉所有的套路。

物理是三门课中最锻炼思维能力的课程。很多人觉得物理很难，因为物理没有单选，而且就算完全熟悉了所有的概念，也不容易做对题。其实物理的大题是套路化的，这或许是物理中除送分题外最好拿分的题目。选择和实验则花样百出，尤其是物理实验题，毫无套路可言，近几年的花样越来越多。想要在高考中拿到这最难的分数，则一定要对每个实验的原理都有深刻的理解。选择题除了多练并没有太好的办法，因为选择题的套路也是数不完的。“时刻注意名词的定义，不要相信自己的直觉”是很有用的一句话。

至于三科的做题顺序，与数学一样，属于自己的做题节奏范畴。只需要多用模拟题完整地练习，考试的时候心里就会有数，然后还是和数学一样权衡取舍。如何在最短时间内拿到最高分数？要清楚自己的水平，注意时间和分数。

英　语

科目特点：课本条目占 90%，套路熟悉占 5%，节奏把控占 5%。

英语考试一般是时间最宽裕的。尤其现在可以不算听力（我省的英语考试情况）之后，考试时没有“信仰”的同学可以考虑完全不听听力。不过实际上就算听了听力，时间也是绝对足够的。一般写作结束之后还有半个小时左右的时间可以用来检查。

英语作为一门语言学科，几乎全部靠记忆，还有少量理解。无论单词还是语法，都是需要天天背夜夜背的东西。至于阅读、完形、写作，只要每个单词都认识、文章内容可以读通，所有技巧都无所谓了。

于是，学好英语的方法就是背！背单词、背语法、背课文、背句型、背名言，背一切能背的东西。

英语唯一称得上套路的只有写作，但是训练方法仍然是背，背经典句型、背优秀模板，把自己三年学的还在脑子里的最花哨的东西全部用上，写一篇最华丽流畅的文章即可。

英语，就是一个字：背！视个人情况适当加练完形，并且保证阅读量即可。

最后提供几条复习备考小贴士：

（1）定期的模拟绝对有必要。就算学校不进行也应该自己来加练。清楚自己的实力才不慌。

（2）高考那两天不要对答案。如果自己感觉不好千万别对，感觉好也别对。

（3）一周要留出一天慢节奏时间。早上晚起，做一些基本练习即可，强度要小。

（4）充足睡眠所带来的效率胜过熬夜带来的额外几个小时的效率。

（5）经常参加体育锻炼，给自己一个健康的身体和良好的精神状态。

姓　　名：范　琪

毕业学校：福建省南平市顺昌一中

高考成绩：总分640　语文119　数学135　英语140
文综246

院　　系：清华大学经济管理学院

各科高效学习方法与心得

回味高考，我不觉得那段时光是多么的黑暗痛苦。在高三的日子里，我能够有较为充足的睡眠，在各场考试中也能胸有成竹。最终考入理想大学，我想这是因为我有科学的学习方法，这大大提高了我的学习效率。下面我来分科目讲一讲文科生的学习方法。

数　学

数学可以说是文科生的生命，对文科生来说，高考考场上的成功多半是靠数学。

高考数学是有规律可循的，概念知识点、答题思路在多次联系以及整理后会越来越清晰。也就是说，刷题是必不可少的，但是要掌握好的方法。

一、文理数学兼做

对于文科生来说，想要在数学这门课上占据高地，只做文科数学是不够的。想要大幅度提高成绩就要文理科试题都做，同一份试卷，先做理科卷，再做文科卷，久而久之，你就会从理科卷中发现很多解答文科卷的思路，对一些不太明白的题目理解也将会更加深刻。而且，做完理科卷再做文科卷，那种下笔如有神助的感觉是会让人上瘾的。

二、循序渐进地做题好过一口吃成个大胖子

在一轮复习的时候千万不要贪图进度而放弃跟着老师从基础开始复习的过程。对于基础知识，掌握得越扎实越好，不仅仅是概念、定义，教材上的证明、例题都要掌握，做题时可以大大提高速度。建议在一轮复习的时候重点做小题，也就是选择填空，小题虽小但容不得出半点差错。五分一题，拿全了会让你的起步分就在80，总分自然不会太差。如果一轮复习结束之后可以做到拿来一套高考试卷，选择填空题在40分钟之内解决，你就离成功不远了。二轮复习的时候要着手攻克大题，保证概率、三角函数、立体几何、数列一分不丢，圆锥曲线和导数第一问不丢分，第二、第三问尽量多拿分甚至不丢分。当然，在攻克小题、大题、专题的过程中也是要做完整的高考模拟卷的，正所谓考试的感觉不能丢。

三、每天整理错题，每天回顾错题

学习数学准备一个错题本能够让你事半功倍，特别是在高三这种每天卷子、作业、练习册如雪花飞一般的时候，错题本能够节约你找例题的大量时间。遇到好题，在考试中、平时做题中出现的错误都可以记录下来，在旁边批注上解题思路、心得感想。时常回顾，这将使你如虎添翼。

四、保证考试量

不管是学校组织的考试，还是自己的测评，要保证平均两天一

次考试的节奏，这样你才不会手生。寒假之后更要有周日自己连考两到三份卷子的决心，高强度的考试会让你的思考能力提升，耐力增强，在高考考场上无所畏惧。

文 综

文综往往是让考生们头疼的大问题，文综的学习要从点滴做起。在一轮复习的时候就要扎扎实实地过一遍课本中所有的知识，不要怕苦怕累。这个时候要疯狂地背一遍，在二轮复习的时候才能运用到专题之中，三轮复习运用知识解决问题才能得心应手。

一、政治需要线索表

政治的知识较为零碎，但是政治也是文综里最好答的，因为只要你概念清晰、思路完整，得分就不会低。我的建议是制作政治线索表，如同思维导图一般，画出每一单元或者每一个专题的结构图。走在路上、排队打饭的时候可以拿出来挑一个板块背一背知识点，串一串线索，零碎的知识就会被各个击破。当线索在你的脑海中成形之后，就可以尝试着利用线索关系网来总结一个个的专题，可以是时政热点之类的，加入自己从政治、经济、哲学、文化各个角度的思考，在考试中你会惊喜地发现自己组织答案的速度提高了不少。

二、历史需要时间轴

历史是一门需要准确记忆知识点的科目。虽然近几年对于史实的考查明显弱化，但扎实的基本功是做好历史分析题的基础。历史也应该做线索表，以时间为轴，将古代、近代、西方、东方的政治、经济、文化大事件标注出来，利用零碎时间记忆。时间轴可以让你对同一时期的世界清晰了然，也可以利用自己所掌握的知识分析同时代两种文明不同趋势的原因和影响以及文明之间的相互关系。另外要对历史事件多多思考，了解它为什么发生，有什么条件使它发生，它的影响、对它的评价等。这些思考都会在高考试卷上体现出来，如果高考改革要更加重视学生的能力，那这种看中你思考分析能力的题目会让你更有优势。

三、在看图中学地理

地理可谓是文科中的理科，地球运动曾让多少学子扼腕叹息。学习地理既要有学习政治历史的刻苦精神，将该记忆的内容记清楚；又要有学习数学的思维与题型归类的意识。地理的学习复习是建立在图片上的，要多多接触各类图，遇到没见过的图最好剪辑下来汇总。同时要把地图摆在显眼的地方，经常瞅一眼，看看经纬度，看看地形，大有裨益。我在高三时和同桌在桌子上各贴了一张中国地图和世界地图，下课看，上课查阅时看，午睡醒了趴在桌子上看，总之是把世界映入了大脑，于是胸有成竹。

文综考试之中最让人害怕的不是大题而是选择题，在后期二轮、三轮复习的训练之后，大家都有了套路化的答题思路，在大题方面大家得分是较为平均的。然而文综选择题有35道，每道4分，做错一道都会让人后悔不已。所以，每天练一套文综选择，定时在30分钟内完成，这是3月份以后必须做到的。3月以后，学校的练习可能不够做，要经常跑书店买当年信息卷和各校各地模拟卷，一方面保持做题感觉，另一方面从各地的模拟卷中可以看出高考的走势。

英 语

英语可以说是高考六门课之中最容易提分的科目了。一轮复习的时候要着重复习语法，把每个知识点落实好，弄明白。然后要保持一定的英文阅读量，这对于语感的提升和作文水平的进步是有很大帮助的。英文阅读不一定来自报纸杂志，繁忙的高三寸时寸金，平时做的英语套卷就是很好的训练素材。不妨做完作业对完答案之后将完形填空多读几遍，既保证了每日阅读量，又加深了对语法的理解。

英语之中非常重要的一个环节就是背单词。课本中的单词当然要掌握，课外的单词，如阅读短文里出现的生词，最好都能拿一个本子记下来并时常翻看。久而久之积累的单词多了，阅读和做题就更加轻松了。增加词汇量还有一个好处，那就是利于写作。阅卷老师如何在短时间内判断出一篇好文章呢？答案就是不重样的复句和替换简单词的短语或是高级词汇。比如 important，我们可以写为 significant；most importantly 可以写作 first and foremost。加上一手干净整洁的字，这种作文怎能不得高分呢？

做了这么多准备，应对英语考试刷套卷是少不了的。英语套卷从第一题开始到作文，用高考时间计时并且涂卡，平均两天一次。一年下来你会发现自己的英语成绩高出同学们的不止一点。

语　文

语文作为一门应试科目，重在整理和记忆。基础知识往往很散乱，比如成语和文言字词，我是直接画字典的。新华成语词典里不认识的成语被我用荧光笔画出来，从头到尾看了三遍；文言字词释义加例句我抄了厚厚一笔记本。

如果有纯记忆的东西比如古诗文默写，那绝对要下狠功夫重复记忆，一分都不能丢。文言文和诗歌我从高三第一天开始背，一直到高考前一天还在背，循环往复的记忆让人心里更加踏实。

建议寒假结束后着手买套卷，练里面所有的选择题，保证客观题上比别人有优势，这样总分一定不会太低。

主观题方面还是要多看看参考答案，参考答案会给出答题的思路，我们要做的就是在这些思路中找规律，知道下次碰到类似的问法该怎么回答。可以专门用一个小本子来记套路，就像记数学公式那样。

关于作文，其实还是需要一个较为清晰的套路，加上翔实的内容与真情实感。文章一开始用一段华美的语言引出主题，一定要开门见山，但是又要温柔有美感地“开”。之后可以围绕着讨论的问题展开阐述，这个问题是什么，为什么会出现这个问题，我们怎样去看待这个问题，怎样去解决这个问题，最后用一段自己的思考来结束整篇文章。通过这个思路写出的议论文结构很清晰，内容加入大量实例与客观的分析，只要不跑题一般都会得到高分。闲暇时间大家可以翻阅一些散文集，一来放松大脑，享受美的喜悦，二来积累些优雅的表达方式，为写好作文添彩。

说了这么多，还是要在高三路上奋斗的你们来亲身经历。作为高三的学生一定不能懒，一年的拼搏决定了你未来四年会遇到什么样的人，生活在什么样的环境，是不是在做自己喜欢的事情。每个人都要对自己的未来负责。

学习方法这种东西因人而异，这是我认为有效的方法。只要它可以帮助你学得更快、更多，就是有用的，最后预祝你高考成功！

姓　　名：张　弛
毕业学校：中国人民大学附属中学
高考成绩：总分699　语文120　数学143　英语145
　　　　　理综271　市级三好学生　加分20
院　　系：清华大学汽车工程系

站得稳，跳得高，看得广

去年的这个时候，我还处在高中时代，还坐在学校的报告厅里听那些“过来人”给我们做报告，有给我们加油的，有给我们提供疑难解答的，有给我们做心理咨询的……但是当时的我对一点感到十分奇怪，那就是所有学长学姐谈各种不同话题的时候都提到了同样的一句话：“珍惜高三这一年吧，以后你们会觉得这段日子是人生中最美好的时光之一。”说实话，我当时边做着如山的卷子边听这句话，心里就不屑地想：“别逗了，这种苦日子怎么会怀念呢。”

但是，如今我也成了你们眼中的“过来人”，我也知道也许你们在看到我下面要说的这句话的时候，跟当时的我会有同样的想法，但我还是不得不说：“珍惜高三这一年吧，以后你们会觉得这段日子是人生中最美好的时光之一。”从高考到现在，这区区半年的时间，我常常想：是什么让以往坚定不移的观点产生了如此巨大的变化？其实，答案也只有一句话，那就是“高三奠定了你大学的学习”。这里的学习，包括学习态度、学习方法、学习效率，甚至包括学习成绩！说得如此确切是有理可据的，虽然进入清华大学不久，但我对大学学习的一个特点感触颇深，而且我相信大家也有所耳闻，那就是——学生多，内容大，翻书快。

我来分条解释一下，学生多意味着不可能像高中一样课上有问题立刻举手发问，课下有问题直奔讲台求教；内容大意味着不可能像高中一样，一个知识学完了还有大量时间复习；翻书快意味着一节课讲30页书，不可能像高中一样对一个问题细细咀嚼。这三点合起来意味着：学习要靠自己。能否在大学里事半功倍地完成学习任务，是能否实现心目中充满社团活动、社会实践，充满欢笑和自由的大学生活的关键（比如第一次考试已经有人挂科了，于是被禁止参加社团活动）。当我们失去了高中老师的一步步地手把手地引导之后，我们的大学学习方法也不再有人给出那样合理的建议，所以实现上述理想目标的充分条件就是在高中的最后一年形成良好的学习方法。

谈到这里，也许你们发现我把形成良好学习方法的依据放在了大学学习上，而并非高考，这并不意味着我将要谈到的一些方法不适用于高考。相反，对于刚进入大学不久的我来说，可以自信地讲，我的这套方法是对高考十分有帮助的，并且，与许多教辅书籍上推荐的方法相比，我所谈到的内容除了对高考，更对今后的大学学习有帮助。

那么我就来谈谈自己对于学习的一些经验体会，仅供大家参考。

我在学习上的方法原则可以用三个词来概括："站得稳，跳得高，看得广"。这三个词看起来很抽象，我会逐一向大家解释。我本人并不喜欢纯粹的方法论式的文章，我相信大家可能也对通篇的说教不感兴趣，所以我将紧密结合大家最关心的问题——高考，以及大家即将关心的问题——大学，来对我的方法做出详细阐释。

"站得稳"，意思是要牢牢掌握"定义性"的内容。这些定义好比楼房的地基，没有定义作为基础保障，任何知识的大楼都是经不起困难问题的考验的。

这种"定义性"的内容在理科科目中尤为显著。以数学为例，定义在数学中有极强的重要性，但由于我们解数学题时通常都利用性质或者推论之类的东西，经常导致我们忽视甚至忽略定义。打个比方，如果问大家一个函数的定义内容是什么，恐怕大多数人都会写出 y=f(x)。然而，函数的定义实际上包含了两部分，映射和定义域，y=f(x)体现了映射，却没有体现定义域。这个问题常常出现在求导函数时解出好几个对应的 x 值，却忽略了这些值是否可取的问题。对于这样的问题，以前的我也经常用马虎来为自己找借口，其实这恰恰是对定义理解不深刻所致。如果我们能记住函数有两个组成部分，在每写一个函数的时候都习惯性地写出其定义域，势必会从一开始就留意分母不等于 0、ln 里面的数大于 0、双曲线 x 不等于 0 这类经常出现的问题，从而减少错误。

如何提高对定义性内容的理解呢？答案很简单，看教材。我们容易陷入一个误区，就是听完老师讲课，课下只看教材上的练习题。其实，多做几道题远远不如多理解教材上给的定义来得有价值，会做题只是会用别人给的工具，随着时间的流逝，这种工具迟早会生锈作废。但是通过多看书多思考定义，才能真正明白一大类问题的本质，才算是在会使用的基础上会制造工具，在任何时候都能灵活地运用。

对于语文、英语来说，"定义性"的东西就是词语和语法了。作为两门语言学科，其题目的灵活性可见一斑。也就是说无论对于高考语文、英语试卷还是大学英语试卷，当所有人都觉得英语完形和语文阅读难拿分的时候，其中考到语法(病句、连贯)和单词(成语、字音)这种通过记诵便可以保证正确率的题目就更不能丢分。更何况，如果没有词语和语法这种"定义性"知识的保证，连文章本身的字面意义都很费解，何谈提高阅读理解领悟文章内涵的能力？

"跳得高"，意思是要从问题的某一点出发尽量向更深层次挖掘，如同一棵大树的树根，越向下延伸，其吸取养分的面积越大、质量越高。通过由浅及深的过程，对于该问题的理解会更加透彻，同时对于与其相关的许多问题的理解也会更上一个台阶。

这里我以古文学习为例，当我们看到一个文言单词，比如"以其求思之深而无不在也"中的"以"字，大家也许都知道是"因为"的意思。但如果我们能不轻易放过这样一个字，多问一句"只有这一个意思吗”或“还有没有别的解释”，我们便能发现诸如“把，用，在，和，以致，才……”这样丰富的释义。再结合一些典型的句子做对比，便使得“以”的各种用法像珠子一样一个个被串了起来，串成长长的一条。此后再碰到“以”时，我们便可以像找书签所在页面一样将这一串珠子整个提起，一个一个检索，很快便能找到正确解释。反之，如果我们像通常那样只记下此处“以”的意思，在下次讲课的时候又只记住另外一个意思，我们可以想象这些“以”是散落各地的珠子，当我们需要的时候只能大面积地检索，费时又费力，还不利于记忆。所以可以看出，从问题的某一点出发向深层次挖掘，可以一劳永逸地解决与之相关的很多问题。这对于高中学习中限时考试的形式是有巨大帮助的。

如果脱离考试这个层面，可以说学术或者研究层面的精深与否是完全取决于“深度”而非“广度”的。也许诺贝尔奖得主在非专业领域知道的还不如我们多，但唯独他们在专业领域的探索能够造福人类，而从未听说过一个对什么东西都略知一二的人被授予如此崇高的奖项。在大学中，虽然学习内容很多，但是与高中最大的不同在于其内容基本是由一个简单的问题引发出的不断加深的讨论，其内在和本质是相同的，只是知识结构越来越复杂与完善。而高中学习普遍是几节课讲一个章节，然后又用几节课讲关系不大的另一个章节。也就是说高中阶段是了解性的学习，大学阶段才是掌握性的学习。所以说对一个出发点不断深入探讨的精神不但能够帮助大家应对高考，更能使你在大学乃至日后的发展当中取得突破。

“看得广”，意思是要将获得的知识有机地整合起来，形成像大树一样的枝干脉络。就像是整理我们塞满零散书籍的柜子，按类型划分，并将存在内在联系的不同类型的书作为桥梁，连接两个不同类型书的区域。我认为做到这一点就可以说是拥有了一个很好的学习方法。拿高中生物学习来说，高三时让我感觉最受用的莫过于对生物知识的网络图梳理方法。记得我当时复习免疫系统，先拿一张很大的白纸写下标题，然后想到免疫系统可以分为非特异性免疫和特异性免疫，又想到特异性免疫可以分为体液免疫和细胞免疫，体液免疫又可以分为适用情况、参与物质、免疫机理等方面，参与物质可以分为B和T淋巴细胞，B淋巴细胞又可以分为效应B和记忆B，效应B又可以分为细胞特点和功能……这样一步步推导下去，形成了一个以免疫系统为主干的树形网络图。通过将这样一张由自己对知识的不断回忆的图写在纸上，我同时发现原来书上几十页的内容整理下来完全可以呈现在这样一张白纸上，这样一个网络图上。在此之后的练习中，每当看到一个新问题，我的思考方式都十分清晰：找树——找分支主干——找枝杈——找树叶——找叶脉。没有像以前那样绞尽脑汁寻找知识点，而是像走设定好的轨道一般直奔目标。这大大加快了将知识从大脑中调出的时间，显然可以提高做题速度。

通过这样的知识梳理，可以很容易地发现许多不同领域知识的共通点。拿上述例子来说，通过知识网络，由B细胞可以走向抗体，进而走向分泌特点，走向内质网，走向细胞器的功能特点，走向不同细胞器内化学物质：这样我们便从免疫系统这个领域十分顺畅地联系到了细胞结构这一领域，甚至又十分顺畅地联系到了物理、化学等不同的学科。这样我们便能追根溯源，找到对一个问题的彻底的根本解释，对我们的理解大有裨益，显然可以使我们对一个问题的认识更广，在高中考试中能更全面地答题，不会轻易漏掉要点。

大学学习中这样的情形就更加常见，比如数学课堂里会用到物理模型，化学课堂里会用到哲学的思想。正因我高三对于知识的整合做得比较到位，才使得我对大学学习中学科知识的各种交叉比较适应。

类似的，我们还可以以语文作文为例。同学们对作文往往都非常重视，每次老师讲评作文结束，常常看到有些同学的卷子上满满的笔记，记的都是这篇作文该如何立意，怎么写，怎么论等。但是，如果我们能够换一个视角，寻找与这一题材有脉络相连的另一题材，会收获更多。比如2011年的北京高考作文题“老纪”，其内容应以责任和使命为主，如果我们能够联想到之前几年的北京高考题“我有一双隐形的翅膀”，我们可以发现同样的责任、使命的主题，在两篇文章里都适用。于是我们可以发现这两个不同题目的相同特点，即都可以以一种内在的精神品质为核心，一个支撑老纪独守山崖几十年，一个为我插上飞翼助我人生成功。如果我们能将这样的知识联系起来，那么我们以后再看到一个全新的作文题的时候，便不会仅仅想这篇怎么写，而是去想与其有千丝万缕的内在联系的其他篇是怎么写的，从而获得启示。所谓融会贯通，就是像这样在学习中"看得广"。

我这三点学习经验看似分离，实则有很强的逻辑关系。

从字面上来讲，对于一个人来说，站得稳才能跳得高，跳得高才能看得广。

从内涵上来讲，牢牢掌握"定义性"的内容（确定树根）才能准确地合理地从问题的某一点出发，并尽量向更深层次挖掘（长出主干及分支）；通过不断地深层次挖掘，才能将获得的知识有机地整合起来（发出芽叶），最后才能形成自己的一套知识体系和学习方法（整棵树）。

更抽象地说，"站得稳"是将对定义的准确把握作为出发点，"跳得高"是由这一点向深层次挖掘获得的知识线，"看得广"则是将这些知识线有机结合形成的知识面。

不难看出，这是一个循序渐进的阶梯关系。我这种方法的获得，也是从把握定义开始，一步一步地走向最后，形成体系。这个过程看似复杂，但作为有老师引导家长帮助的高中生来说，是能够在相对短的时间内完成的。

不知道读到这里，大家有没有对我开篇说的那句"珍惜高三这一年吧，以后你们会觉得这段日子是人生中最美好的时光之一"有一个新的认识。是的，正是高三这一年能够让一个人形成属于自己的学习思维方法，这种学习方法甚至会决定一个人今后的生活方式、处世态度。当我成功时，我会感激这段时光带给我的优良习惯；当我受挫时，我会回忆这段时光带给我的动力和斗志。"站得稳，跳得高，看得广"，正是这段美好时光给予我的最宝贵的财富。

姓　　名：郭政豪

毕业学校：山西大学附属中学

高考成绩：总分630　语文97　数学138　英语128

　　　　　理综257　竞赛加分10

院　　系：清华大学土木工程系

我在清华等你来

每个人的心中都有一个名校梦。也许你很勤奋，已经使出了浑身解数，但成绩并没有因此而有明显的起色，那就说明你的学习方法出现了问题。请看看我个人总结的一些经验，希望对你能够有一些帮助，让你在通向成功的道路上事半功倍。

各科学习经验与技巧

一、语文

语文是一门注重积累的学科。大多数理科生将时间与精力放在了刷数学题和理综题上，却忽视了语文的学习，只是觉得即使在语文上付出再多也难见回报。请相信，在拥有足够量的积累后，会出现质的飞跃！在大家数学和理综水平不相上下的情况下，语文对你的成绩提高起到了至关重要的作用。我的一个同学，每次语文都考得很好，能够和别人拉开很大的差距，羡煞旁人！而我们班几个聪明的孩子虽然数学和理综很好，却因为不怎么学语文，总体成绩不高，令人惋惜。只要你每天坚持学习一会儿语文，即使每次时间不长，日子久了也会有所进步。勤学如春起之苗，不见其增，日有所长；辍学如磨刀之石，不见其损，日有所亏。我的建议是每天早晨背一会儿语文，虽然默写只占很少的分，但每年因为不重视默写而丢分的大有人在。同时要注意一下难写的字和容易写错的字，即使你背过了一个句子，但只要写错一个字就会丢分。成语、病句和古诗文阅读考的就是积累。三年积累，只看一朝。这些都应该力争得满分。成语和病句可以进行归类学习，将考查内容一致的归为一类。现代文阅读和古诗文阅读的第三题一般是对细节的考查，做这类题一定要细心，在平时的学习中要注意归纳总结易错题型。文学类文本阅读和实用类文本阅读，大家往往选择实用类文本阅读。因为其答案相对固定，较容易得分，一般按照固定的答题模式多加练习就可以了。古诗文阅读要求具备较好的感知能力，每次要将自己的答案与标准答案比对，好好感悟。作文应培养自己的特色，内容要在练习中提高，但也别忘了一些提分技巧。首先，一定要定好主题，一旦跑题，即使文章写得再华丽都不会得高分。在立意之后，要拟一个响亮的题目，使判卷老师眼前一亮，题好一半文。其次，要有较为优美的开头和结尾——“凤头”“豹尾”。要在自己的作文中注入新鲜的事例，不仅有说服力，同时会让判卷老师认为你并不是一个死读书的学生。论述一定要有自己独到的见解，让判卷老师体会到你思想的深邃，为你惊叹，切忌人云亦云。书写非常重要，漂亮的字体会给老师留下好的印象，影响老师的评分。如果字写得很乱，老师就会认为你态度不认真，分数会很受影响。

二、数学

数学拿高分有两个因素：速度和准确率。每年高考都有很多人数学做不完，如果你做题速度很快，在准确率差不低的情况下，你的基础分就大大提高了。这个需要平时多加练习。对于简单的题，既要小心陷阱，又不能犹豫迟疑，以至于在简单的题上浪费太多时间。如果遇到不会的题要果断跳过，不能因为一道题而放弃了后面的所有题，也不能在做后面的题时还想着这道题，这样不但前一道题做不出来，后面题的准确率也会大打折扣。有很多数学学得很好的同学想要拿满分，一道题也不肯放过，结果往往不尽如人意。如果后面的题你都会做，只是因为前面的一道题而影响后面的没做完，那会多可惜。而且在考场紧张的环境下，越做不出来越紧张，这样就更加做不出来。相反，如果先把会做的都做完，再回来做不会的题，心情就会大大放松，更容易做出。在时间紧迫的情况下，准确率就显得更为重要。如果没有准确率，做题再快也是徒劳。大家应该特别重视小题，一道就是 5 分，对就是对，错就是错。大题如果结果算错了，但只要过程对，最多会被扣 1 ~ 2 分，小题可没这待遇啊。大家平时就应该好好培养细心的习惯。

三、英语

前面的 15 小题会覆盖你高中所学的所有知识。Grammer、Everyday English……平时应不断填补自己在知识上的漏洞。完形填空和阅读理解需要平时多加练习，学习一些单词、语法和搭配固然重要，但更重要的是培养语感。有很多题的答案选项模棱两可，都差不多，用中文无法解释，外国人也可能无法解释，但在外国人的思维中这个就是对的，其他的就不对。就像咱们会说“两个人”而不说“二个人”。有好的语感在遇到一些题的时候就会毫不犹豫地将正确答案选出。英语作文虽然要求的字数少，但提分技巧与语文大致相同。漂亮的字体、高级的词汇与语法都会使你的文章增色不少。

四、理综

很多同学会面临这样的困惑：在物理、化学、生物分开考试的时候，每门都很优秀，但一旦合起来，成绩就会急剧下降。这是因为时间被大大压缩了，而且物理、化学、生物题交替出现，你好不容易进入了一科的思维，又马上要转入下一科。速度需要平时多加练习。做题顺序主要有以下两种，各有利弊：一是先做小题，再做选做题，再做大题。这样难度梯度在逐级增加，符合大多数人的习惯，而且把难题放在最后，即使做不出来也不会可惜。二是做完一科再做一科，这样可以使你较好地进入一科的学习状态之中，但在来回翻卷的过程中会浪费不少时间。个人推荐第一种，因为学科思维的跳跃可以在不断练习的过程中慢慢适应。但大家还是要找到适合自己的方法。大题的答案要力求规范，要揣摩出题人的意图，分析他想让你答什么。如果答案不规范，给分就会可给可不给，如果你的答案和标准答案几乎一致，判卷老师即使想扣分都不行。

备考计划

复习应有一定的计划，第一轮复习会较详细地复习知识点，以前知识点有所遗漏的同学在这个时候应把握好机会，查漏补缺。以前学得差不多的同学在这个时候也不应该大意，很有可能存在漏洞，这个时候要好好弥补。第三轮复习是题海战术，切忌盲目追求数量，做一份题就应该有一份题的收获，要善于总结。总结看起来很费时间，但其实总结一份题往往比做一份题的收获还要大。随着高考的日益临近，同学们的内心一定会有所波动：有的很浮躁，很容易受周围同学的影响；有的会很慌乱，一遇到不会的题就觉得自己完了，到了这个时候竟然还有不会的题。应该换个角度想一想，在高考真正来临前，你又掌握了一道题的解法。高考前压力很大，应保持乐观向上的心态。这个时候一定要制定好自己的学习计划，静下心来，让每一天都有所收获。

考场发挥

再说考场发挥，心理素质很重要。平时成绩很好但心理素质很差导致高考考场上发挥失常的例子不胜枚举，甚至有人在考场里昏过去。一旦上了考场，你唯一能做的就是考好这一门科目，做好自己能做的每一题。不要想自己三年努力了多少，不要想我上一门科目考得很烂，也不要想坚持两天迎接你的就是漫长的“无作业无政府”的假期（如果你这么想，也许漫长假期过后迎接你的是更漫长的高四）。有句话讲得很有趣，但很有道理：我难人难，我不畏难；我易人易，我不大意。

在平时的学习中，一定要给自己找一个势均力敌甚至比你更强大的竞争对手，他们是你的目标，他们给了你压力，但也给了你动力。有些人会说：“我不去找什么竞争对手，只要超过自己就可以了。”说这话的人不在少数，能够坚持下来的却寥若晨星。但竞争一定要是阳光的，有资源你们要共享，不要担心他会超过你。因为只有你超过他，你才会有目标，你才会做更好的自己。如果你不帮助你的竞争对手，也许他不会超过你，但这样的胜利是狭隘的，在高考的大环境中，你们都没有进步。只有让竞争对手超越你，你们才会在对彼此的不断超越中不断进步。这样的你才是明智的，才是强者。请珍惜你身边的朋友，他们陪你一起度过了备战高考的岁月。他们就是陪你一起出生入死的战友。

说了这么多，只是一些技巧。最重要的还是要靠勤奋，天道酬勤。这个世界最可怕的是，比你牛的人比你更努力。

学弟学妹们，奋勇拼搏吧。我在清华等你来！

姓　　名：孔德颖

毕业学校：河南省鹤壁高中

高考成绩：总分656　语文118　数学131　英语129
理综258　加分20

院　　系：清华大学材料学院

在清华等你来

考入清华几乎是每一个学子的梦想。也许很多人在刚进入高中时壮志满怀地写下“理想大学——清华”。但随着时间的推移，越来越感到实现理想有些难度。我也曾在心中动摇过自嘲过，但最终我还是做到了。所以不管怎样我们都要充满信心并坚持理想。那时，我的班主任常说：“大学的录取通知书是靠自己三年一笔一画写出来的。”付出的努力越多，这份通知书就越辉煌。所以清华大学不仅仅是梦想，还是我们为之不断努力的动力。我在这里和大家分享一些经验，为怀揣梦想的学弟学妹助力。

语　文

语文关键是积累。最好买本小成语词典积累成语。作文要注意搜集典型、新鲜的素材并多运用，避免用陈旧的例子。古文方面要牢记120个实词和18个虚词的多种意义，培养关键词意识，牢记课文中的经典用法，做过的古文题建议对照翻译逐句逐字理解。古诗鉴赏和实用类文本阅读，在高一、高二时就要学会分析理解的方法，牢记常用手法及效果，了解古诗中常考查的作者的情感对以后很有好处。高三时会训练答题套路以便规范答题。总之，一定要按老师的要求做，理科生才不至于吃语文的亏。

我高二下学期之前一直像大多数理科生一样，不把语文放在心上，上课随意听听，更不用说下课花功夫积累思考。由于开始几学期语文考试较简单，成绩也没怎么拉分，但到了高二下学期，语文考试的难度逐渐与高考接近，我对待语文的不认真态度淋漓尽致地反映在了试卷分数上。不会梳理文章结构，对古诗文的理解与作者情感差之千里，还有各种语文功底积累类知识更是几乎空白。于是我开始在语文上下功夫，每天早读背诵成语、文言实词、诗文解析等。而且我自己买了许多语文试卷，通过做题我能掌握各种题型的答题规范步骤，各种常见思想感情的刻画以及每道题的时间安排，我的语文渐渐补了上来。所以告诫同学们不要觉得语文完全是靠自己的“天生”理解力而置之不理，你漠视语文，语文也会漠视你。

数　学

数学关键是做题和总结。这不是说沉溺于题海战术，深入理解数学知识及基本概念是前提。高考考查的有知识运用的能力，有对方法技巧的运用能力，有数学素养还有对题目的熟练程度，没有一定数量的练习，这些能力几乎是无法达到的。我们都会做各种练习，要在练习中总结每种题型的解题方法及易错点，建议准备一个“好题集”，收集有价值的题，如题型典型、方法巧妙规范、思路新颖的题。每次考试前翻看温习，把这种题型这类知识可能涉及的方方面面理解全面。还要在不断练习中把握做题节奏和做题顺序，仔细揣摩，找到最适合自己的做题模式。

我利用高一到高二五月份这段时间学习完了高中的课程，在之前的学习中我认真梳理了所学的数学知识并辅以适当练习，打下了良好的基础。这个基础很重要，也许有些同学会想在高三拼命复习，确实有一部分所谓“黑马”诞生，但他们都是付出了极其艰辛的努力的，他们的基础知识不系统不扎实，在学习中要不断修正以前的错误记忆。如果能够在第一遍学习时及时消化就不用费那么大的气力。高二下学期，我们开始了全面复习。大部分题目比较容易，简单复习就能将先前的记忆激活。我当时感觉圆锥曲线和导数这两块知识比较难，自己费好大劲还不一定能做出来，最后发现总是有极其巧妙的解题方法，这让我惊讶。于是我开始专攻这两部分，找出几套卷子专门做这两部分的题，积累那些巧妙的（其实理解透彻以后会发现这不是巧妙，而是必然的选择）做题思路，同时提高计算能力，锻炼思维的严谨性。还有占全卷很大比重的选择题和填空题（俗称小题，题虽小，却几乎涵盖了高中所有的知识，且加起来分数与大题相当），不仅要求扎实掌握高中数学知识，还要把速度提升到极限以便为后面的大题赢得充足的时间。当然还会在人的懒惰本质的潜移默化中找到一系列诸如排除法、特殊值法、正难则反等小技巧来提高做题速度和正确率。在经历了一轮复习的全面轰炸和二轮复习的专项提高后，我终于在三轮的考试中获得了质的突破，不仅这两部分的题大都能做对，其他题目也游刃有余。

英 语

首先基础知识要记牢。（1）课本上的单词尤其是选修范围的单词，往往属于比较高级的词汇，容易在阅读中出现，正确运用在作文中也能为作文增色不少。（2）许多重要词汇的多种意思，固定搭配。《5年高考3年模拟》前面的知识清单部分，虽然全部记牢很困难，但还是要尽量多背几遍。

其次是做高考真题，推荐五年真题，体会高考出题模式，了解在各种知识点上的出题形式。做阅读理解可以获得很多知识，要愉快地去做阅读理解，这样学习效率真的会比为完成任务而做高得多。做过一套真题后，建议把单选完形和作文范文背下来。通过持之以恒的背诵、练习达到熟悉语法，保持语感的状态。

背英语语法，记单词及单词背后的庞大家族是英语学习中的基本功。尽管会背了就忘，但一定要坚持忘了再背。三年时间呢，总会记住足够多的。

理 综

物理最重要的是总结各种物理模型，如圆环轨道模型、电磁感应中的单双杆模型等，以便见招拆招，跳过陷阱大坑（我记得在做多过程问题、受力分析问题时很容易漏考虑一种情况或忽略某些条件，还自我感觉聪明，跳过一两个陷阱，看过答案才发现自己跳进了第三或第四个陷阱。所以做物理题一定要把各种情况分析透彻后再下笔，切不可头脑发热或太过自恋）。准备物理“好”题集也必不可少。我们会遇到各种可能被忽略重要条件的题、思路巧妙的题、题型经典的题，这里面会蕴藏着重要的物理思想，把这些题收集起来经常翻看，会让你受益匪浅。物理是一门极其奇妙的学科，用物理可以解释全宇宙的现象，我们要充满兴趣，怀着好奇心去探索物理的世界。

化学则需要在理解中记忆大量知识点、方程式、反应原理及现象，特别是元素周期表，要越熟悉越好。还有很高的思维要求，如化学反应速率与化学平衡部分变化量多，需要转换思维、控制变量等。计算类题需要敢于科学的忽略、极限思想等。尤其是实验题，掌握实验室各种仪器的使用方法、清理方法等，有时候还要妙用实验仪器，这建立在对实验器材绝对熟悉的基础上。还有实验理论、流程、操作等，要结合做题来补充。掌握实验的重要理论是学好化学的重要部分。我高中时对化学十分感兴趣，因而化学学得好而轻松，兴趣是最好的老师，希望大家也能培养对各个学科的热爱。

生物的根本是课本，很多题目考的都是书中的原话，要对课本烂熟于心，每一句话都不放过。生物学习中的一个重要部分也是实验，实验题最好在一个相对集中的时间里把往年的实验真题过一遍，掌握实验规律与答题用语的特点，抓住控制变量、重复试验等准则的精髓。生物被称作“理科中的文科”，这种说法有一定的道理，所以同学们一定要牢记课本上的知识。

再提醒一下大家，高三会做大量理综卷，要始终保持小心谨慎。如果因为厌倦而把几套卷子随意地做一做，很容易使理综水平下降。我就有一段类似的惨痛经历，差点把我一直引以为傲的理综毁掉。还有理综题量很大，一定要在平时的练习中把握好做题时间和做题次序。如果高考时有很多题目在规定时间内都没做完就会很悲摧，因此平时就要严格要求自己。既然决定做这一套试卷，就应该保质保量在规定时间内圆满完成。

我们都知道高考考的不仅是知识，还是灵活性、心态、取舍能力、勇气等一系列素质的同时角逐。说到心态，高中是一个人成长成熟的重要阶段，尤其是高三，那种如炼狱后涅槃的经历是人生中一笔宝贵的财富。不要等到高考那一刻才长大，在这个过程中，我们就要学会像成人那样冷静、沉着、有毅力，不被任何一次失败或成功冲昏头脑，要胜不骄败不馁地坚定地迎接高中的每一次考验。高考将会是你三年智慧与心理成熟的真实写照。把握现在，为六月的梦想开花努力。

以上既有老师的叮嘱，也有我的好的经验和我曾经没做好的遗憾。在这里送大家一句话：不存在偶然。希望能给学弟学妹们带来帮助，清华在等你们的到来。

姓　　名：陆青青

毕业学校：新疆乌鲁木齐八一中学

高考成绩：总分653　语文117　数学149　英语136

　　　　　理综251

院　　系：清华大学生命科学学院

斑斓青春之学习路

落叶碾压过岁月的年轮，秋风吹不散青春的记忆。

已至十月，秋季晴朗的天一如三年前。怀揣着对未来的忐忑和期待，我们迈进了五味陈杂难以言述的高中。由最初的相识，到后来的相熟，之后的相知、相助都顺其自然地发生，最后的最后便是兄弟姐妹一家亲，同舟共济赴考场。记忆的碎片涌入脑海，一时竟不知该从何说起，拣起所有的碎片，凝成我们斑斓壮阔的美好高中生活。文理分科的纠结，数学竞赛的疯狂，自主招生的选择，还有那最后一锤定音的高考，凝集了我们千千万万的故事。

故事的核心自然是学习，每一个高中生的困扰十之八九也来自于学习。成绩好的发现向前迈进是举步维艰，成绩一般的发现要冲到前面是困难重重，成绩差一些的发现想要奋起直追是无从下手，迷茫无助。考试、成绩、排名，仿佛成了我们生活中最重要的东西，每一个高中生的生活都在围绕着它们打转。既然如此，我们就从学习说起吧。

首先我们来谈谈平衡与兼顾，如何掌握好各科之间的平衡，如何把握好学习和生活之间的平衡，是一个很重要的问题，也是值得大家去思考的问题。要同时学好六门课确实需要大家把握好每一门的投入时间和投入精力。首先数学是一定要下功夫的，数学这门学科需要一定的练习量和熟悉度，所以投给数学的时间一定不能少。对于文科生来说数学的重要性更是不言而喻。我们文科班的很多同学大部分时间都用在了数学上，学好数学几乎成了文科生取得高分的决胜点。再来聊聊语文，由于大家对数学、英语和理科的几门课都很重视，语文就成为被大多数人忽略的牺牲品。相信大家都很懂得“取舍”之道，取理舍文几乎成了被认定的公理。可是语文实实在在地和数学一样都是150分。大家其实只要做到每天能够在百忙之余兼顾到语文，平时注重语文的积累就可以了。当然不同的人情况也不同，大家还是要首先考虑自己最大的问题学科，然后尽力去兼顾其他各科。

其次我们来说说效率与需求。每一个高中生都会觉得生活忙碌，睡眠不足，作业堆积如山，时间完全不够用。尤其到了高三，卷子铺天盖地倾泻而下时，似乎整个人都活在卷子堆中，好多同学都处于对卷子来者不拒的状态。可是静下心来思考一下，真正需要做的有多少呢？对自己没有太大用处的卷子我们为什么还要花时间去做呢？就算我们做卷子的速度已经非常快了，依旧耗费了宝贵的时间和精力。所以明确自己的需求是很重要的，有针对性的训练才能达到自己想要的效果。这个需求同样需要六科兼顾，即薄弱学科要制定出一套详细的学习计划，并按计划一步一步来，强势学科则要注意对难题的训练。

现在我们来聊聊大家的心理状态吧。其实心理因素是在学习中占了很大比重的。虽然大家每天都在埋头苦学，可是真正用了多少心思在上面呢？有没有表面上是在埋头学习可是心思却跑到了九霄云外的？那些埋头苦干、拼命学习的人最后成绩并没有大家预料得那么高，甚至还不如天天嘻嘻哈哈的小伙伴们，这是为什么呢？因为没有人知道看着在拼命学习的人实际上心里在想什么。用心程度是关键的，它决定我们的实际学习效率。假如我们天天坐在课桌前，心里却在乱想一些与学习无关的事，比如和女朋友吵架了，比如游戏还差一点就过关了，比如一会儿放学之后的行程安排。各种想法和事情充斥着大脑，占据着正在运行的脑细胞，于是课业就被大脑给无情地抛弃了。很多错题其实都源于失误和疏忽，一时的马虎造成的错误可能占据总数的一半，这其实就是我们用心程度的问题。想学好的同学们一定要注重在学习时千万不要胡思乱想，百分百的用心是一定会有回报的。另外就是被反复提及的心态问题，考试前老师和家长都会说到心态：放松心情，不要紧张，正常发挥。可是良好的心态还是在平时显得更为重要一点。考试当然也是非常重要的，不过这里我们主要聊聊平时的心态。在平时做题时是否会因为苦思冥想终不得而选择放弃？在平时上课时是否会因为课程简单而心不在焉？在平时作业时是否会因为时间不够而抄袭？一颗严谨尚学的心是必要的。每个人的心里都有一定的标准，在自己因为懒散、意外而达不到标准时，放纵一次就会有第二次，然后一次又一次。能否对自己严格要求是我们能学到哪一水平的一个重要因素。比如习题中思考良久仍无所得的可以直接去找任课老师探讨，有问题找老师是最快最有效的解决途径，有时还可能会有意外收获，比如说在老师的引导下由这样一道题得到一种解题的方法，或者是获得延伸。寻求老师的帮助所用时间并不长，但是收获的效果往往会出乎你的意料。同时心理暗示也是非常重要的，很多事情做不成的根源都是自己消极的心理暗示。“我做不出来”“我考不过他”“我智商低”等暗示都是病毒，一旦植入大脑就很难清除出去。在学习上遇到困难是很正常的，内心经常鼓励自己，相信自己什么都是可以做到的，可以给自己带来许多意想不到的结果。

还需提及的一点便是大家的自控力。高中生普遍处于尚未成熟的青葱年龄，想要时刻控制自己的行为和意念是很困难的。QQ、微信、人人、空间、微博、贴吧、淘宝、lol、DOTA、小说、动漫在不经意间占用了很多时间和精力。遇到难题时，心情不好时，进入不了学习状态时，它们便渗入了大脑，以致学习任务无法按时完成。

当然，适量的休闲娱乐还是可以有的，比如饭后休息时和同学的闲聊或者是刷空间，压力太大无处排解时和亲戚朋友的聊天等。我们高三时，许多同学也很爱刷人人空间，还有不少打游戏看小说的，最后高考时也都考得很好，这便是大家的自控力都很不错的缘故。比如说打游戏的兄弟，几乎每周都会打，但是绝对不会不顾时间不顾作业连打很久，后来几乎像“上班”一样养成了按时去打游戏、按时回来学习的好习惯。所以说大家不必像活在监狱里一样把这些都禁掉，但是一定要把握好度，如果觉得自己真的自控力不是很强，那就干脆禁掉。

除上述提及的几点外，与同学之间的关系、生活学习的环境等也都在时时刻刻影响着我们的学习。

重要性并驾齐驱的六门课学习方法迥异，相信大家肯定都在学习过程中发现了。不同的人学习方法自然也是独特的，这里我就提一些小建议。数学要特别注意概念与基础，所有知识都是建立在概念的基础上的。在概念纯熟的情况下，要多刷题，待达到一定水平时则主要针对重难点，解析几何和导数尤其要注意多做真题和模拟题，并且要注意方法的总结。导数题的解法经常很难想到，所以经典导数题的方法要熟知。另外，数学要训练做题速度，压轴大题若想要花时间深思熟虑地做则需要前面选择填空有速度和准确率。语文是容易被高中生们忽略的主要科目，语文的学习主要在于对语感的培养，阅读和作文的课需要好好听一听，练习量则不需要过大。文言文作为语文的重点之一则需要大家平时多注重积累，或者多读文言诗词书籍，总之多读书对语文学习大有裨益。英语这门学科最重要的自然是词汇量了。词汇量达到一定水平，高考几乎就没什么大问题了，语法毕竟还是很好学的。英语需要每天都抽出时间用于背单词和记一些重点词汇的用法，还要注意的就是练好英语书写，以免在作文上吃亏。英语其实特别有逻辑性，逻辑合不合理是做英语题的关键。物理这门课我就不是很擅长了，完全没法和参加过竞赛的同学们比，所以能做的就是高考题尽量不出错，多注意细节和条件。物理大题有时也很不好做，尤其是电磁这一块，特殊点一定要特别注意，把题型大致做全了之后，不会的、不熟悉的、有困难的地方和题型，反复训练就好了。还要注意实验也是在考查范围之中的，所以在平常训练时，实验的相关内容千万不要遗漏掉。女生们不要怕学物理，要克服自己的心理障碍，多培养对物理的感情，成绩很快就会好起来的。生物则是背记为主的一门学科。生物高考题一般不会太难，在理综答题中所占用的时间也是相对最少的，学好生物确实可以给做物理化学试题腾出宝贵的时间。生物的主要问题是要注意细节，尽量减少丢分。化学是很多同学的提分项，化学在高考里主要是计算量可能偏大，导致理综考试时间不够用，但是化学本学科的难度一般不会太大。选做还是要多多留心的，很有可能最后扣分都扣在选做上了。

高中生活用五彩斑斓来形容，是因为除了学习、考试、竞赛，还有很多很多的内容：激昂澎湃的运动会，热闹欢快的元旦联欢，一年一度风景不换的徒步，饱享口福的厨师大赛，男生背上满是瘀青的拓展训练，哭成一片的成人礼，还有最后依依惜别的毕业礼，这些都留在记忆里，不会散去。高中虽然充斥着熬夜的辛苦与学习的压力，尤其在高三日日拼搏夜夜挑灯的情况下，大家仍然都是快乐的，同甘共苦，同舟共济，同心协力，共同编织着我们的炫彩青春。

对还在高中“煎熬”的同学们，我最想说的是珍惜，珍惜现在为了梦想而努力拼搏的生活，珍惜身边一群相处三年彼此熟识的好伙伴们，珍惜一旦走过便不会再来的青春。

青春不只是学习，学习却是青春中必不可缺的一部分，未来还在我们的手中，我们便是幸福的。

姓　　名：许雪菲
毕业学校：江苏省新海高级中学
高考成绩：总分410　自主招生加分40　双选政史双A+
院　　系：清华大学人文科学实验班

高中生活：平衡的艺术

高中生活，在我看来就是一门平衡的艺术，能够平衡好个人兴趣爱好与学习生活的关系、主科与副科的关系以及远大理想与近期目标的关系，你就为最后高考的成功打下了坚实的基础。

第一个平衡，是平衡好个人兴趣与学习生活的关系。个人兴趣分为两种：一种是与学业直接相关的，比如你对一些奥赛的钻研兴趣，对阅读、写文章的兴趣；另一种是与学业间接相关的，比如参与体育运动、艺术活动。

对于第一种兴趣，我觉得最理想的状态应该是你的兴趣和学业实现最大化的结合。举个例子，我对阅读和写文章比较有兴趣，我在看一些文学历史类书籍时就会有意识地去积累一些写议论文可能用到但又不是那么大众化又有人文底蕴的事例素材，还有一些精彩的富有哲思的句子。有的人会认为应试作文束缚了我们的手脚，但在我看来，就像闻一多先生说的，创作就是“戴着镣铐跳舞”，在规矩之中我们仍然能够发挥出最大的才华和创造性，这才是理智的学生应该去寻求的突破口。但是，你为这部分兴趣腾出时间的前提，是你的学习成绩已达到一个较稳定的状态。比如，如果我最近一直保持在班级前十名，那我可以继续发展我的兴趣爱好；如果突然从前十名掉到前三十名，那就应该暂时放一放爱好，先专攻所学科目，等成绩提升稳定下来，再继续投入时间到你的课外兴趣之中，你应该给自己设定这样一个警戒线。当你觉得自己在感兴趣的方面拥有了一定的实力，想要获得认可，那么你可以去寻找相关的比赛来锻炼一下自己，也许你收获的奖项到了高三会对你参加自招有一些意外的帮助。但是参加比赛时不要因此而得失心太重，否则可能会给自己带来压力而影响你正常的实力发挥。

对于与学业间接相关的兴趣，适度发展，可以使你的学习更上一层楼。当你感觉到学习压力太大时，你可以给自己一些时间下盘棋、弹弹琴、跑跑步、唱唱歌或在学校里散散步，劳逸结合，学得会更有效率。我非常看重体育锻炼，在高三最紧张的时间段，我几乎每天都是跑步回家。我觉得长跑是我减压的一种非常有效的方法。建议同学们无论学业多么紧张，学校里的课间跑操都要尽量坚持，体育课也要认真对待。高考是一场硬仗，需要你有比较强的身体素质才能够拼得过别人，那么，从高一开始，就要坚持锻炼。

第二个平衡，是平衡好主科与副科之间的关系。高一，九门功课同步学，如果你分不清主次，找不出自己的优势科目和劣势科目，无法及时查漏补缺的话，很可能在学习中会感觉到吃力。高二，文理分科，在明确了你的分科方向后，你就可以有侧重地分配自己的精力。待到高三，需要形成自己的知识体系，去应对一些综合性较强的大题目。在这里，我想介绍一些关于语文学习的方法，供大家参考。语文在高考中的分量越来越重，而很多人会觉得在语文学习上的付出和回报不成正比。我想说的是，可能在语文上的投入见效没有数学、文综那么快，语文学习是一个逐渐积累的过程，你不能因为短期的付出没有成效而放弃努力。具体来讲，字音、字形、成语、病句是最基础的，在这方面可以专门准备一个小本子，记录你平常练习中遇到的一些生僻和易错的部分，常记常翻；课本中的必背篇目一定要背得扎扎实实，不能只为应付老师的短期检查，还要为高三的回顾打下基础。文言文这一板块，也是要积累常见的实词、虚词，常见的句型，对课本里出现的重要实词的注释要熟背，最好能够备一本《古汉语常用字字典》和最新版的《现代汉语词典》。诗歌鉴赏是比较难的题目，难就难在它的诗家语，和现在的语言习惯不同，很多情感比较隐晦，靠特定意象来营造，如果我们不了解古人的语言习惯，那么势必会给我们的理解带来障碍。这方面，我建议多进行专项练习，并且背一些教辅资料中总结的诗歌鉴赏技巧。对于文学类文本和论述类文本的阅读，这一板块一直到高三都是很多同学的软肋，建议也是进行专项练习，总结一些固定题型和答题思路，做多了就会感觉还是有规律可循的。做练习时最好选择历年的高考真题，一方面因为这些真题是经过名师精心打磨的，有一定的代表性，答案也比较权威；另一方面高考所选择的文章质量很高，有文采有思想，对于应试作文来说，也有可借鉴吸收的地方。最后是语文考试的重头戏——作文。就目前来讲，议论文比记叙文可能更容易写出彩。因为在短短八百字的篇幅里，如果是一篇记叙文，把握不好详略主旨的话容易施展不开，而对于议论文来说，八百字足够详细地论述一个你想要表达的观点，但我不否认记叙文写好了也可以打动人心并且拿很高的分数。议论文对同学们最大的挑战应该是论点和论据，论点要新颖深刻，论据要恰当不落俗套，这方面就是对我们思想性和阅读量的考查。所以，读书一定是高中生活中必不可少的部分。当下流行的材料和话题作文对于大家来说有两个新的挑战，第一个是审题，把握准最佳立意；第二个是拟题，题目尽量能够吸引人眼球。关于审题方面，可以专门找一些历年高考题中的话题作文，自己去审审，想想如果是你在考场上，你会从哪些角度写这个题目，再对比评分标准里给出的立意，琢磨有没有偏差，及时纠正，多练几次就会有进步。关于拟题，在你阅读一些优秀的小说散文时，有意识地去关注它的题目，再通读整篇文章，模拟作者当时的情境，想想这个题目作者是怎么拟出来的。对于写作能力的提高，我觉得阅读是非常重要的一个方面，读的内容不仅要关注历年高考的高分作文，更重要的是读名家的经典之作。老师通常都很喜欢文化积淀深厚的作文，将一些经典之作的名句或者读书心得穿插到你的作文中，会锦上添花。举个例子来说，狄更斯《双城记》的开头“这是一个最好的时代，这是一个最坏的时代”，这句话非常发人深省，我相信第一个引用它到作文中的考生一定让老师眼前一亮。但是这句话后来被大家用滥了，所以每个人就应该及时地去经典中挖掘一些新的东西。如果目光长远一些，你现在的阅读积累对你以后可能参加的自招面试大有帮助。就我个人而言，我读的书很杂，文学类、社会学类、历史类，都有，我还喜欢每周读一份《南方周末》，也喜欢关注新闻的深度报道，会看柴静的《看见》、窦文涛的《锵锵三人行》，还有胡一虎的《一虎一席谈》。看这些能够锻炼你的批判性思维，健全你的世界观、人生观，甚至让你感觉除学习生活外，世界是如此之大，矛盾困难是如此之多，你每天所纠结的成绩分数真的只是微不足道的小我，所以无形中起到了调整心态的作用。而这些在我后来的自招面试中，真的起了不小的帮助。最后，建议大家每周抽时间做一份语文综合练习，培养自己的应试状态及对考试时间的把握和分配能力，语文考试特别是到了高三时，你会觉得考场时间紧张，必须把时间精细化分配到每一分钟，及早训练这样的能力，到了高三你会觉得游刃有余。

第三个平衡，是平衡好远大理想和近期目标的关系。每个人心中都应该有一个闪闪发光的大学梦，清华、北大、复旦、南大，这些名字现在的你们可能会觉得有点遥远。如果当时有人告诉高一、高二的我说“你以后能够考上清华大学”，我一定也是一万个不相信。但是，你心中一定要有个真正能够打动自己的梦想，尽管最后不是人人都可以够到它，但它会成为你不断前进的强劲的推动力。无论遇到任何困难，想到那个梦想，你都会咬牙坚持下去。有了远大目标，你还需要有近阶段的详尽的计划。很多人会感觉自己原本列好的计划会被当天大量的作业打断，因而放弃制定计划。其实，计划不一定要规划得详细到小时甚至分钟，它最重要的作用是让你分清主次，抓住重点、弱科，并且时刻提醒你还有很多事情没有完成，让你更有效率地利用时间。每次大考之后一定要学会总结，不仅要总结这次考试有什么失误，也要总结这次考试哪些地方做得好，下次继续保持。只有不在同一个地方跌倒两次，你才会进步得更快。另外，你也可以为自己的考试成绩设定阶段目标，从第四十名到第十名的飞跃往往不是一步登天，而是从四十名先到三十名再到二十名，最后进入前十名的行列。就像周杰伦歌中所唱到的那样：我要一步一步往上爬，总有一天我有属于我的天。

刘瑜曾经说过这么一句话：“教育不是使人深邃，而是使人天真好奇。”学弟学妹们，愿你们永葆天真好奇的状态，stay foolish，stay hungry。不要做纯粹的理想主义者，也不要做只会埋头读书不会抬头看路的书呆子，要适应高考的游戏规则，也要葆有自己的精神领地。祝你们每个人都能够实现自己的梦想，拥有一个海阔天空的未来。

姓　　名：周位鑫
毕业学校：河南省鹤壁高中
高考成绩：总分665　语文123　数学139　英语129
　　　　　理综254　加分20
院　　系：清华大学工程物理系

坚定信念，梦想花开

转眼间高中三年过去了，昔日的点点滴滴依旧历历在目无法忘怀，走路、吃饭、学习、睡觉，所有的一切都会与高中的生活相联系。我想这是一种标记，一种伴随一生、永不消失的标记，这便是我理解的高中。高中生活结束了，虽带有不舍，但收获的果实令我欣慰，三年的努力终于开花结果。今日我有幸写下如此文字，只望君有所感悟，他日勉励自强，奋发有为，超越自己。

第一阶段（从入学到高二上学期结束）

（1）搞好同学关系。新生入学第一件事便是军训，那时我认识了班里的新同学，正是他们陪伴我走过三年，求学路上的坎坷荆棘，风风雨雨，我都不会畏惧，他们给了我走到今天的勇气与力量。同学既是对手又是朋友，那些与你竞争最激烈的同学定与你关系最密切，因为你会随时关注他们的动向，关注他们的一举一动，吸取有用的方法。你也许会希望他们考不好，但又为自己感到着急。这时你已经具备了超越对手的动力，不用担心，不用心急，慢慢来，只要默默努力，你会很快取得进步的。就我自己而言，高一上学期我前面一直有个孔德颖，每次考试我都落后于她，嘴上不说，心里确实很佩服她。之后我也从各个方面努力，最终成功逆转，获得了越来越多的同学的关注，人也变得开朗多了。从那以后，跟我开玩笑的同学越来越多。直到现在，我仍然记得班里的男生将我埋进雪里的场景，欢声笑语，不绝于耳。“在家靠父母，出门靠朋友”，高中同学会伴随你一生，搞好同学关系是一门交际艺术，那种纯洁的友情更是日后学习的得力助手。

（2）提前预习。有同学会问我课前预习是否有必要，答案在你自身。我的建议是需要。正如古人所说：凡事预则立，不预则废。课前预习正如做事前的计划，有了它做起事来才得心应手，游刃有余。多次听老师讲到“跑”，而我在去吃饭、回寝室的路上，一般是走，我要利用这段时间来列我的计划。这不是浪费时间，此时我的大脑依然在工作。有了课前预习才不会迷失方向，才会更有信心，而且学起来还会更轻松，印象也会更加深刻，掌握得更多。“良好的开端是成功的一半”，做好准备工作，会助你走得更远。随着习惯的养成，无论你多么忙，你都会找时间预习的。这会变成你生命的一部分。

（3）严于律己。老师会经常强调的一点，退步往往从不认真完成作业开始。我在这方面的理解是严于律己。高一有幸跟随学校的队伍到了北京，见识了清华、北大、天安门等。北大学子的演讲振奋人心，至今我还记忆犹新，其中便讲到这个问题。“严于律己，宽以待人”，这是每个成功者的准则。我还记得高一暑假在家度过的一个月，这个假期我本可以学一半玩一半，反正回到学校里也没有多少同学知道我假期里没好好学习的事。但也许是受其鼓舞，我制定了详细的月计划、天计划，严格执行：第1～15天写老师布置的作业，第16～20天预习物理，第21～25天预习化学，第26～30天预习生物，每天晚上学语文，中间的空余时间学数学竞赛。回到学校，我对自己的要求丝毫没有放松，抓紧一切时间学习，接下来的成绩自然很好，基本上保持在班级前5名。

（4）认识自身，补差强优。有很多同学都会遇到偏科的情况，我也是其中之一。自打初中起，我的语文就没好过，因此无论我多么努力，永远都考不到第一。这是我这一阶段学习上最大的问题。庆幸的是，我认识到自己的不足，便下定决心要学好语文。行动开始是在高一暑假，每天晚上都学，这是我的开端。开学后，由于我参加了球队，学习时间减少，但分给语文的时间一点都没少。不过这时语文成绩依旧落后，我很羡慕那些考130分的同学，但是“差”不能成为逃避的理由，所以我依旧没有放弃语文，坚持学习，终于我也考到了130分。这令我感到欣慰，比数学考满分还要高兴。需要铭记：不能因为补差而丢弃了强势科目。我一直为自己的数学感到骄傲，都知道高中数学难，正是因为难，我才更要学好，让其变成优势。因此数学作业是放在首位的。每次过完星期天，总会听到有同学抱怨：我要是做数学作业，仅仅只能写完数学，其他五科作业都写不完。如果我不做数学作业，就可以完成其他作业。即便如此，我依旧先写数学。在我的眼里，数学是要求完美的。大家听说过木桶效应吧，在补差的同时，更要优化强势科目。

第二阶段（从高二下学期到该年10月份）

战胜黑暗，迎来光明，远离心理问题。

有了光，也会有黑暗，而且光越强，黑暗越强。成功永远伴随着失败。这一阶段是我高中最为黑暗的时期，绝不逊于高三。如果我当初没有把握好自己就不会有今天的我。看着越来越多的同学得到了高考加分，而我的成绩稳定在十几名停滞不前，我心里很不是滋味，人也变得急躁了。有一段时间我不能平衡球队训练与学习的时间，不能平衡二者的关系。一方面球没练好，另一方面成绩又不好。难道我注定要以此回报我的父母、老师吗？时间过得真快，我该去参加比赛了，为我的20分而战。虽然满怀希望，但最后我还是输得一塌糊涂。将近一年的努力就这样付之一炬，我不是惋惜我的精力，而是心急比他人落后。这时进入一轮复习将近三个月了，虽说我没有丝毫优势可言，不过我不是一个轻言放弃的人，心里默默为自己鼓劲加油，一直期望回到原来的状态。天不遂人愿，无论我怎么努力，成绩丝毫不见起色。此时我早已加入了学校的熬夜大军，开始了挑灯夜读的生活。一开始，第二天上课我也会困，困了就立刻站起来，站到教室后面去听课，坚持了一个多月，终于能在上课时集中注意力。课堂效率有了保证，晚上熬夜也更有劲了，看着一旁苦苦冥思的室友，我还有什么理由停滞呢？我也拿起笔投入到紧张的学习中。晚上学习要有个度，可以先设定一个时间，到点就睡，我们寝室统一到12点休息。当然也可做一些自己感兴趣的事，提高兴奋度。努力总会有结果的。事情又有了转机，学校有一个棒球比赛，我该不该再去花费我的时间呢？心底的声音让我去。这场比赛直到10月份结束，最后我成功获得了高考加分。这是一场考验，一场可能会输得很惨的考验。再苦再累，一路走来都有收获。想起我高一立下的誓言，深感心目中的大学离我越来越远，此时的水平考个郑州大学差不多。我又变得极少说话了，我明白：清华只是少数人的归属，自己要加油，要竭尽所能去实现质的飞跃。

第三阶段(从11月到高考)

(1)老师是站在背后默默支持你的人。我在数学竞赛中拿了一等奖，这让我重新找到了自信，学起来也更加有劲儿了。事后想了想，应该是高一时每天一道竞赛题起了作用。这让我深切感受到老师是如此重要，这一切都要感谢我的数学老师权老师，是他教我这么做的。还有我的语文成绩一向不是很好，语文老师上课会发一张卷子，课堂上都能做完，可改正只好放在课下了。每周还有三个晚自习会发语文卷子，我知道自己的情况，对老师发的卷子认真地完成，老师也一直鼓励我。我有什么解决不了的问题都会向老师求助。我喜欢所有老师的旷达。老师会竭尽全力帮我们，相信老师。

（2）自主学习。学习过程必然包含自主学习。学习如逆水行舟，不进则退。有很多同学只会听老师讲解，从不会自己想办法解决。我最不喜欢有人问我题时说老师没讲过。我很少问问题。“师傅领进门，修行在个人。”遇见问题我喜欢自己琢磨，而且总喜欢研究一些难度较大的问题。自学一直是我学习的重点，当然听老师讲课也很重要。

（3）突破瓶颈，超越自我。我是一个积极求上进的人，我决不允许自己仅仅处在十几名，我要超越自我，永争第一。长时间的放松让我找不到紧张的感觉，一次又一次地回想，不断地革新我的方法。比如为了应对我的数学小题，我将 16 道小题分成类，做每类题应该注意哪些问题，都明明白白地写下来，每次考前必看，效果还不错。与高手过招，一两道小题见胜负，不敢稍有怠慢。最后冲刺阶段，搞定会做却做错的题，这足以让自己提升一个档次。我的错题本记录的不仅有错题，更重要的是解这道题时的心理感受以及突破思路，我还会找相同类型的题总结到一块，使自己完全掌握这类题目的解决方法。每科错题本应各具特色，像生物、化学某些题的答题语言必须力求准确，每次遇到都抄下来，第二天早起背诵，可快速提高。我有个考上武汉大学的同学物理大题全挂，高考理综考了 234 分，就是靠这样仅仅力求语言准确来取得的，他四轮复习前理综考 230 分左右，四轮复习时定时做套卷提高到 250 分左右，后来用那个本直冲 280 分。不少同学到最后认为高考能考成什么样已经定型了，保持正常节奏即可。其实完全可以拼一把，突破自己的瓶颈，追求更好的自己。我经过努力成功杀进前五，最终实现梦想。

（4）把握机会。这时期的考试特别多，每次考试都是重新审视自己的机会。考试前做好充足的准备是很重要的。无论是阶段性考试还是综合考试，考前一定要调整好自己的心态，心情的变化是会影响成绩的。我比较喜欢看我以前写下的笔记，笔记内容不是很多但都是我的死角，我还会抽时间去散散步，平复心情。利用好学校组织的各次考试，认真对待错题，每道题都当成最后一次做，坚决弄懂不留死角。平时同学之间的话题总离不开考试，大家都希望考试，这样可以有更多的空余时间，而且可以睡一个好觉，有充沛的精力。感谢考试吧，是一张张红与黑的试卷让我们不断提高。

当然，高中的学习是深刻的，这是我的宝贵财富，我只是选出一些片段与你分享。上面并非是一时的感想，都是伴随高中三年的，只是在某个时期突出罢了。最重要的是需要自己去经历，自己去总结属于自己的方法。祝愿每个追梦人最后梦想花开！

姓　　名：梁馨心
毕业学校：重庆一中
高考成绩：总分676　语文132　数学143　英语139
　　　　　文综252　加分10
院　　系：清华大学经济管理学院

让优秀成为习惯

教西方文明的朱孝远老师在第一节课对我们说，要把优秀变为一种习惯。高三已经过去很久，我进入了心仪的大学，读了心仪的专业。回想高三，它带给我的不仅是未来四年的美好时光，更有坚毅的态度、良好的学习习惯和工作方法。也许高三是痛苦的、枯燥的、乏味的，但既然它是通向梦想彼岸的必经之路，我们为什么不试着去适应它，在其中找到属于青春的愉悦，让自己变得更优秀呢？

优秀其实很简单，如果让我来总结一下，那一定是好的计划、好的方法加上持之以恒坚持不懈的努力。

规划，让高考更简单

高三的学习生活是非常繁忙的，一科又一科的作业往往会把人淹没，大多数人会被各种作业牵着鼻子走。没有比较完整的计划，只是为了完成作业而做作业是一种非常消极的学习方法，可以说是浪费了宝贵的复习时间。要想在有限的时间内复习得更细致更踏实，必须要有自己的一套计划，并坚持贯彻下去。

高考考查的知识点细致、繁多，但它毕竟有一个确定的范围，整整十个月的复习时间也是十分充裕的。当你有了从第一次月考到第三次模考的整体规划，你会发现复习的思路很清晰，不会手忙脚乱，繁杂的任务也变得轻松了。

整体规划可以从三轮复习着手。如果把高考比作一个从无到有织毛衣的过程，那么一轮复习就是收集足够并且优质的羊毛；二轮复习将这些羊毛纺成线；三轮复习将线编织成网。

从九月开始的三次月考到第一次模考是第一轮复习。这一轮复习最为细致，囊括了整个高中所学过的知识。特别是对于文科的学习，这个阶段是至关重要的，之后政治、历史各种线索和网络都是在这个阶段的基础之上形成。第一轮复习要从细节入手，对照着高考大纲落实每一个知识点。建议把手头所有的参考资料整理出来，并且准备一本高考大纲（如果考纲还没有出来可以找前一年的，一般来说如果考卷不变化，考纲变化也不会太大）。整体规划一下每个月都要完成哪些学习内容，举个例子：9月、10月做完数学一轮参考书，英语语法专项训练，语文背完诗词文言文和文言实词意思，文综的基础知识初背一遍；11月和12月做完一轮数学选择填空专项训练，英语单词背完；1月做完一轮数学大题专项训练，文综做完一套模拟卷的选择题。这样有大的框架之后分块的目标也就更清晰了。

在一轮复习这个阶段，语文学习要做到背完所有考试大纲要求的诗歌文言文，并且持续滚动记忆。可以把全部的文言文和诗歌分类，搭配成难易互补的组合，每天背一个组合，这样一来也不会太辛苦，记忆也会十分深刻。

数学就是要从基础开始，不放过任何细节。这个时候千万别怕苦，该做的题就要做，不明白的一定要弄懂。一轮复习下来可以积攒很多思路和基本的解题方法，这些就是日后做题的宝贵财富，一定要重视一轮的积累！

在漫长的一轮复习中，英语和文综要紧紧跟着老师的脚步，做到每天的作业和计划都认真完成，老师布置的背记任务要及时完成。千里之行始于足下，合抱之木生于毫末！

二轮复习要将点点滴滴的知识串成线。复习中最忌讳的就是“只见树木不见森林”，在二轮复习中，要积极思考各个知识点之间的关系。可以在睡觉之前回想一个关键词，然后围绕这个关键词寻找记忆过的知识点，在头脑中发散出许多条线索，将这些知识点串联起来。坚持下去，渐渐地，烦琐的课本就会变轻变薄啦。

与此同时，二轮复习要开始做大量的高考卷和模拟卷，建议经常搜集各个地区各个名校的模拟卷，提前适应高考的节奏，也能在全国范围内把握当年题目难易、风格的变化。

三轮复习可以说是一个大踏步的提升，一轮二轮复习打好的基础在三轮复习中开始发挥出巨大作用，美丽的毛衣在这个阶段成形。这个时候要保持二轮复习的节奏，定期定时定量地做卷子。除此之外，三轮复习要注意总结专题，将热点话题往纵深发掘，引出对政治、历史、地理、人文等的思考。热点不会以识记的方式考查，高考是考查你运用所学知识解决问题的能力，所以一定要懂得如何运用自己已经烂熟的知识点，才能赢得高考。

这些就是在宏观上把握的高考，对自己每个阶段要干什么有个总体的规划，高考这座大山就被小目标分割化了。

计划表是提高效率的利器

有了宏观的规划之后，我们需要将每个阶段的目标细化。这个时候就需要计划表来帮忙。高三时，每个周日的下午，我都会用一两个小时总结自己上周的学习情况，然后制定下一周的详细学习计划。这个时间确实没有用来学习，可能有人觉得很浪费。但是要知道，及时的反馈和调整能够保证你在复习的过程中不出现偏差，其实就是一种效率的提升，正如古人所说：磨刀不误砍柴工。

计划表应该怎么做呢？下面是一个样表。

	背文言文	背单词	回顾两页英语错题	重做三页数学错题	计时完成数学选填	背一单元政治	由一专题历史线索		
周一	×	√	√	√	√	√	√		
周二	√	√	√	×	√	√	√		
周三									
周四									
周五									
周六									
周日									

就像这样，每完成一个项目就打一个"√"或是画一个笑脸，如果当天没能完成就打一个"×"。制作计划表的时候还可以用不同颜色标注出每一个项目在什么时间段去完成，等等。把这张计划表随身携带，随时都要很明确自己此时该做什么，这样效率自然就上去了。

制作计划表的原则就是细致到每一天每个时段的每个项目，但是又不能安排得太满，要留出机动时间处理突发事件。比如说今天老师布置了很多作业，作业时间超出了原来的计划，已经没有时间去完成计划上的项目了，这种情况会挫伤自己对原计划的信心，看着计划表上多出来的"×"很容易失落，计划表也就失去了原有的意义。所以计划要合理安排，给自己一些空间。

计划表一周做一次最佳。周期太短浪费时间，周期太长则有太多不确定因素，不但不利于及时调整步伐，对长期的执行力也是很大的考验。

当我在高考结束之后看到自己做的一页页的计划表时，我为自己感到自豪，那种看着一个个空格被填满的成就感是无可比拟的。定期制作计划表这个习惯被我带到了大学，依旧很受用。在这个繁忙的互联网时代，千万不要在海量的信息之中迷失自己，一定要做自己的时间管理者。

想要好成绩就要有一颗赴死的心

之前说了很多学习方法，现在来说一说学习的态度。想要好成绩就要有一颗赴死的心，这很夸张，但也很实际。天才毕竟是少数，我们平凡人还是要靠点点滴滴的努力才能得到自己想要的。机会只留给有准备的人，我们不能打无准备之仗。

现代社会太多的人有太多的想法，然而太多的人有拖延症。那些美好的设想、宏伟的理想、彩色的梦想往往死在了脑袋里，埋葬在时间的长河中。这辈子你为大学奋斗的时光可能只有这一年，说短不短，说长不长，利用好了也许就改变了你的一生。

当你不想起床时，就想想同学们也许已经在早读了；当你打开电脑想要偷懒时，就想想班里的“学霸”也许又造出了一张 140 分以上的数学试卷。学习如逆水行舟，不进则退。适当的时候记得逼自己一把，也许你会发现自己的潜力远不止如此。科学研究表明，不仅是人的思维指导人的身体行为，人的行为反过来也能改变思维。你若犯懒，思维也犯懒，久而久之就被自己麻痹，停滞不前，我相信这是大多数人都不愿意看到的吧。

高考复习有一、二、三轮，然而你的努力是没有分割的。只要不是到了高考那一天，何时开始努力都不晚。想到了就去做，有动力了就去实现，抛弃“从明天开始努力”这种自欺欺人的想法吧！让优秀成为习惯，成为生活的一部分。

最后，是一些关于复习的小贴士：

（1）制定好学习计划，学习是个厚积薄发的过程，注重每一天的积累。

（2）基础知识要牢记，一切解题的钥匙是基础知识。文科尤其重要。

（3）弱科要强补，一年的时间很充裕，去提高提分空间相对较大的弱科。但是与此同时，强科也不要放松，总而言之，要有重点。

（4）习题不能少，想提分就要做题，但要有计划、有分类地做。

（5）语文要时刻积累，循环记忆。英语要每日复习，时间不需太多，但要坚持。数学需要分类多做题。文综选择要多做多看，慢慢掌握其中的规律。文综大题在多背的基础上去理解，去运用，配合习题，注重老师所说的答题规范，会提高很多的。

愿每位学子梦想成真！

姓　　名：陈秋伊
毕业学校：江苏省新海高级中学
高考成绩：总分390　语文151（124+27）　数学130
　　　　　英语104　历史A　政治A+　小高考4A加5分
院　　系：清华大学新闻与传播学院

洼地崛起，凤凰涅槃

有一个女孩，高一时由于没有协调好九门功课的时间安排，学习成绩严重滑坡，到了班里20多名，年级百名开外（在她的学校每年能考上清华、北大的学生大多以个位计数）；高二小高考（江苏的考查形式，共考查4门，90分以上为A，一个A高考加一分，4A加5分）前的几次模拟考试中，以基本没有A的成绩，名列班级倒数；高三开学后数学成绩一落千丈，基本每次都在100 ~ 110分之间徘徊（文科数学满分160分）；在高考最后冲刺阶段，总因为精神不济而在学习时间上远远少于别人。

还有一个女孩，以中考全市第八名的成绩进入高中；高二分班以文科第一名的身份入班；小高考拿了4个A；往往一般同学9点才能完成的作业，她7点左右就能高效完成；每天上课紧跟老师思路，听讲效率很高。

这样的两个女孩，你觉得她俩分别能考上怎样的学校呢？很多人的答案可能是落差非常大的。但是，我要告诉你的是：这两个女孩其实是对同一个人的描述，这个女孩现在就读于清华大学，她就是我。

每个人都不可避免地碰到困境，那些所谓高考状元或“大牛”

们的采访记录或简历，大多是把最辉煌的一面写出来，为他们的成功加上一笔华丽的注解。但难道他们在学习生活中没有遇到过困难吗？我觉得比起成功的例子，失败后洼地崛起的心态更有学习和分享的价值。人说“高考三分靠实力，七分靠心态”其实不无道理。我的高中同学，平时在班级十名左右，高考前一天还优哉游哉遛狗的“淡定帝”，却取得了全省第二名的辉煌成绩。所以我觉得，良好的心态往往是学习、生活上困难的破冰斧。遇到问题时分析问题需要冷静，克服困难中寻求帮助需要开放，相信自己有实力有希望需要自信，适当调整学习和生活节奏需要灵活……

其实，遇到不顺的时候，焦躁烦恼伤感都是很正常的。如果没有任何感觉的话，要么是万里挑一的“淡定帝”，要么就是已经自暴自弃的“堕落兄”啦。有情绪千万不要憋着装坚强，这样会造成内伤，而且自己往往会越绕越乱，最好找人倾诉一下。找谁呢？这个范围就广啦，可以是给你提供心理安慰的父母，可以是给你技术指导的“亲民”老师，可以是给你提供经验借鉴的学长学姐，可以是“千磨万击还坚劲”的学校发泄室，还可以是最了解你的——你自己。是的，你可以对自己说话，有一个秘密的“心情日记本”，记录一些你不想展示于人的心理，写下你烦心的事儿，分析一下为什么会出现问题，最后写一点激励自己的话。比如我在自己的日记本里就会写“根据能量守恒定律，今天的不幸和挫折都是为了以后的辉煌！加油”（虽然是歪曲了定律，不过让自己充满动力就好）。你可以吐槽，可以发泄，但是别忘了发泄之后要给自己的“心情日记本”注入正能量，这样才会激励你勇敢前进！

当面对挫折和困难时，首要的就是非常规的自信。之所以说“非常规”，是因为在逆境中我们需要的是极度的绝对的自信，而在顺境中则保持淡淡的自信不张扬。比如小高考前尽管成绩倒数，可我依然相信自己有实力拿到4A；比如高考前，在理想高校一栏我就毫无顾忌地写下了清华、北大。先要敢想才能敢做，不要自己合上机会之门。

距高考不到100天的时候，我专门拿出一下午的时间，看了一本书——张德芬的《遇见心想事成的自己》和一部电影——《下一个奇迹》，其中都提到了一个有趣的“吸引力法则”，即当一个人的思想专注在某一领域的时候，相关的人、事、物就会被他吸引过来，心中所想越强烈，似乎就越容易看到结果。有些同学可能会说，这纯粹是唯心主义嘛！其实不然，只要有了非常坚定的目标，你整个人呈现的状态以及给自己的心理暗示都是积极的，自然会带动行为上的进步。归根结底，就是敢想敢做，对每一个机会不抛弃不放弃，屡败屡战！

信心有时不仅源于自己内心的能量，也可能是客观条件给予的。比如大多数同学对自己的强势科目就很有自信，相应地学习也会进入良性循环。那么，如何为自己创造如此的条件呢？

在语文、英语这两门需要积累的科目上，我个人采用了超前学习的办法。英语提前背背单词，学学语法，这样别人在学这些内容的时候，你已经往一个更高的层次迈进了，学习自然变得更轻松；语文的字音字形，美文名句摘抄背诵，各种题型思路的总结概括，都是高一到高三通用的，提前积累可以使你获得更广的知识面，超越其他人。形成学科优势以后，也就获得了信心，老师的表扬欣赏，以及同学的赞扬、请教，都会激发你精益求精的动力。当然，自信但不自傲是很重要的，如果因为学得好就放松了，想吃老本，最后的高考还是会跌大跟头的。

在具备了舍我其谁的自信以后，有没有具体的行动，就是空想家和梦想家的区别了。

从宏观来说，我们应该及早确定文理科意向，定下一所理想大学作为目标，这个大学最好是跳一跳可能会够到的，而且要比较明确。著名导演詹姆斯·卡梅隆说过：“如果你定的目标比别人高一些，尽力去拼搏，即使最后并没有达成预期，也仍然会比别人高出一些。”定下目标后，要付出努力是毋庸置疑的，但如果能把自己要达成的目标和现阶段水平之间的差距量化，则会使行动更有计划性和动力。你可以列举一下考取理想高校的途径：保送（现在基本取消）、自主招生、领军人物、裸考等。然后找出近几年的相关资料和大致分数线与现阶段自己的奖项和成绩做对比，找出差距和专攻领域，再具体分配到每个学科，哪一门通过努力能提高多少分，哪些专项还有提分空间，怎样提分，在哪个阶段要专攻哪一部分……把这些都列在一张大表上，每天按计划完成，这样一来，大目标加上细化的小目标，是不是有一种豁然开朗和志在必得的感觉呢？

从微观来说，“学科瓶颈”或是“弱势学科”这样的标签不知成了多少学子的噩梦。往往我们都倾向于学习自己擅长的科目和专题以获得成就感，而对于一些困难的部分可能一拖再拖甚至避而不见，造成恶性循环。所以，如何处理这种现象也成了很重要的问题。正如我之前所说，心态很重要！坦然地承认、面对自己的弱势吧，不要遮遮掩掩。有时你以低姿态示弱反而能使更多人帮助你，觉得你很真诚上进，而且他们也能通过对你的帮助获得相应的成就感和满足感。再者，这样才能合理制定针对自己的计划，因为不同层次的学生在学习和考试中都有不同的重点区域和必守防线，如果没有清醒的认识而盲从一些“大牛”们的学习节奏，最后可能千疮百孔。所以，不必害羞或者伪装，真诚面对自己并在自己的强势上帮助别人，才能形成良好的互动互助氛围！还有的同学面对弱势科目和困难直接选择逃避，这是完全不对的，有时候给自己适当的压力和任务才能实现质的飞跃。比如我在高三的数学课上就会给自己规定任务，每天都争取发言，表达自己的思想和解法。也正因此，上课时我精力更加集中，积极思考多种可能性，带动了思维的全面拓展，与老师的交流也增加了，赢得了老师更多的关注。此外，自己真正参与其中时，对题目和知识点的记忆也尤为深刻，慢慢就有了兴趣和动力。这叫“被动却愉悦认真的学习”。

接下来，再以我的数学为例，讲讲从具体方法上如何攻破弱势科目吧！我的数学在高中期间经历了波浪式的浮动，但基本上一直都在拖我的后腿。最夸张的就是高一的一次考试，语文、英语都考了全班最高分，可加了数学成绩就变成十几名，也因此导致我形成一个观念——我的数学就是弱项。而一旦有了这样的主观认定，就很难在这门学科上提起兴趣，也会把失败看作理所应当的事了。我曾经迷茫了整个高一阶段，直到高二的分班考试第一的成绩带给我一些自信。由于我吸取了高一的教训，不再死做题，甚至不再熬夜刷题，不会导致第二天精神不济上课效率低下。最终我高一的漏洞不再恶性循环地影响我的成绩，高二的数学竟然跻身班级前列，也让我越发有动力。

这个阶段的成绩回升带给我的启发是：要给自己正确的定位，即使你身边有很多可以考满分的“大牛”，也要根据你现阶段的成绩理性地制定计划和目标，不要因为大家都在刷难题就盲目从众。如果你的这门课成绩确实不好，那么重点就要放在书本概念、知识点和听课笔记上。我们老师曾做过一次试卷分析，把试卷上的每道题对应到书中的知识点以及他上课讲的例题，结果发现上课的题目有些可以类比或推导到试题。知识点就是书上固定的那么多，出题也万变不离其宗，这点适用于各个学科。

但是，经历了高二的辉煌后，也许是因为暑假学习效率太低，我刚上高三数学成绩就莫名其妙地一落千丈，有时自己都很疑惑为什么会做错这种题。越这样想，下次考试心里就越紧张，形成一种消极的心理暗示。后来我理清思路，对试卷做了细致的分析：基础题不该丢分的丢了多少分，因为粗心或概念不清丢了多少分，难题有步骤能拿分的是否拿到……这样一来，就很容易地找到了自己的最近提升区，加上之前培养的自信，我觉得既然问题和解决方法都找到了，剩下的只需要努力即可，又有何难！

高三的这次洼地崛起，需要的不仅是理智分析，逐个击破的方法，更是临近高考顶住各方面压力的冷静心态！与之前不同的是，在这个阶段，必须把知识点连缀成知识网，因为最后的综合复习阶段，很多是关联解题的，比如数学的三角函数问题可能用向量解……每次考试前，不妨拿出考纲，自己写写画画，标注一下每个知识点都有哪些易错点，都能跟另外哪一部分联系在一起考查。这样在考场上才能打开思路。针对粗心，还有一个很有用的小方法供大家借鉴：把每次的草稿纸写得工整一些，写每道题的草稿时在前面标明题号，每题之间留有空隙，划分区域，不要挤成一团。听起来可能特别简单和难以置信，但是经过我和同学的亲身实践，真真是非常有效！由于粗心而做错题的概率基本为零，最后我的高考数学也没有一处因粗心或审题错误而丢分的。

正如之前所讲，冷静理智很重要。有时自己手足无措的时候，不妨尝试把自己抽离出当前的混乱，好好理一下思路，从长远考虑。高一时我也曾被九门课轮番轰炸得焦头烂额，不管如何分配时间都不太合理且非常紧张。尤其在考试前复习物理、化学时出现焦躁郁闷情绪。后来通过和妈妈的聊天，我确定了自己的长处和兴趣都在文科，而文科小高考对物理、化学的要求并没有那么高，心里瞬间释然了许多。所以，及早确立方向和目标，才能让自己少做无用功，把更多的时间分配给对高考更重要的科目，而不是被捆绑于错综无绪的状况里。

不过有时候，单凭自己的力量很难做到冷静理智地分析，我们可以寻求帮助，家长、老师、学长学姐，一定要充分利用好身边的资源，有时一个人想破头也不及旁观者一句话让人清醒。学长学姐又分为两类：一种是关系亲密而且有类似经验的，可以向他们倾诉，求指导；另一种是成功考入了你的理想高校的，可以请他们帮忙分析一下差距，有时聊到的一些学校生活的细节就能激励你。我在高考前和清华的一个姐姐打电话，当时晚上十点多，她说她在操场上散步，埋头于作业的我瞬间产生了无比的向往，觉得那场景是如此美好。虽然现在因为懒还没怎么去操场上散过步，不过当时对此我确实是触动很大的。

最后，分享一句从高一就激励着我的话，与大家共勉："不求每分每秒都在学习，但求学习的每分每秒都高效！"是的，不要盲目追求学习时间，而要想着怎样才能更有效率、更有效果地学，怎样才能做到事半功倍。这就要求我们灵活机动地调整学习和生活的节奏。在我身上就既有失败的教训也有成功的经验。高一时做题慢，就想和“大神”们拼时间，但自己本来就不擅长熬夜，所以白天总打盹，课也没听好，以至于做题速度更慢……高三时虽然也有精神不济的时候，还曾被班主任开玩笑说“是不是脑缺氧啊，去买点补品什么的”。但我及时调整，困了学起来没效率就睡，熬不了夜就早上稍微早点起来早读，始终保证在课堂上不仅思路紧跟老师，而且思维也比其他同学更加活跃。于是就出现了之前所说的晚自习七点就早早写完作业，还可以做点课外专题，晚上回家能学就学会儿，困了就睡。状元们介绍经验说的“晚上休息很早，保证精神”其实就是这个道理，不是鼓励大家缩短学习时间，而是提高效率。另外，学习的倦怠期也是时常会出现的，尤其是后期紧张备考阶段，我们可以制定计划，同桌之间互相监督，如果完成得好，还可以给自己点小奖励，比如什么时候可以娱乐一下看会儿电视。我就会给自己制定一些“跳一跳够得到”的计划，如果完成了就奖励自己看一集美剧，通常是十多分钟。不要觉得看电视的时间白白浪费了，就我而言，正因为有这样的奖励作为动力，我才有机会在别人闲聊的时候翻出书来看看，在上课做完老师布置的题目后拿出自己计划中的题来做。省下的又何止十几分钟呢！

当然，生活和学习的节奏在每个年级也不尽相同，针对每个阶段具体的状态也不同。不过只要遵循一个原则就是把握好、平衡好每门课的时间和精力分配。可以以周为计划单位，使每天的安排更有弹性，根据当天状态和心情适当调整时间分配。

以前，我每次遇到貌似不可能突破的瓶颈时，总是暗暗对自己说：要是你连这都扛了过去，以后一定要把这些经历和心态作为华丽的“逆袭战斗记”分享给学弟学妹们！现在，我做到了。无论如何，都请漂亮地坚持吧，梦想终会照亮现实！

姓　　名：赵捷思
毕业学校：河南省实验中学
高考成绩：总分667　语文122　数学142　英语137
　　　　　文综266
院　　系：清华大学人文学院外文系

重中之重 Trinity

文综三科是很多学生在高三比较头疼的几门科目。因为一方面政治、历史、地理涉及的硬性记忆知识量非常庞大，二、三轮复习阶段老师又会总结出许多答题套路，这也需要背。另一方面，文综三科的试题又非常灵活，经常有同学会觉得背的东西用不上、用不全，背再多的套路，答题时还是答不到点上。所以在此，我分别介绍一些文综三科的复习和答题方法，希望能够让大家有所借鉴。

一、政治

在复习文综时，一些同学会采用题海战术，买来一本历年高考试题，无休止地练习。我认为，文综三科并不是全都适合这种复习方法，不过政治比较适合（因为这一科的题型规律性强，能够把握住，这种方法很实用也很高效）。但是政治的题海训练不是说一味地求量，做完稀里糊涂地对下答案，把没写到的采分点写上就算完了，然后接着做下一套。题海训练的目的是仔细研究问法和答法的结构，寻找答案中体现出来的清晰逻辑和要点。

这里的“研究”，我强调的是要研究高考真题，尽量少做模拟题（尤其是到高三后期）。因为我们最终面对的还是高考试题。市场上的各地模拟题，一方面在出题质量上远远不及高考命题水平，另一方面模拟题的设计思路和设计水平和高考相比要差很多。所以，为了让自己一直在高水平的题目下训练，我还是建议大家尽量全做真题。近三至五年的高考真题都会具有参考价值，同时还会让自己对于今年的考试走向有个更熟悉的宏观把握。再言之，一套高考题的使用价值并不是只有一次。高考真题在我们复习阶段是用来研究的。

第一遍是做题。

第二遍是对改。做完试卷之后参照答案对改是一个发现自己薄弱点的过程，非常必要，一定要认真对待。

第三遍是观察。这个观察，第一要观察材料，锻炼自己对图表型、漫画型、文字型几种材料的归类的能力。第二要观察题干，我们要在这个过程中总结出政治试题的几类问法，学会在读题时画出所有的问题限定词。比如："结合材料一，请简述我国政府部门在面对食品安全问题时应采取何种应对措施？"题目中只让结合"材料一"，所以我们第一时间就把从材料二、三中寻找答案的可能性排除了；题目让"简述"，所以推断题目的给分也较少，一般只有 6 分或 8 分，也就是三到四条答案，并且每条答案一定很简练，不会超过两行，只要求写出措施不用叙述原因；题目说"我国"，也许材料会对比很多国家面对此问题的做法，所以我们只筛选我国的材料来分析；题目限定"政府"，所以不用考虑"消费者""企业""市场"等主体的做法；题目说"食品安全问题"，所以措施一定要对口；题目说"应对"，一定是指问题出现后的做法，而不是"预防"之类的；题目说"做法"，这个其实应该最先看到，因为它会限定住这道题的题类是措施类问题。第三要观察标准答案。着重去看标准答案对"原理＋材料"类题的叙述方法，观察答案对材料语句是如何筛选和运用的，观察答案的原理采分点是从材料中哪点体现出来的，从而渐渐学习并掌握标准答案的答题模式，为己所有。

第四遍是总结。对于研究过的题目要学会归纳总结。总结题型、总结问法、总结答法、总结热点问题的分析思路。

二、地理

地理其实是一门理科学科。因此，我们能够发现在知识的掌握运用上，这一课的灵活性和推理性要远远强于政治和历史。但因为高中地理依然被划为文科，所以我们对它的学习要求在很大部分上与对政治、历史的要求相似（比如有很多硬性知识需要记忆）。所以，在地理的复习过程中，我们需要在对政治、历史学习方法有所保留的基础上，换一种思路去掌控地理这一科。

首先，记忆硬性知识是牢固的基石。我们学习的高中地理在范畴上可以分为自然地理和人文地理两部分，在范围上可以分为中国地理和世界地理两个板块。当我们想真正从一个宏观的角度熟练掌控高中地理系统时，脑中形成框架是十分必要也是最基本的。而要形成框架，仔细研读教科书的目录是最有效的办法。以我学习的人教版地理为例：对于自然地理，我们可以根据地球四大圈层将这一部分细分为地壳、大气、水、生物（植被与自然带）等次级部分。对于人文地理、中国地理、世界地理，我们可以同理划分，在此不赘述。这样形成框架后，我们便可以回顾每一个小板块中的基础知识有哪些。比如：地球构造图、大气环流分布图、世界气候分布图、世界洋流分布图、世界植被分布图、世界自然带分布图、人种分布图、世界及中国重要城市和地理事物的地理坐标、中国省份分布及形状、城市形态、主要天气类型及成因等。这些知识很庞杂，但是大家不必害怕。只要通过反复记忆，并且在理解记忆的基础上，就可以真正牢固掌握。切记一定不要死记硬背，那样效率极低还很容易忘记，事倍功半，不能真正掌握知识。一定要先理解，不要怕这样记忆速度慢，也不要和其他同学比，只要你完全理解了自然会深刻记下来，而且即使有些地方忘记了，也可以像数学公式一样通过记得的知识逻辑推导出来，这才是最聪明的学法。我在写这段文字的时候，完全没有翻看任何书，纯粹依靠回忆，但依然可以把每个知识点很清晰地写出来，便是因为高三采用的科学学习方法。希望你们也可以用到。

其次，充分审题。这一点和政治中的观察题干非常相似，所以不再赘述。

再次，大题充分挖掘材料。如果说历史政治试题的材料还不是字字千金，那么地理试题的材料就是字字珠玑了！读完这篇文章后，大家可以回过头来按政治的研究方法研究一下地理试题，你会发现，地理试题材料更加短小精辟，但是也许一句话只有三个字，提炼出来就是一个采分点。尤其是遇到特点描述类、原因分析类问题的材料时，这点体现得尤为明显，大家一定要注意。因为我在高三的时候主观题经常是只扣一两分或者不扣分，选择题难度大则尽量留足失分空间，这样地理成绩才可以拿高分。当时我身边很多同学每次在考卷发下来都会抱怨自己为什么总是在每一道主观题中有那么几点想不出来，错误积少成多，从而导致大量失分，原因就在此。

最后，说说选择题，与大家分享几点选项分析上的经验。第一，首先排除“硬伤”选项。每道选择题中一般总会有那么一两个选项是我们根据硬性知识便可以知道它的错误之处的。当我们拿到一道选择题，可以先不看材料题干，直奔选项快速浏览一遍，将这一类“硬伤”选项在第一时间排除。第二，排除范畴错误类选项。这类选项的排除需要我们读完题干，画出所有的限定词，一般在四个选项中总会有本身正确，但是不符合该题题意的选项，这时便可将其排除。最后剩下的选项就需要我们结合材料认真分析推导，相信大家可以做到。

三、历史

历史并不是我有优势的科目，所以经验上可能也少一些，但是依然有一些细节方面的技巧可以与大家分享。

第一，注重课本目录。历史的硬性知识最琐碎也最庞大，背诵起来是很多同学头疼的一点。三本课本的目录能给我们很大帮助。观察目录，找出每一章、每一节标题的关键词，并分析它们的内在联系，帮助我们将琐碎的历史知识深刻理解之后串起来，这样记起来更流畅、更牢固。同时也方便在考场上对某一块知识时迅速调取，并能发散思维，想到相关板块的知识。

第二，图片式材料一定要重视。为了体现新课标灵活创新的精神，近年来的历史试题中，不论是选择题还是主观题都有越来越多的图片材料出现。很多同学都不太会读图，或者不重视图片资料，这样会吃很多亏。读图，我们首先要做到辨识图片展现的事物或场景是什么，然后捕捉到图中所有的文字与数字，不论是漫画的题词、时间、人名，还是一份报纸上的内容、报纸名称，抑或一栋大楼的匾额。要记住，尤其是在高考真题中，试卷的篇幅有限，出题者只会将所有对答题最有用的信息展现在试卷上，不会有任何冗余，所以每一个图画上的文字和数字一定都是在提示着有效信息来帮助你推理判断。如果你注意不到这些，也许在答题时就会总也筛选不出一个正确答案。图片也是材料的一部分，而且这类材料的出现频率在近几年会越来越高。

以上就是我的几点关于文综复习与考试答题的经验，希望能够对大家有所帮助和启发。谢谢桌前的你耐心地读完，相信掌握这些之后，你的高三学习会更得心应手。加油！